终身学习视域的职业教育论略
——基于北京职教的创新实践

史 枫 ◎ 著

中国人民大学出版社
·北京·

图书在版编目（CIP）数据

终身学习视域的职业教育论略：基于北京职教的创新实践/史枫著. --北京：中国人民大学出版社，2022.5
　　ISBN 978-7-300-30545-5

　　Ⅰ.①终… Ⅱ.①史… Ⅲ.①职业教育-研究-北京 Ⅳ.①G719.2

中国版本图书馆 CIP 数据核字（2022）第 061928 号

终身学习视域的职业教育论略——基于北京职教的创新实践
史　枫　著
Zhongshen Xuexi Shiyu de Zhiye Jiaoyu Lunlüe—Jiyu Beijing Zhijiao de Chuangxin Shijian

出版发行	中国人民大学出版社		
社　　址	北京中关村大街 31 号	邮政编码	100080
电　　话	010-62511242（总编室）		010-62511770（质管部）
	010-82501766（邮购部）		010-62514148（门市部）
	010-62515195（发行公司）		010-62515275（盗版举报）
网　　址	http://www.crup.com.cn		
经　　销	新华书店		
印　　刷	唐山玺诚印务有限公司		
规　　格	170 mm×240 mm　16 开本	版　次	2022 年 5 月第 1 版
印　　张	12.75	印　次	2022 年 5 月第 1 次印刷
字　　数	228 000	定　价	48.00 元

版权所有　　侵权必究　　印装差错　　负责调换

序

  北京教科院史枫所长的新作《终身学习视域的职业教育论略——基于北京职教的创新实践》付梓在即，阅后颇多收获感悟。与史枫在学习和工作方面交往日久，感佩其治学之严谨、工作之勤勉，实为吾人学习之榜样。新作紧扣"终身学习"与"职业教育"，把握总分式的整体逻辑，自终身教育的大视角出发，由终身学习理念引出职业教育的创新发展，继而分章节论述了职业院校转型、职业教育产学融合、职校教师可持续发展、技能型社会职教人才培育以及职业教育综合评价五大方面的内容，不仅涵盖了近年我国职业教育领域改革的宏观热点问题，更从中为读者呈现出二十年来北京市职业教育改革的历程、策略与趋向。全书理论性与实践性兼容、热点解读与趋势分析俱备，结构流畅、观点鲜明、对策中肯，实为职业教育领域可读性颇强的一部佳作。

  视野开阔，理念前卫。跳出职业教育而看职业教育之发展，是全书的一大特色。作者结合多年研习终身教育与终身学习的学术背景优势，以更为开阔的终身学习视角来"另观"我国职业教育的改革与发展，对大形势下北京职业教育发展的现状、问题、策略和前景进行了翔实的考据与分析，并做出了大胆的预判。正如书中"终身学习时代的职业教育发展战略"所言，"职业教育终身化"、"职业教育全民化"以及"职普教育的渗透与融通"已经成为终身学习时代我国职业教育发展不可忽视的大势，这不仅是终身学习理念向职业教育领域渗透的显著标志，更逐步回归了职业教育发展之本真，契合了职业教育作为一种类型教育的应有之意：职业教育关乎个体全部的职业生涯，而不仅仅是一段教育的经历；职业教育是一个牵一发而动全身的体系，而不是断层的、分裂的简单技能训练；职业教育囊括学校职业教育和社会职业培训两大系统，涵盖个体从义务教育阶段到步入社会后的职业生涯全程，因而它与"终身学习"有着天然的内在衔接；职业教育与普通教育是我国同等地位、不同类型的教育格局，在平等发展的前提下，两种类型的教育理应打通合理的横向融通的渠道，才能促成我国资历框架体系的真正成型。

  聚焦问题，翔实生动。在终身学习的开阔视野下，作者未对社会中依然众口难调的职业教育观念或理论问题着太多笔墨，而是转向对北京职业教育的发展问题、对策与前景做重点探讨。经过大量的资料收集与数据分析，书中分别列出了现阶段北京职业教育所面临的突出问题，包括人口调控直接影响着本市职业教育，首都城市功能定位与产业结构转型间接影响职业教育发展方向，财政政策转变带来了压力，北京职业教育自身长期固有的症结未能有效解决。为使北京职业教育可持续发展的问题能够得以化解，书中重点论述了"职业教育重心高移"与"北京职业教育创新发展"两种层面的应对策略：其一表现为学生分流阶段延后，高中毕业后学生再决定继续进行何种类型的教育，这是同近年来我国所推崇的职教高考政策相契合的；其二表现为中高职学段间的贯通，借以扩大中职毕业生进入高职学习的比例，帮助学生持续接受系统化的职业教育。北京职业教育的创新发展策略，重点即在一个"精"字，就是在现有基础上，保障北京职业教育发展质量的有效提升，不论在职业院校自身定位的转型、产教融合的推进还是师资队伍与基础能力的建设等诸多层面，都要将可持续发展的理念融入其中，优化职业教育发展的内外环境，提升职业教育的社会吸引力，进而促发职业教育在社会中的持久活力。书中虽然以北京职业教育为重点论述对象，但对全国范围内职业教育的改革与发展而言，同样有着较为深刻的借鉴价值。

理实交融，论据充分。 在理论格局宏大、问题聚焦明确的基础之上，本书的另一可贵之处在于借助相应的社会调查发现问题、梳理成因，继而提出对策，调查的数据结果与理论的预测指导相辅相成，使部分给出的对策建议有据可循、可行性佳，而不至于成为乌托邦式的空谈。譬如对北京职业院校转型发展困境进行的调查，在为读者提供了时效性较强的数据结果的同时，又结合职业院校的转型理论来对北京职业院校转型的"主动与被动"做出趋势分析，进而提出对北京职业院校转型发展的三个预判。又如在论述"协同视域下的职业教育产学融合"时，作者以北京不同类别的真实校企合作案例为依据，使得总结发现的问题更有代表性、凝练提出的对策更具操作性、放眼预判的未来展望对北京乃至全国职业教育发展而言都有着较强的参考价值。再如在"基于可持续发展的职业教育评价"中，作者及其团队通过对北京市企业的高技能人才需求标准进行大规模问卷调查，在专家的协助下实现了标准类别的可视化，并将之与国际先进的职业行动能力指标体系做出了有效的对照，观点鲜明，有理有据。上述内容方面的细节在书中对应章节均有所呈现。社会调查过程与结果的有机融入，不仅尽可能地增强了本书的可读性，更使得不同章节下的政策建议与趋势预测不至于空穴来风，为书中具体化的论证与对策提供了现实依据。

对症下药，逻辑分明。 论及职业教育改革与发展的同时，本书通篇不离终身学习视角的支撑，故而在书中政策建议与发展策略的部分，时而可见属于"大学习观"与"可持续发展"视域的独到观点，在章节逻辑中始终紧扣主题。在论证"北京职业院校转型的政策性建议与发展策略"之时，作者首先即表明"用动态发展的态度认识和对待职业教育"，指出北京"优质的职业教育反倒十分宝贵"等发展事实，力求实现北京职教改革的真正可持续发展；在论述"职业院校教师能力建设与可持续发展"政策建议的过程中，亦提出"增加职业学校教师编制""建立职普学校教师的合理流动机制""建立'四位一体'职教师资培训体系"等颇具新意的措施方案，不仅贴合北京职教改革的实际，做到对症下药，而且某种程度上也具备在全国范围推广施行的可能。如上所述种种，不做一一列举，还需读者结合自身兴趣与学术背景，在阅读中激发更多思考，迸发更多灵感。

恰如书名所示，作者力求借助终身学习的宽广视角，跳出传统"就事论事""就教育论教育"之格局，另辟蹊径、结合实情来对我国尤其北京职业教育的发展做一次系统论述。这一方面是出自作者对终身教育研究领域颇为深厚的学术背景，另一方面也能够更好地激发不同领域学者对我国职业教育"类型"特征的探讨与共鸣。虽然近两三年来，诸多学者对何谓职业教育之"类型"的解读依然众说纷纭乃至百家争鸣，但也真正引发了不同学术背景学者对我国职业教育改革与发展的思索与发声，而目前我们关于职业教育本质及其发展所缺失的"共识"，或许会在这一片"争鸣"中，于不久的将来得以显现。因此，史枫所长此部新作正可以视为不同学科领域共探职业教育发展的一次先声与榜样，而此作的成书也绝不意味着思考和研究的结束，因为它正见证着新时代、新发展阶段我国职业教育领域诸项改革的新开始。

读后感之所至，以记之，是为序。

李兴洲
2022 年 3 月于北京师范大学

前　言

　　世界处在一个快速变化的时代。新技术扑面而来，新经济不期而至，社会在变，文化在变，教育也在变，而且皆是加速的变。教育变革的一个重要价值选择是以人为本，愈发强调以学习者为中心，从而整个社会更加关注"学习"，国家则把学习型社会建设作为目标多次写进政策文件。学习型社会的核心在于全民终身学习，在于人人皆学、时时可学、处处能学。中国已经初步形成学习型社会，世界已然步入终身学习时代，终身学习成为当今社会的重大主题。以终身学习看教育，以终身学习的理念和行动推动教育变革，无论是整体还是局部都有很多文章可做。职业教育是整个教育体系和人力资源开发的重要组成部分，是不同于普通教育的一种教育类型，同经济发展、产业提升的关联最为紧密，眼下国家重视、社会关注。学习型社会中的职业教育是怎样一种格局，终身职业技能培养培训怎样引领未来，职业教育如何面向人人走出边缘，职业教育如何充满活力和后劲而实现可持续发展，这些待解问题需要理性思考，需要终身学习理念的内化、融入和落地。

　　本书正是基于终身学习理念不断深入人心、终身学习行动愈发普及、终身学习时代正在走来的大背景，以终身教育与学习以及学习型社会的综合视角探讨职业教育的若干核心话题，包括职业教育宏观战略、职业院校转型、职教产学融合、职教教师能力、职教人才培养和职教发展评价。上述这些内容很多是立足北京职业教育十几年的实践与创新加以生发的，是基于北京职教研究的深化与拓展，对全国大城市职业教育具有借鉴与启发。第一章讨论终身教育、终身学习和学习型社会的内涵、特征和落地实现的策略，以及相互间的关系关联，学习型社会与教育的互动，学习型社会中的大职业教育；第二章讨论终身学习时代职业教育的战略方位、重心高移、北京职业教育在新时代的战略布局与创新策略；第三章讨论职业院校的转型发展，职业院校创建学习型组织，以及学习型职业院校的授权评价；第四章讨论协同视域下的职业教育产学融合，尤其深入论述了企业参与职业教育人才培养、校企互动和职业院校因应策略、教育教学改革，以及校企合作机制优化和产学融合人才培养模式构建；第五章讨论职业院校教师能力建设的影响因素、教师可持续发展的策略和未来展望；第六章讨论技能型社会的内涵、技能型社会的人才培养指向、基于调查和需求的技能型人才培养定位，以及高技能人才特征和高职人才培养模式创新；第七章讨论高职院校学生职业能力评价、教师综合能力评价以及院校质量发展评价，并对高职教育的综合评价体系加以构建。

本书内容的安排和内在关系是基于如下逻辑考量设计的：第一，要把"终身学习"说清楚：终身学习是什么？终身学习如何推进？终身学习与终身教育是怎样的关联和区分？为什么要涉及学习型社会？学习型社会在本研究中处在一个什么位置？只有把这些方面说清楚、讲明白，才有下面的分章论述。第二，本研究对职业教育的把握遵循由大到小，由宏观到微观，先是职业教育宏观战略，接着是院校层面建设，再接着是产学融合乃职教发展的立足之本，教师发展乃为职业教育的基础能力建设，然后是落脚于职业教育人才培养，最后是综合评价做一收口。第三，每个部分同终身学习或学习型社会是什么关系，"终身学习时代的职业教育发展战略"是不需赘述的；"基于学习型组织的职业院校转型发展"在于学习型组织是学习型社会的支柱，职业院校的未来是学习型学校；"协同视域下的职业教育产学融合"在于多元协同是学习型社会的基本特征，也是大教育格局落地的必由之路；"职业院校教师能力建设与可持续发展"在于可持续发展是学习型社会的核心指向，终身学习是实现可持续发展的基本路径；"技能型社会的职业教育人才培养"在于技能型社会与学习型社会有内在的一致性，都离不开全民终身学习；"综合维度的高职教育评价"包含参与、反馈、多元和发展性的元素，这些特征契合于学习型社会，所以聚焦于高职教育评价，是因为高职教育是未来职业教育的主体。

本书以终身学习和学习型社会为切入点论证职业教育在多个层面的构建与发展，透出如下学术表达：一是要树立大教育观、大职业教育观。教育至少包含学校教育、家庭教育和社会教育；学校职业教育之外还有社会职业教育、企业职业教育，学校是职业教育的一个主体，企业是职业教育的另一个重要主体，眼光只在学校职业教育等于窄化了职业教育，会出现严重偏差。二是必须把握处理好职业教育与普通教育的复杂关系。强调职业教育是类型教育的同时，职业教育与普通教育不要泾渭分明，要有机融通、多元融通。大力发展职业教育，不能把眼光只盯在职业院校，还要以职业教育视角改革基础教育尤其是高等教育，把技术、职业、技能等元素有机融入基础教育和高等教育的课程及教学。三是要从人的全面发展和可持续发展角度审视职业教育。发展职业教育要克服功利化和短视化，真正实现"以人为本"，把职业教育办成有温度的教育，切实考虑受教育者的未来和发展潜力。四是以终身学习观把握职业教育，把职业教育办成全纳性职业教育、终身技能教育，让职业教育面向人人，面向每个人生涯全程，如此期望职业教育从边缘走向中心。五是职业院校在终身教育和学习型社会的综合背景之下，除人才培养之外，应充分发挥技术开发、职业培训、社会服务、文化传承等多方面功能，发展成为区域教育和文化的多功能中心。

综合而言，本书适合于职业教育的研究人员、职业院校的管理层和骨干教师阅览，相信会有所裨益，也可为职业教育的政策制定者作一定参考。由于水平所限，书中难免偏颇乃至谬误之处，恳请大家批评指正。

目 录

第一章 终身学习、学习型社会与职业教育 …………………………… 1
  一、终身教育与终身学习 …………………………………………… 1
    （一）理念与内涵 ……………………………………………… 2
    （二）以大教育观推进终身教育 ……………………………… 2
    （三）终身教育任重道远 ……………………………………… 3
    （四）终身学习引领未来 ……………………………………… 4
    （五）大学习观适逢其时 ……………………………………… 5
  二、终身学习时代的到来与学习型社会建设 ……………………… 5
    （一）迎接终身学习时代的到来 ……………………………… 5
    （二）创新推进学习型社会建设 ……………………………… 6
  三、学习型社会与教育革新 ………………………………………… 9
    （一）学习型社会源于教育发展与变革 ……………………… 9
    （二）学习型社会反促教育改革与创新 ……………………… 10
    （三）学习型社会与大职业教育构建 ………………………… 11
  四、学习型城市引领下的北京职业教育 …………………………… 11
    （一）职业教育服务首都城市功能定位发挥出更大作用 …… 12
    （二）职业教育与培训助力首都人力资源持续提升 ………… 12
    （三）职业院校转型发展实现多功能发挥 …………………… 12
    （四）职业教育与继续教育呈现一体化发展格局 …………… 13

第二章 终身学习时代的职业教育发展战略 …………………………… 14
  一、终身学习时代的职业教育战略方位 …………………………… 14
    （一）职业教育终身化 ………………………………………… 15
    （二）职业教育全民化 ………………………………………… 15
    （三）职业教育以能力为本位 ………………………………… 15
    （四）职业教育人文化和人本化 ……………………………… 16
    （五）职业教育同培训、就业整合 …………………………… 16
    （六）职业教育出现高移化 …………………………………… 16

（七）普通教育与职业教育的渗透与融通 ………………………… 17
二、特定环境的北京职业教育战略布局 ……………………………… 17
　　（一）北京职业教育的基本状况 ………………………………… 17
　　（二）北京职业教育的突出问题 ………………………………… 19
　　（三）北京职业教育转型发展的战略布局 ……………………… 23
三、职业教育重心高移与北京策略 …………………………………… 24
　　（一）职业教育重心高移基本内涵 ……………………………… 24
　　（二）发达国家职业教育重心高移的特征分析 ………………… 26
　　（三）我国职业教育重心高移的研究与实践 …………………… 28
　　（四）北京职业教育重心高移的若干背景 ……………………… 29
　　（五）北京职业教育重心高移的主要策略与观点 ……………… 30
四、终身学习背景下的北京职业教育创新策略 ……………………… 32
　　（一）职业院校加快功能拓展，打造北京全民化、终身化职业教育
　　　　　培训体系 ……………………………………………………… 32
　　（二）积极发展行业、企业职业教育，力促职教集团实现资源深度
　　　　　整合 …………………………………………………………… 35
　　（三）创新职教管理，改进主体关系，完善北京职教发展模式 …… 37
　　（四）加强职普融通、渗透，北京职教要与高教、成教密切结合，
　　　　　协调发展 ……………………………………………………… 38
　　（五）积极推进相关制度改革，优化北京职教发展环境 …………… 39
　　（六）积极推进北京职业教育区域化、国际化发展 ………………… 40

第三章　基于学习型组织的职业院校转型发展 ……………………… 41
一、学习型组织理论对职业院校的指导价值 ………………………… 41
　　（一）学习型组织理论为职业院校的应有定位提供改革方向 …… 42
　　（二）学习型组织理论为职业院校的未来发展提供内在动力 …… 43
　　（三）学习型组织理论为职业院校的文化塑造提供可行路径 …… 43
二、学习型职业院校的基本特征 ……………………………………… 44
　　（一）学习型职业院校的核心理念：持续发展 ………………… 44
　　（二）学习型职业院校的基本形态：开放共享 ………………… 44
　　（三）学习型职业院校的组织方式：共同学习 ………………… 44
三、职业院校转型发展的背景与困难（以北京为例）……………… 45
　　（一）主要背景 …………………………………………………… 45
　　（二）困境前所未有：北京职业院校出现存在危机 …………… 46

四、关于职业院校转型与突围的分析 ………………………………… 49
 （一）职业院校转型的理论分析 …………………………… 49
 （二）北京职业院校转型的主动与被动 …………………… 50
 （三）突围是北京职业院校生存和发展空间的延展 ……… 50
五、关于职业院校转型发展的三个预判 ……………………………… 51
 （一）未来十年北京职业教育格局与模式预期 …………… 51
 （二）职业院校转型发展呈现加深态势 …………………… 51
 （三）转型发展亦会遇到制约和不乐观因素 ……………… 52
六、职业院校转型的政策性建议与发展策略 ………………………… 52
 （一）以发展的态度认识和对待职业教育 ………………… 52
 （二）政府对职业院校的转型努力要给予支持 …………… 52
 （三）职业院校转型发展但不可弃本 ……………………… 53
 （四）职业院校教育资源必须随之转型 …………………… 53
 （五）职业院校转型也需要错位发展 ……………………… 53
 （六）关于民办职业院校 …………………………………… 53
七、职业院校转型发展的行动与实践探索 …………………………… 53
 （一）大力开展社会职业培训 ……………………………… 54
 （二）面向中小学生开展职业体验和综合实践课程 ……… 54
 （三）开展文化传承、技术创新及终身学习服务 ………… 55
 （四）努力推进产学融合和集团化办学 …………………… 56
 （五）拓宽中高职衔接和高本衔接，提升办学层次 ……… 56
 （六）走出去，融入京津冀区域发展 ……………………… 57
 （七）大力拓展国际化合作与办学 ………………………… 58
八、授权评价在学习型职业院校的运用与效果 ……………………… 59
 （一）授权评价的内涵与特征 ……………………………… 59
 （二）授权评价在北京职业院校运用的过程与环节 ……… 60
 （三）授权评价在学习型职业院校运用的关键原则 ……… 66
 （四）授权评价在北京职业院校运用的效果反馈 ………… 68

第四章 协同视域下的职业教育产学融合 ……………………… 70
 一、职业教育产学融合是一个协同过程 ………………………… 70
 二、企业参与职业院校人才培养模式分析 ……………………… 71
  （一）企业投资设立职业院校 ……………………………… 71
  （二）职业院校创办校办企业 ……………………………… 72
  （三）企业同职业院校共建二级学院 ……………………… 72

（五）推动训、赛、证一体化实施，加强教师能力评价及教师培
　　　　　训效果考核 ·· 113
　　　（六）进一步加强专业教师参与企业实践 ······················ 113
　　　（七）鼓励教师合作教学，打造"双师结构"教师团队 ········· 114
　八、新时代职业院校教师的可持续发展与展望 ····················· 114
　　　（一）从经济发展的角度反思职业院校教师可持续发展 ······ 114
　　　（二）从社会发展角度来看，能力社会的形成促进职业院校教师
　　　　　可持续发展 ·· 115
　　　（三）从学校发展角度来看，职业院校为教师可持续发展提供的
　　　　　条件和环境越来越好 ······································ 116
　　　（四）从个体发展角度来看，社会地位的提高使得职业院校教师
　　　　　对终身学习的态度越来越积极 ··························· 117

第六章 技能型社会的职业教育人才培养 ····························· 119
　一、关于技能型社会 ··· 119
　　　（一）技能型社会建设的时代背景 ···························· 119
　　　（二）技能型社会的内涵与特征 ······························· 120
　　　（三）技能型社会建设的实施路径 ···························· 121
　二、技能型社会职业教育人才培养的方向 ·························· 123
　　　（一）职业教育人才培养主体凸显多元开放 ·················· 123
　　　（二）职业教育人才培养目标重视德技并修 ·················· 124
　　　（三）职业教育人才培养内容要求精准对接 ·················· 124
　　　（四）职业教育人才培养方式强调学练并重 ·················· 125
　　　（五）职业教育人才培养模式着力改革创新 ·················· 125
　三、技能型人才需求规格调查与结果 ······························· 126
　　　（一）技能型人才的类型与突出特征 ························· 126
　　　（二）企业对技能型人才的使用与评价 ······················· 126
　　　（三）企业对技能型人才的需求规格与分析 ·················· 127
　四、基于技能型人才需求的职业教育人才培养定位及考量 ······· 130
　　　（一）统一三类中等职业学校的人才培养定位：定位于初级和
　　　　　中级技能型人才 ··· 130
　　　（二）高等职业院校的人才培养定位：定位于高技能专门人才 ··· 130
　　　（三）创新技能型人才培养模式 ······························· 131
　　　（四）充分发挥企业积极性，校企合作培养技能型人才 ····· 132
　　　（五）加强双证书教育，促进技能人才培养与企业要求相契合 ··· 133

  （六）注重学生基本素养的塑造与职业核心能力的培养 ………… 133
  （七）加强职业意识与职业道德教育，培养全面发展的技能型
    人才 …………………………………………………………… 133
  （八）加强中高职衔接，一体化培养高技能人才 ………………… 133
 五、高技能人才的内涵特征与高职人才培养模式革新 …………… 134
  （一）高技能人才的内涵与职业特征 ……………………………… 134
  （二）高职人才培养模式革新 ……………………………………… 136

第七章　综合维度的高职教育评价 …………………………………… 140
 一、高技能人才培养与高职教育评价设计 …………………………… 140
  （一）高职教育评价的理论基础 …………………………………… 140
  （二）基于高技能人才培养的高职教育评价体系整体设计 …… 144
  （三）基于高技能人才培养的高职教育评价标准与指标设计原则 … 146
 二、高职学生综合职业能力评价标准与指标构建 …………………… 147
  （一）学生综合职业能力评价标准与指标设计思路 …………… 147
  （二）基于国际先进标准体系与现实调研结果的比较分析 …… 152
  （三）高职学生综合职业能力评价标准与指标体系 …………… 156
 三、以综合能力评价促进职业院校教师可持续发展 ………………… 159
  （一）职业院校教师综合能力评价的指向 ……………………… 159
  （二）职业院校教师综合能力评价的内涵与特征 ……………… 161
 四、职业院校教师综合能力评价指标与方式 ………………………… 162
  （一）确立评价指标的原则 ………………………………………… 162
  （二）评价指标的构成与内容 ……………………………………… 163
  （三）关于评价指标的说明 ………………………………………… 165
  （四）职业院校教师综合能力评价的方式 ……………………… 166
  （五）职业院校教师综合能力评价的效果 ……………………… 168
 五、基于可持续观的职业院校质量发展评价 ………………………… 168
  （一）职业院校质量发展评价的内涵与特征 …………………… 168
  （二）职业院校质量发展评价应遵循的基本原则 ……………… 169
  （三）高职院校质量发展评价的指标体系 ……………………… 171
 六、高职教育综合评价的基本构建 …………………………………… 173
  （一）必须从不同角度与侧面科学审视和把握高技能人才 …… 173
  （二）高技能人才应当作为高等职业教育人才培养的一个重要
    定位 …………………………………………………………… 174

（三）学生综合职业能力评价应上升为高等职业教育评价的核心方面 ·· 174

（四）高职教师综合能力评价的主要指向是专业教学能力和专业实践能力 ·· 175

（五）院校质量评价重在过程参与、沟通与反馈，意在培养质量的持续改进 ·· 176

参考文献 ··· 178
后记 ··· 182

第一章
终身学习、学习型社会与职业教育

"终身学习"的理念自古有之,而它与另一个相伴相生的概念"终身教育"一并被概念化、理论化、政策化且在全世界推广却是20世纪60年代的事。而信息化与数字化时代的到来,不仅使得终身学习成为每一个个体的必选项,更迫使我们的社会进入了一个全民学习的"学习型社会"。《中国教育现代化2035》把"建成服务全民终身学习的现代教育体系"列为战略目标。站在这样的社会发展样态中,我们必须在一种新的"大教育观"下把握教育的整体格局和战略发展,构建四通八达的终生教育体系,在个体、团队、组织和社会四个层面全方位推进全民终身学习,实现人人可学、时时可学、处处可学的新格局,积极推动与成就一个个会学、善学、乐学、享学的终身学习者。

北京,作为首都,积极推动教育在多个维度与城市的经济、社会、文化、生态、治理建立全方位联系,作为承办首届国际学习型城市大会的城市,还通过积极的国际合作与交流,正成为世界学习型城市的新标杆。而作为首都终身教育体系重要组成的职业教育,在落实城教融合、服务北京城市"四个中心"和国际一流和谐宜居之都的发展定位,做出了独特贡献。

一、终身教育与终身学习

终身教育是20世纪影响最为深远的教育理念与变革。学术界公认法国教育家朗格朗是现代终身教育的最早提出者①，1965年他在《终身教育引论》一书中提出"终身教育包括了教育的所有方面和各项内容"。联合国教科文组织（UNESCO）是世界上对终身教育理念和行动提出最多倡导的国际组织，该组织出版的代表性著作《学会生存：教育世界的今天和明天》《教育：财富蕴藏其中》《教育的使命：面向21世纪的教育宣言和行动纲领》等皆充满了终身教育的思想表达。

（一）理念与内涵

终身教育和终身学习是现代社会的一对相伴相生的重要概念与理念。终身教育可以从四个维度加以理解：从时间跨度上来说，终身教育是指个体终其一生所接受的教育，即"从摇篮到坟墓的教育"；从内容维度上来说，终身教育是个体一生所接受的各种教育的综合；从功能角度来说，终身教育是为了人的全面发展和经济社会可持续发展的教育；从涵盖范围来说，家庭教育、各个阶段的学校教育、各种类型的社会教育都属于终身教育的范畴，普通教育、职业教育、继续教育都属于终身教育。

终身学习是随着终身教育的发展而被提出来的，从20世纪90年代开始终身学习在国际上获得广泛认可。终身学习是从学习者的视角强调人的一生都要持续学习，以人的持续发展适应复杂社会生活。当前世界已经进入一个终身学习的时代。终身学习是实现人和社会可持续发展的基本路径。

（二）以大教育观推进终身教育

长期以来，人们提起"教育"首先想到的是学校，是课堂，是一脸严肃的老师和板板正正的学生。这其实是对教育的一种误解和窄化，我们习惯于把教育等同于学校教育，然而事实上除了学校教育，至少还有社会教育、家庭教育，乃至企业教育，而且对于现代社会，皆不可或缺。比如家庭教育，之前没有太多人认同和重视，更多的是忽略甚至不屑。当下则大不同，2021年10月《家庭教育促进法》正式颁布，政府发文、社会关注、家校协同、齐抓共育的

---

① 终身教育意思是"活到老学到老"，孔子可以说是践行终身教育的第一人，因为他通过对自己终身学习经验的总结，提出了完整的终身教育规划："吾十有五而志于学，三十而立，四十而不惑，五十而知天命，六十而耳顺，七十而从心所欲，不逾矩。"（《论语·为政》）孔子应该是第一位提出完整终身教育规划的人。

虽然"活到老学到老"这个理念在古代就出现了，但是"终生教育"作为一个学术术语是由法国教育家保罗·朗格朗（Paul Lengrand）于1965年在巴黎召开的国际成人教育会议上正式提出的；同年，保罗·朗格朗出版了专著《终身教育引论》，将终身教育进行了概念化和体系化阐述，应该说他是第一位将终身教育概念化、理论化的人。随后，联合国大力推行终身教育思想，各个国家也将其作为制定教育政策的主导思想，终身教育思潮盛行至今。

家庭教育推进格局已经初步形成。换一个角度，早在半个世纪以前联合国教科文组织已把教育划分为正规教育、非正规教育和非正式教育，而且特别强调了后两类教育的重大价值。树立大教育观，就是不要把眼光只盯在正规教育上。终身教育的提出由来已久，而终身教育不仅是从摇篮到坟墓的教育，同时也是大教育。以大教育观把握教育的整体格局和战略发展，构建四通八达的终生教育体系，才有利于化解当下教育给家庭给社会带来的巨大压力、焦虑、偏差和冲突；反之，教育遭遇的困难、诟病会越来越多，矛盾和痼疾愈发积深而难解。

（三）终身教育任重道远

终身教育的基本特征是融合、开放、大格局、可持续，它涵盖了所有教育类型，终身教育体系建设是一个庞大系统。归纳起来，终身教育对个体而言是从摇篮到坟墓的教育；对国家而言是全民教育、全纳教育；对社会而言是"大教育"，囊括了正规教育、非正规教育和非正式教育，涵盖了学校教育、家庭教育和社会教育。

中国重视终身教育起于20世纪90年代，1995年《中华人民共和国教育法》提出"要构建和完善终身教育体系"，之后中国政府致力于将终身教育理念转变为教育实践。进入21世纪以来，随着社会、文化、技术的快速发展与改变，教育的世界不断发生重大变革，教育受关注度持续提升的同时整个社会开始越来越关注学习，甚至提出"学习的革命"。2002年，党的十六大报告提出"形成全民学习、终身学习的学习型社会，促进人的全面发展"，全民终身学习在我国逐步形成共识和落地行动。2005年，福建颁布实施了我国第一部地方终身教育促进条例，2011年上海也发布实施了地方终身教育促进条例，但是迄今为止，在国家层面仍然没有出台促进终身教育发展的相关法规。应该说，我国终身教育在取得多方面成就的同时，依然有很远的路要走，建立健全终身教育体系的目标任务依然艰巨。我们期盼终身教育国家立法的尽早实现，也呼吁在各级教育行政机构单独设立终身教育部门。同时，作为一种理念，终身教育主张在每一个人需要的时刻以最好的方式学习与提供必要的知识和技能。而最需要树立终身教育理念的是所有教育工作者，涉及教育行政官员、校长和教师，而现实却是有些教育工作者还没有树立终身教育理念，尚未认识到教育是一个终身化的过程，以及教育的边界远非校园内外。

终身教育是大教育，社会上的诸多机构、组织、企事业单位，都发挥着终身教育的功能，或多或少，显性或隐性，有意或无意，现在的问题是如何让它们的终身教育功能发挥到更好更充分。比如，发生在企业的教育活动我们称为"企业教育"，它是终身教育的重要组成，更是职业教育的一部分，它在整个社会的价值作用绝不可低估，但是没有受到更多重视，其价值空间亟待拓展。人们惯常看到的图书馆、文化馆、博物馆、科技馆等机构，在终身教育的功能发挥上作用越来越显著，但是在教育内部，数量众多的公立教育机构，除开放教育院校、社区学院（校）之外，无论中小学还是大学在发挥终身教育功能方面皆远远不够。尤其是大学，政府投入巨大，自身拥有很多资源，理应面向所在区域发挥更加广阔的教育功能[①]。

（四）终身学习引领未来

终身学习由来已久，中国有句古语"活到老学到老"，说的就是终身学习。终身学习真正被重视是在 20 世纪末，在国内出现热度则是最近几年。我们所处的世界在不断加速变化是终身学习被重视的基本原因。信息化、数字化时代的到来，意味着终身学习时代的来临。当今时代的每一个人，总是要面对变化，时刻都在迎接挑战，终身学习成为必选项而非备选项。终身学习指向终身成长，而离开终身学习则难有未来。美国华裔学者黄征宇在其著作《终身学习：哈佛毕业后的六堂课》把终身学习同健康管理、情绪管理、思维改变、关系优化、事业掌控和财富创造等联系在一起，最后提出唯有终身学习才可以让人走向精神自由之境界。

终身学习当前成为一个热点。《中国教育现代化 2035》把"建成服务全民终身学习的现代教育体系"列为战略目标，十三届全国人大四次会议通过的《国民经济和社会发展第十四个五年规划和 2035 年远景目标纲要》则提出"完善终身学习体系"。无论政府文件还是在理论界学术圈，"终身学习"似乎提得越来越多，"终身教育"好像出现得越来越少，但是终身学习不能取代终身教育，二者各有千秋。终身教育强调系统性和统筹性，更加突出政府的责任；终身学习强调主动性和能动性，更加突出个体的作为。在人类社会发展历程中，学习早于教育发生，但终身教育的提出则早于终身学习。没有终身教育的发展，缺少健全的终身教育体系，终身学习格局则难以实现。

全民终身学习是一个理想境界，中国有 14 亿人，如果 14 亿人都成为终身学习者，那么中国就是世界第一的学习大国。在推进全民终身学习的策略上，有必要对人群进行细分。比如老年人的终身学习侧重于保持健康和升华生命价值，既不同于在读青少年也不同于在职中青年；又比如中小学教师的终身学习侧重于与学生共成长，培养学生全面发展，以及持续提升教学与科研能力；再比如家长的终身学习则是父母与孩子共长共进以应对家庭教育的新诉求。此外，大力推进并实现"处处可学"，尤其让家庭的终身学习、职场的终身学习、

---

① 史枫. 努力开拓学习型社会建设的新格局. 北京宣武红旗业余大学学报，2021（4）.

社区的终身学习从理念落地为行动，需要多方面创造条件盘活资源和营造氛围。未来社会是一个人工智能的时代，人工智能带来的不仅仅是机遇，要以终身学习作为应对人工智能时代挑战的首选项，在个体、团队、组织和社会四个层面全方位推进全民终身学习[①]。

（五）大学习观适逢其时

近年有个现象，政府对教育体系的构建开始比较多地关注培训，尤其在职业教育领域国家出台了多个提升培训的文件；我们在谈论教育话题的时候更多提及了学习，有关学习的概念提法蜂拥而至，比如"混合学习""泛在学习""移动学习""深度学习"等。从教育到培训，教育在扩大，从教育到学习，教育突出了"学习者为中心"。整个社会更加关注学习，建设学习型社会成为价值追求；整个国家愈加重视学习，建成学习大国引领战略发展。对应于大教育观，就有大学习观，而大学习观就是超越基于书本、基于纸笔、基于课堂、基于知识和更多局限的学习，学习的时间、场所、跨度、指向、内容、方式等都是多样多元和了无限制，回归到学习的本质和本源。学习是人之为人并区分于动物的本质特征，学习甚至是人类进化和发展的根本催化，而人类的学习在文字远未出现的漫长岁月早已出现。然而，社会进步到今天，教育无比发达，对于学习却经常看窄了看小了，眼睛盯在正规学习的那一点点，忽略了非正规学习和非正式学习的广阔天地。2013年首届国际学习型城市大会发布的《建设学习型城市北京宣言》特别倡导了"重振家庭和社区学习活力""促进工作场所学习"，足见国际教育界的密切关注和用意指向。在学校是学习，在家庭有学习，在工厂兴学习；工作离不开学习，生活不能没有学习；师生学习、同事学习、伙伴学习……学习就是无时不在、无处不有。终身学习的基本格局是"时时可学，处处能学，人人皆学"，但若没有大学习观，就没有终身学习。

二、终身学习时代的到来与学习型社会建设

（一）迎接终身学习时代的到来

十九届四中全会提出"构建服务全民终身学习的教育体系"，"发挥网络教育和人工智能优势，创新教育和学习方式，加快发展面向每个人、适合每个人、更加开放灵活的教育体系"。随着信息技术、移动互联、人工智能的快速发展，终身教育与学习不断走向纵深，我们业已进入到一个终身学习时代。不

---

① 史枫. 努力开拓学习型社会建设的新格局. 北京宣武红旗业余大学学报，2021（4）.

管你愿不愿意、排不排斥，终身学习时代都已到来，社会中的每一个人都应以向上的精神、开放的心态、积极的行动迎接和拥抱这样一个时代，做一个会学、善学、乐学、享学的终身学习者。21世纪初，欧盟（EU）即发布了《实现终身学习的欧洲》《终身学习整体行动计划》《欧洲终身学习核心素养建议框架》等多个推动欧洲终身学习的纲领性文件，众多欧盟成员国则相应制定并推进了终身学习国家战略。"活到老学到老"，中华民族是具有好学基因的民族，中国是热爱学习的国度，迎接终身学习时代，中国可以借鉴欧洲经验，将终身学习上升为一种战略，推动教育与社会深度融合，促进教育体系更加弹性、包容和具备张力；构建面向人人、贴近需求、灵活便利的终身学习服务体系，全面推动学习型组织、学习型社区蓬勃发展；鼓励和支持所有类型的学习，尤其是基于家庭的学习、基于社区的学习和基于工作场所的学习，让学习无所不在；大力推进青少年校外学习、老年学习、乐龄学习，积极推动特殊人群、社会不利人群学习，让教育的阳光温暖和学习福利惠及每一个人。让我们每个人、全社会拥抱终身学习时代，勠力前行奋发实现"学习大国""学习强国"的伟大梦想[①]。

（二）创新推进学习型社会建设

1. 学习型社会的提出

美国学者罗伯特·赫钦斯（R. M. Huchins）在1968年提出学习型社会，他认为学习型社会是一个充满个人闲暇和自由时间的社会，学习是这一社会的核心；人们必须通过不间断地接受正规、非正规教育，通过持续学习，不断增进自身的知识、技能和素养，提升自己的生存价值，在经历不断的价值转化中，实现人生的真正价值——"贤、乐、善"。他表示："所有全体成年男女，仅经常地为他们提供定时制的成人教育是不够的，除此以外，还应以学习成长及人格的建构为目的，并以此目的制定制度，以及以此制度来促使目的的实现，并由此建立一个朝向价值转换和成功的社会。"[②]

2. 学习型社会的内涵

美国有多个学者对学习型社会进行研究并提出个人观点。埃德加·富尔（1972）认为"学习型社会就是把教育的功能扩充到整个社会的各个方面"。兰森（Ranson S）在其著作《走进学习型社会》（1998）中提出，"学习型社会是一个需要了解其自身特点和变化规律的社会，一个需要了解其教育方式的社

---

① 史枫. 以大学习观拥抱终身学习时代. 北京宣武红旗业余大学学报，2020（1）.
② 罗伯特·赫钦斯. 学习型社会. 北京：社会科学文献出版社，2017.

会，一个全员参与学习的社会，一个学会民主地改变学习条件的社会"。[1] 爱德华兹（Richard Edwards）认为，学习型社会是一个整体拥有良好教育与教化的社会，是二战以后资本主义国家为了面对社会变迁所带来的挑战，强调首先要充分提供成人学习的机会，使终身学习进入社会政策中。[2]

以联合国教科文组织为首的众多国际组织或机构在其相关报告中也对学习型社会做出了相关定义与分析。联合国教科文组织在1972年提出：必须从整个社会和教育发展的全局，把学习型社会理解为教育与社会、政治、经济、生活密切交织的过程，教育是扩展到社会生活各个领域的具有普遍联系的整体，是贯穿在一个人一生各个发展阶段的连续统一体。很显然，一个社会既然赋予教育这样重要的地位和崇高的价值，那么这个社会就应该有一个它应有的名称，这就是"学习型社会"。[3] 1973年美国卡内基高等教育委员会在《迈向学习社会》中提出，学习型社会应是一个以工作为中心追求广泛知识和学问的社会，应是一个借助于回流教育、远程教育、开放大学、社区学院等来适应现代变化的社会。欧盟1996年在其白皮书《关于教育和训练》中提出："未来的社会是一个学习化的社会，知识和技能在这一社会中扮演重要的角色。学习型社会的表述意指今后的社会关系是以教育和训练为基础的，这一观点与信息社会的概念是一致的。而信息社会，顾名思义，让人人都能从中直接获得信息。"

中国学者对学习型社会给予了极大关注。厉以贤（1999）认为，学习型社会是以学习者为中心，以终身学习、终身教育体系和学习型组织为基础，以保障和实现满足社会全体成员各种学习需求，促进人的全面发展和获得社会自身可持续发展的社会；吴建平（2003）提出学习型社会是"一种崭新的社会发展观、一种新的社会生产方式、一种新的社会生活方式、一种新的社会结构模式、一种新的社会发展战略"；顾明远（2006）认为学习型社会的本质是以学习求发展；陈乃林（2008）提出学习型社会是一种新的社会发展理念，一种未来社会发展形态，是未来社会发展的重要目标。

3. 学习型社会的特征

综合文献研究和基于中国对学习型社会的实践探索，可以提出：学习型社会是以终身教育体系和学习型组织为基础，通过不断满足社会全体成员各种学

---

[1] RANSON S. Inside the Learning Society. London and New York: Cassell, 1998: 253-270.
[2] EDWARDS R. Behind the Banner: Whither the Learning Society?. Adults Learning, 1995, 6(6): 187-189.
[3] 《学会生存——教育世界的今天和明天》是以埃德加·富尔为首的国际教育发展委员会于1972年提交给联合国教科文组织的总报告，在其发表的70余篇教育考察和科研论文基础上写成，同年8月由联合国教科文组织出版。

习需求和发展需求，不断激发个体创造性、提升组织智力和增强社会活力，促进人的全面发展和社会的和谐、可持续发展的创新社会。学习型社会的核心特征是全民终身学习、基于学习谋求创新发展以及跨界、融合、协同的共治格局，其基石是全民终身学习。具体而言，其特征为：(1) 学习成为个体生活方式和组织发展方式；(2) 创新成为社会发展的基本动力和手段；(3) 终身教育和终身学习服务体系不断走向健全和成熟；(4) 知识管理和文化管理成为社会管理的普遍形态。

4. 开拓学习型社会建设新格局

学习型社会是基于终身教育与学习而产生的，有了全民终身学习就基本形成学习型社会。大教育观和大学习观对于学习型社会至为关键，学习型社会中的教育是大教育，学习型社会中的学习是超越课堂和书本的宽广学习。学习型社会基于教育和学习变革而生，同时又超越教育的相对封闭和促动教育革新，促进教育在更高的广度与深度同经济、社会、文化、治理、生态建立连接和多元互动，体现出协同、跨界与融合。我国教育在取得举世瞩目成就的同时，也面临内卷化、普遍焦虑和扭曲走形，应以学习型社会的协同理念革新教育世界。

学习型社会作为一种社会发展样态，其本质是以学习求发展，对我国应对百年未见之大变局具有重大意义。国家提出建设学习型社会已经有二十余年，我们也已基本形成学习型社会，但属于学习型社会的初级阶段，未来之路依然很长。信息化时代知识的生产和传播都以加速度推进，学习型社会建设也将迎来加速发展的新契机，而且应上升为国家战略，以国家资历框架为切入，以新发展理念为指导，在更高水平上加快建设和创新发展。

表 1-1　学习型社会建设在我国重要文件中的体现

时间	发布部门	文件	相关内容
2002 年	中共中央	第十六次全国代表大会报告	"形成全民学习、终身学习的学习型社会，促进人的全面发展"
2006 年	全国人大	国民经济和社会发展"十一五"规划纲要	"加快教育结构调整，促进教育全面协调发展，建设学习型社会"
2007 年	中共中央	第十七次全国代表大会报告	"现代国民教育体系更加完善，终身教育体系基本形成"，"使全体人民学有所教"，"建设全民学习，终身学习的学习型社会"

续表

时间	发布部门	文件	相关内容
2010年	国务院	国家中长期教育改革和发展规划纲要（2010—2020年）	"到2020年，基本实现教育现代化，基本形成学习型社会，进入人力资源强国行列"
2011年	全国人大	国民经济和社会发展"十二五"规划纲要	"加快发展继续教育，建设全民学习、终身学习的学习型社会"
2012年	中共中央	第十八次全国代表大会报告	"积极发展继续教育，完善终身教育体系，建设学习型社会"
2016年	全国人大	国民经济和社会发展"十三五"规划	"加快学习型社会建设。大力发展继续教育，构建惠及全民的终身教育培训体系"
2017年	国务院	国家教育事业发展"十三五"规划	"大力发展继续教育。加快构建终身教育制度"
2017年	中共中央	第十九次全国代表大会报告	"办好继续教育，加快建设学习型社会，大力提高国民素质"

以创新作为建设和发展学习型社会的基本动力与手段，谋求人与社会的可持续发展。可持续发展是当今世界至为重大的命题，而学习型社会在本质上是绿色社会、可持续发展社会，其根本落脚是以创新实现人与自然和谐共生，人与社会可持续发展。当今世界气候变暖、生态恶化、生物多样性消失，地球和人类面临重大危机。中国以负责任大国的担当精神实施生态文明战略，坚持生态优先绿色发展，对实现联合国《2030年可持续发展议程》17个可持续发展目标作出政治承诺。2020年，中国又向世界庄严承诺在2030年前实现碳达峰，在2060年前实现碳中和，而"双碳"目标是一场硬仗，事关中华民族伟大复兴和人类命运共同体构建。面向未来，让我们以习近平生态文明思想为指引，深刻弘毅其教育价值与意涵，将生态文明有机融入学习型社会建设，在学校、家庭、企业、社区、农村各个场域寻求终身学习与生态文明可持续发展的有机融合，创新谋划学习型社会的新格局新境界。

三、学习型社会与教育革新

（一）学习型社会源于教育发展与变革

学习型社会是教育发展到一定阶段的产物。二战以后，教育在各国受重视程度不断提升，学校教育的普及化程度越来越高，教育的规模越来越大，教育发展水平也逐渐提升，教育的分层分类不断丰富和细化，教育在整个社会中的地位持续提高，对社会、经济、科技发展的贡献不断加大。正是在这一背景之下，在20世纪60年代，美国学者提出了学习型社会。

学习型社会的发展基础是终身教育理念与实践。终身教育的提出是教育的重大进步，是教育的一次革命，深刻影响了教育的世界，也影响了整个社会。在终身教育理念下，教育是一个连续不断的过程，教育的价值和地位进一步提高；同时，教育不再局限于学校，突破狭隘走向大教育。正是有了终身教育，有了大教育，才出现了普遍的教育社会化，学习型社会才逐步向我们走近。

学习型社会是整体教育开放融合的结果。很长一个阶段，学校是关门办学的，教育是相对封闭的，后来这种狭隘格局逐步打破，教育的开放程度越来越高，表现在面向人人，破除性别、年龄、种族、阶层等种种限制，资源开放共享，机会越来越多，时空的限制越来越少。教育开放的同时，跟社会方方面面的关联越来越紧密，教育与文化，教育与科技，教育与就业，教育与艺术……总之教育有机融入了社会，正是在这个时候，学习型社会萌发并逐步形成。

(二) 学习型社会反促教育改革与创新

学习型社会建设是一个渐进的过程，跨界、融合、开放、共享是其突出特征，学习型社会是基于教育发展与变革而产生的，学习型社会的理念和行动又能反过来促进教育的改变与革新。世界正在持续处在一个快速变革的时代，整个社会的方方面面都在变，而且是加速度地变，相对于产业、科技、文化、医疗等多个领域，教育的改革是相对缓慢的。学习型社会中的大教育观、终身学习观、持续创新理念对教育的影响将不断增进和持续凸显。

学习型社会对教育内部的影响与促动在于教与学方式的变革，不同类型教育的统筹协调，学校教育、家庭教育和社会教育形成合力，以可持续发展理念培养具有终身学习能力和素养的人。学习型社会中的教育应该是福利福祉，是阳光温暖，不应是家庭负担，不应是全民焦虑的痛点，要以学习型社会的理念和行动破解教育日益内卷的世纪难题。

学习型社会对教育与外部建立更加密切和深化互动的链接与关系，同样具有重要的价值和作用。教育必须进一步开放，以开放的思维连接到社会，以开放的心智融入进社会，以开放的资源共享给社会，不断推进教育社会化的发展进程。学习型社会是一个无边界社会，教育要进一步打破边界，学校要进一步破除封闭，教育的明天才能更加活力无限。

（三）学习型社会与大职业教育构建

学习型社会中的教育是大教育，学习型社会中的职业教育则是大职业教育。大职业教育不仅包括学校职业教育，还包括企业职业教育和社会职业教育；不仅包括学历职业教育，还包括非学历职业教育，尤其是职业培训、职业训练；不仅包括正规正式职业教育，还包括非正规非正式的职业教育。职业教育发展中遇到的很多困难难以突破，问题就在于职业教育在理念和实践中被窄化了，眼光就盯在了学校职业教育，然而事实上大量的技术技能人才不是职业学校培养的，而是企业培养的，是社会培养的；而且，以终身学习的视角看，职业学校培养的人才需要可持续发展，需要有后劲有更多发展潜力，适应快速变化的时代特点，职业学校在培养技能的同时，必须注重给学生更加宽厚的基础，必须更加注重对学生综合素质与核心能力的培养塑造。

树立大职业教育观，就可以对当前职业教育格局保持清醒的认识，以开放、融合、跨界、多元、灵活的方式和路径发展职业教育，让职业教育既基于学校也基于企业而发展，既作为类型教育区别于普通教育，又与之相互融通，形成你中有我、我中有你，既深化改革苦练内功，又要从外部着手优化其外部发展的条件环境。

树立和践行大职业教育观，在教育内部特别需要处理好职业教育和普通教育的关系。在"北上广深"教育十分发达的城市，职业教育和普通教育更多的是一种融通融合的关系，是你中有我、我中有你的关系，职业学校里的是职业教育，普通学校中也有职业教育。教育发展到一定阶段，职业学校与职业教育不能画等号，中职学校不等于中职教育，高职学校不等于高职教育，无论是研究者、实践者还是政策制定者，都应在终身教育和学习型社会理念下认识和把握大职业教育发展的新格局。

四、学习型城市引领下的北京职业教育

学习型城市是以全民终身学习为核心理念，以完善的终身教育体系和普遍的学习型组织为基础，以保障和满足全体成员的学习需求、促进人的全面发展和城市可持续发展为出发点和归宿的城市发展形态。建设学习型城市是实现学习型社会的重要基石。北京自1999年11月提出建设学习型城市以来，2007年3月召开首都学习型城市大会，发布《中共北京市委、北京市人民政府关于大力推进首都学习型城市建设的决定》；2013年10月举办首届国际学习型城市大会，发布《建设学习型城市北京宣言》；2016年6月，北京市教委联合十四个委办局共同发布《北京市学习型城市建设行动计划（2016—2020）》，推出

学习型城市建设"十大工程";2021年11月,北京市发布第二个学习型城市行动计划,即《北京市学习型城市建设行动计划(2021—2025)》,推出新的学习型城市建设十大工程。20多年以来,北京学习型城市建设取得了显著成就和重要影响,对首都教育的发展,尤其对继续教育、职业教育具有显著的引领作用。

(一)职业教育服务首都城市功能定位发挥出更大作用

学习型城市是教育在多个维度与城市的经济、社会、文化、生态、治理建立全方位联系的窗口和载体,北京市在2018年提出"城教融合",意在教育要跟城市的各个方面深入融合。职业教育是首都终身教育体系的重要组成,落实城教融合大有作为,在服务北京城市"四个中心"和国际一流和谐宜居之都的发展定位上,做出了独特贡献,尤其增进了服务首都重点产业发展的契合度,动态更新专业设置,着力培养了服务科技创新的高素质技术技能人才。未来一个时期,以培养培育具有终身学习能力和持续成长潜力的高层次多样化技能型人才为己任,职业教育为首都四个中心建设提供一线优质人力资源支撑大有可为,尤其是在北京学习型城市建设进入转型发展的新阶段,职业教育在助力产业提升、文化创新和治理优化上将表现得更加有力。

(二)职业教育与培训助力首都人力资源持续提升

在两轮建设学习型城市行动计划中,首都职工素质和技能提升都列为重点工程。北京建立并不断完善了政府主导、服务就业、依托企业和院校的社会化、多层次职业教育和培训体系,为首都各行各业输送了大批技术技能人才和高素质劳动者。北京深入推进了职工素质提升工程,依托职业院校和产教融合创建了一批首席技师工作室和职工创新工作室。"十三五"期间,北京建成了50个职工继续教育基地,年均承担职工继续教育在100万人次以上。面向未来,全市职业院校、继续教育院校和培训机构面向行业企业开展的技能培训和继续教育,面向前沿技术与管理开展的高端研修培训,将显著促进就业发展和创业提升,推动终身职业技能培训落地实施,助力首都技能型社会建设。

(三)职业院校转型发展实现多功能发挥

职业院校的基本功能是技术技能人才培养与培训,基于北京学习型城市深化建设的需要和终身教育的发展理念,职业院校应发展成为服务区域社会经济发展的多功能中心。自"十二五"以来,北京职业院校由原来主要承担学历教育、主要服务于在校全日制学生,逐步转变为在保持学历教育的基础上,扩大开展了社会培训、职业培训、技术服务和其他依托学校资源面向社会和企业开展的多种服务，包括各类面向不同群体的技能培训、面向中小学生开展职业体验和实施综合实践课程、开展文化传承和技术创新、实施社区教育和社区服务、服务行业企业推进产学融合和集团化办学。《关于推动现代职业教育高质量发展的意见》提出"支持有条件的中等职业学校根据当地经济社会发展需要试办社区学院"，传递出职业院校办成多功能中心的信号。可以预见，在未来五到十年，学习型城市创新发展中的北京职业院校在服务面向上将进一步呈现多样化、个性化，办学功能愈发拓展为丰富化、综合化。

（四）职业教育与继续教育呈现一体化发展格局

职业教育与继续教育是学习型城市建设的关键支撑，而协同创新是学习型城市的重要特征，职业教育与继续教育基于天然的密切联系不断走向统筹协同和一体化发展，对优化学习型城市发展格局具有现实意义。自2016年北京市第一个学习型城市行动计划实施以来，在市级层面，北京开放大学作为继续教育院校承担了职业教育行业指导与联系、"1+X"证书实施体系、非学历社会培训的职能，发挥了多方面的职业教育功能；北京电子科技职业学院、北京财贸职业学院、北京农业职业学院等多个独立设置职业学院，在学历和非学历继续教育的功能上持续拓展。在区级层面，各区的社区学院或职工大学将职业教育和继续教育有机融合互为补充，职业学校发展成为职工继续教育基地；最为典型的是丰台区成立职成教育集团，把区内职业学校和职工教育、社区教育机构全部整合，成为职业教育和继续教育一体化的典范，服务区域学习型城市建设表现卓著。

第二章
终身学习时代的职业教育发展战略

十九届四中全会提出"构建服务全民终身学习的教育体系","发挥网络教育和人工智能优势,创新教育和学习方式,加快发展面向每个人、适合每个人、更加开放灵活的教育体系,建设学习型社会"。随着信息技术、移动互联、人工智能的快速发展,学习型社会建设不断加速,我们业已进入到一个终身学习时代。在终身学习的时代中,职业教育如何进行战略定位,在特定环境中如何进行职业教育的战略布局,在职业教育重心高移趋势发展中如何实现北京职业教育的创新提升与可持续发展,本章将作具体探讨。

一、终身学习时代的职业教育战略方位

在终身学习时代,职业教育应该立足经济社会发展和整体教育发展的水平和趋势,参照世界职业教育发展趋势,构建自成体系又和普通教育融通、渗透的现代职业教育体系,同就业及劳动力市场紧密结合,并上升为人力资源开发的主渠道和关键路径;职业培训成为职业教育的发展重心,行业、企业职业教育地位不断突出,学校职业教育以能力素质为本位,在淡化学历色彩的同时,层次逐步上移;职业教育走向开放、灵活和富有弹性,面向多重对象,更多面向成人并伴随人的终生,向全民化和终身化教育发展,并成为更多人的优先选择;政府、企业、社团、社区乃至家庭都关注职业教育,企业实质性参与职业教育,职业教育与培训遍布社会各个角落,从边缘走向中心。

（一）职业教育终身化

终身教育思想的核心是使人的一生成为学习和工作不断交替、相互结合的过程。教育终身化在许多国家的职业教育制度改革实践中都得以体现。终身化的职业教育不再是一种早期终结型教育，而是一种贯穿人的整个职业生涯的教育。它使处于不同职业发展阶段的人们，能够在最需要的时候得到与职业相关的知识和技能；职前职业教育与职后继续教育相结合，保持前后的连贯性与一致性，成为延续终生的职业教育系统。

（二）职业教育全民化

职业教育全民化有两层含义：一是全民都应接受职业教育。不管一个人的社会地位高低、经济收入多少、学历高低、从事什么工作都应接受一定程度、一定内容的职业教育。这是适应社会变迁、经济生活多元以及顺利度过个人职业生涯的需要。二是职业教育应面向所有人。职业教育要面向各类人群，使之成为社会所有成员能面对新挑战的最好的手段之一。

上海市提出在未来五年，职业院校注册学生中的全日制学历生、非全日制学历生与非学历培训者的比例达到 1：1：2；全市每年有 1/3 以上的就业人员接受更新知识、提高技能的培训教育。辽宁省提出，建立适合各类人员参加，布局合理、专业门类齐全、质量过硬、适应劳动力市场需要、培训就业一体化的普惠制就业培训体系。

（三）职业教育以能力为本位

随着原子能和电子计算机的发明与应用以及随之而起的新技术革命浪潮，国际社会与人们的生活方式发生了全面而深刻的改变。它们不仅推进了全球化进程，还将世界尤其是包括德国在内的西方发达国家推进了一个全新时代——知识经济社会。知识经济社会也常被人们定义为一个"知识大爆炸时代"，因为现代科学技术的日新月异引爆了世界知识总量呈现几何级数增长的状态。在其总量扩大的同时，技术知识的有效使用周期越来越短，更替越来越快。据有关统计，人的知识老化速度每年为 15%～20%，知识的半衰期已缩短至 5 年。在这个变幻莫测的知识社会里，科学家与工程师们不再是学习与创新的唯一主体，它涉及全社会各个领域、各个层次的人，包括一线技术工人也难逃其任。因为如果没有技术工人的跟进，科学家与工程师们在新技术新工艺上的发明创造势必沦为一纸空文。然而在知识量陡增，其寿命衰减率攀升的背景下，职业教育很大程度上却在"用过去的技术知识，教现在的学生，去适应未来的职业生活"。这种人才培养的结果必定难以满足知识经济背景下的相关要求。于是，身处在知识经济社会中的职业教育不得不重新思考"到底应该向学生教授什么内容"这个问题。"终身学习的意愿与能力"成为人们在知识经济社会可持续发展的关键因素，它也必须成为职业教育的一个重要奋斗目标。与之相应，"培养职业能力"也成为世界各国职业教育的普遍定位和主流思想[①]。

（四）职业教育人文化和人本化

职业教育人文化是指职业教育必须能够促进人的发展，职业教育在考虑到经济、社会和文化发展需要的同时，还要考虑到每个人充分发展的需要；职业教育应满足有关产业部门需要的技术教育，同时要保证个人人格的充分发展所必需的一般教育。而人本化的职业教育把人置于职业教育的核心理念之中，其关注点是个人在社会中的需求和潜力。这种模式之下，职业教育体系是开放的、柔性的，传播人文价值观和标准，培养有责任感的公民。

（五）职业教育同培训、就业整合

在国际上，TVET（Technical and Vocational Education and Training）成为职业教育的通用新概念，职业教育与职业培训之间建立密切化联系，教育和培训呈现整合化、一体化发展，为生活、工作和人人通往终身学习的无障碍通道架设桥梁。在此基础上，西方国家还出现教育、培训与就业结合的新局面。

在国内，山东省提出实施校企合作计划，年销售收入 10 亿元以上的 249 家企业都要至少确定一所职业技术院校作为校企合作的伙伴[②]。辽宁省提出建立和完善工学结合的现代企业职业教育培训体系[③]。浙江省提出大力推行工学结合、校企合作的培养模式，在全省各地大中型企业和高新技术企业中建立 500 家职业院校学生校外实习示范基地；依托各地重点骨干职业院校、省级示范性成人文化技术学校和社会培训机构，建立 100 个校企合作的职工教育培训基地；建立和完善企业职工培训制度，企业要把职业教育和职工培训纳入企业发展规划，鼓励和支持在职职工参加培训、提高技能；大中型企业的高技术技能人才要立足自主培养，中小企业的高技术技能人才以校企合作方式培养。

（六）职业教育出现高移化

职业教育高移化，是指职业教育制度的重心向上一层次移动。目前，发达国家的职业学校体系有中等和高等两个层次，发展中国家的职业学校体系有初

[①] 易艳明，吉利. 德国能力导向职教思想的理论、实践与价值研究. 中国职业技术教育，2014（24）.

[②] 中共山东省委、山东省人民政府关于大力发展职业教育的决定（鲁发〔2005〕35 号）. http://hrss.qingdao.gov.cn/n28356070/n32571083/n32571092/n32571123/141203141145265068.html.

[③] http://www.ln.gov.cn/zfxx/zfwj/szfwj/zfwj2006/201109/t20110908_698405.html.

等、中等、高等三个层次，或者是中等和高等两个层次。不论几个层次，世界各国的职业学校，都已基本上形成一个系统，并同样呈现出上移的趋势，只是上移的重心各国有所不同。

（七）普通教育与职业教育的渗透与融通

2020 年 10 月中共中央办公厅、国务院办公厅印发的《关于推动现代职业教育高质量发展的意见》指出："加强各学段普通教育与职业教育渗透融通，在普通中小学实施职业启蒙教育，培养掌握技能的兴趣爱好和职业生涯规划的意识能力。探索发展以专项技能培养为主的特色综合高中。推动中等职业学校与普通高中、高等职业学校与应用型大学课程互选、学分互认。"[1] 在本质上，这是指"普通教育职业化，职业教育普通化"的一种交融发展，指职业教育与普通教育的相互渗透、相互沟通和衔接，普通教育与职业教育两个体系走向融合发展。

对此，上海市提出继续深化普职渗透、中高职衔接的教育模式改革，优化综合高中教育教学模式，继续举办五年制高等职业教育。浙江省提出合理配置资源，促进普职教协调发展；加强宏观调控，统一制定招生政策，加强对学生和家长的引导，促进初中毕业生普职教合理分流；构建职业教育与其他教育相互沟通和衔接的"立交桥"，使学生就业有路、升学有望。

二、特定环境的北京职业教育战略布局

（一）北京职业教育的基本状况

北京职业教育主要由三部分组成，即中等职业教育、高等职业教育和职业培训。2020 年，北京中等职业学校 110 所，其中普通中专 29 所，职高 44 所，技校 26 所，成人中专 11 所，招生 2.61 万人，在校生 7.31 万人[2]；高等职业学校 25 所，其中公办 16 所，民办 9 所，包含本科院校举办的高职教育，招生 2.57 万人，在校生 7.28 万人[3]；职业培训机构 3 199 所，注册学生 251.18 万人，较 2006 年增长 31.8 万人，培训规模快速增长的同时，培训的领域门类、面向对象和覆盖面也不断扩大。

北京中等职业教育自 2016 年以来，招生规模维持在 2.7 万人左右，招生人数最低 2.16 万人（2019 年），最高 3.55 万人（2016 年）；在校生规模在

---

[1] http://www.gov.cn/zhengce/2021-10/12/content_5642120.htm.
[2] 数据来源于《2022 年北京市中等职业教育质量年度报告》。
[3] 数据来源于《北京市高等职业教育质量年度报告（2022）》。

2016 年为最高，达到 12.11 万人，然后快速下滑，到 2020 年为 7.31 万人。[①] 如图 2-1 所示。

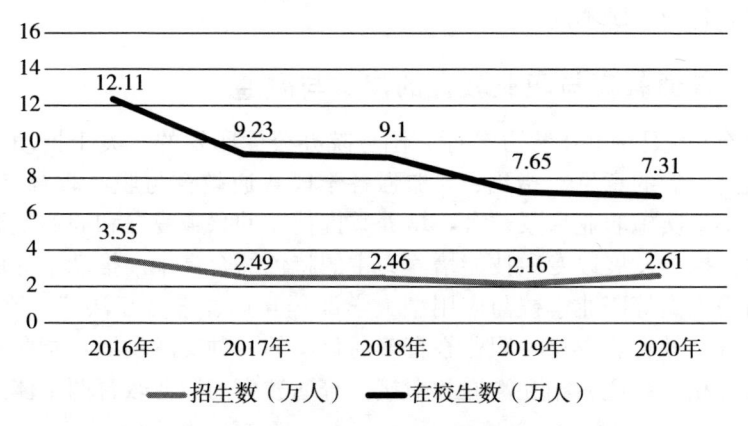

图 2-1　2016—2020 年北京中等职业教育办学规模

北京高等职业教育（含本科院校举办高职教育）自 2016 年以来年招生规模维持在 2.6 万人左右，在校生规模 2016 年为 8.74 万人，达到最高，然后持续下降，到 2020 年为 7.28 万人。[②] 如图 2-2 所示。

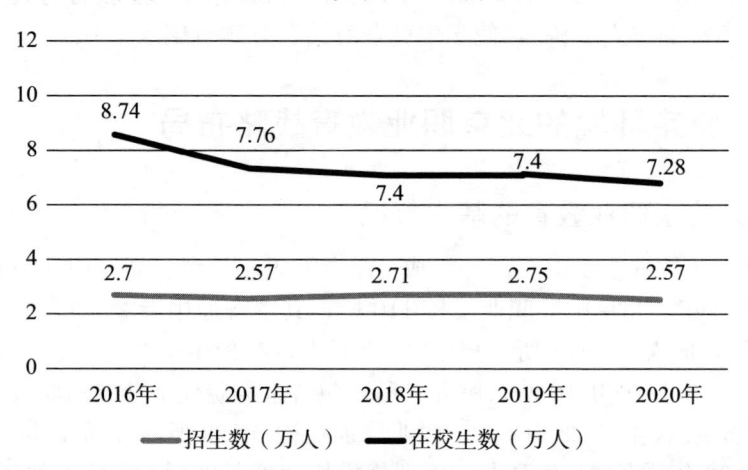

图 2-2　2016—2020 年北京高等职业教育（独立设置高职院校）办学规模

自 2011 年以来，北京职业教育在保持规模稳定的同时，经费投入持续增长，生均经费位居全国前列；办学条件不断改善，基础能力建设显著提升，"双师型"教师队伍发展和以工作过程为导向的教学改革走在全国前列；示范

---

① 数据来源于 2017 年至 2021 年的《北京市中等职业教育质量年度报告》。
② 数据来源于 2017 年至 2021 年的《北京市高等职业教育质量年度报告》。

校、骨干校建设持续推进,分级制人才培养探索在全国产生影响;毕业生就业率高,就业质量不断改善,整体办学效益稳步提升。

(二)北京职业教育的突出问题

1. 人口严厉调控政策对北京职业教育的影响

(1) 外来人口增长过快导致北京人口迅速膨胀。

2006年至2013年,北京常住人口由1 581万人增加到2 114.8万人,增长率为33.76%;常住外来人口从383.4万增加到802.7万,增长率为109.36%。从2006年到2013年的7年间,人口增长的533.8万,有419.3万是外来人口。2014年以后,北京市常住人口的增长逐步放缓,2017年至2019年间出现负增长。

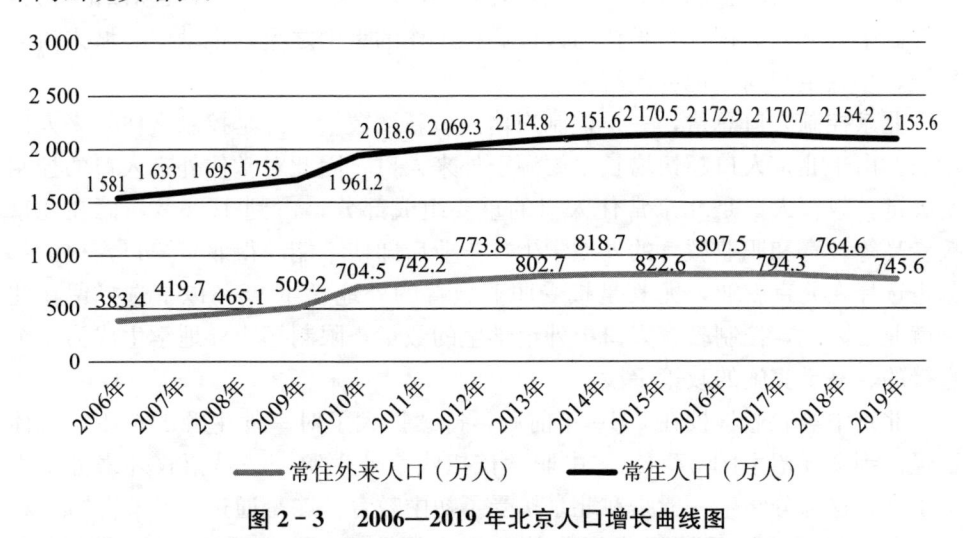

图2-3 2006—2019年北京人口增长曲线图

资料来源:《北京市2006—2019年国民经济和社会发展统计公报》.

(2) 人口膨胀带来的系列问题引发调控政策出台。

2014年前北京市常住人口数量的快速增长带来一系列问题,如生态、资源和环境难以承受,交通拥堵,住房紧张,城市运行成本高,社会治理任务重,"特大城市病"的各种症状日益凸显。作为首都,作为特大城市,北京最大的诟病是没有成为一个宜居的城市,而且由于人口太多已经严重影响其核心功能的发挥。

2014年初,北京市第十四届人民代表大会第二次会议通过的《2014年北京政府工作报告》明确指出,"人口资源环境矛盾是现阶段躲不开、绕不过的发展难题,关系人民群众切身利益,关系首都形象,关系发展全局,必须严肃面对、标本兼治",并提出"加强人口规模调控,从落实城市功能定位、优化产业结构、调控资源配置、加强规划引导等方面入手,深入研究控制人口规模的治本之策","切实把常住人口增速降下来"。《北京市城市总体规划(2016年—2035年)》提出,"确定北京市常住人口规模到 2020 年控制在 2 300 万人以内,2020 年以后长期稳定在这一水平"。至 2020 年 11 月,北京市常住人口为 2 189.3 万人,与 2010 年的 1 961.2 万人相比,十年增加 228.1 万人,年平均增长 1.1%,比 2000 年到 2010 年的年平均增长率 3.8%下降 2.7 个百分点。[①] 数据表明,北京市常住人口增长有所放缓。

(3) 人口调控将成为北京常态化的城市发展策略。

北京作为首都,作为特大城市,发展遇到很多问题,但最为突出的问题是人多。在特定阶段,北京发展的当务之急是"痛下决心,综合施策,坚决遏制住人口无序过快增长的势头"。政府提出抓好以业控人、以房管人和以证管人,把控制中心城人口过快增长作为人口调控工作的重中之重,推动中心城人口向新城、小城镇和周边地区疏解。

北京控制人口总量,一是控制户籍人口新增数量,二是控制常住外来人口增长。由于北京人口超快增长主要源于外来人口,因此对常住外来人口的控制是关键。教育人口是北京常住人口的重要组成部分,占到 17.6%,而在北京接受高等教育和职业教育的外地学生,毕业后即使不能获得北京户口,很大部分也选择在北京就业,尤其是接受职业教育的外地学生 95%以上选择留在北京就业。因此,控制教育人口中外地学生的数量,限制招收外地学生成为一个直接的、易于实施的政策手段。

北京中等职业学校在 2010 年前后,持续扩大了对京外生源的招生,总体已经占到全部招生的 57.4%。中职学校招收京外生源,一是招收外来务工人员子女,这部分学生一般是在北京接受了初中教育,二是通过"2+1""1+2"联合办学和直接招录等形式招收外地初中毕业生。2012 年底,北京市出台《进城务工人员随迁子女接受义务教育后在京参加升学考试工作方案》,规定只有符合"持有有效北京市居住证明,有合法稳定的住所,合法稳定职业已满 3 年,在京连续缴纳社会保险已满 3 年,其随迁子女具有本市学籍且已在京连续就读初中 3 年学习年限"等条件,外来务工人员子女才可以在北京报考中等职业学校。2013 年,符合条件并最终选择北京中职教育(不含成人中专)的学生数量是 477 人。由于政策的直接限制,外来务工人口子女初中毕业后除少量失学外,一部分选择回原籍接受高中阶段教育,更大部分则通过成人中专的形式在北京接受中等职业教育。

---

① 数据来源于《北京市第七次全国人口普查公报》。

北京 25 所高等职业学校中，16 所公办学校一直以来主要面向北京本地招生，近年为遵照教育部相关政策规定，4 所国家级示范校和 2 所国家级骨干校安排 20% 的外地生源招录。9 所民办高职从一开始就有京外招生，占年度招生一半左右。由于民办高职的招生计划较公办高职少很多，因此总体而言，北京高职院校的招生规模中外地生源比例不大，占比不到三分之一。

2. 首都城市功能战略定位和产业结构调整对职业教育带来间接影响

北京作为首都，新的城市战略定位是"四个中心"，即政治中心、文化中心、国际交往中心和科技创新中心。新的城市战略定位要求北京坚持和强化首都核心功能，深入实施人文北京、科技北京、绿色北京战略，将北京建设成国际一流的和谐宜居之都。新的功能定位显然要淡化北京的经济功能，要疏解北京扮演的经济中心、金融中心、科研中心、教育中心等诸多功能，以减轻不堪重负的人口压力。

城市功能战略定位决定城市产业布局与发展，北京将突出高端化、服务化、聚集化、融合化、低碳化，致力高端引领、创新驱动、绿色低碳的产业发展模式，避免发展需要密集劳动力的产业和其他有悖于首都城市战略的产业。基于京津冀协同发展战略和打造多个北京城市副中心，北京城市功能将部分地疏解到周边城市和地区，首要的是劳动密集型产业链上游产业、非市场因素决定的公共部门、部分央企总部和"高能耗"企业。

职业教育与经济发展、产业需求的联系最为密切，北京城市功能战略定位和产业格局的变化，将影响对职业教育的需求，影响技术技能型人才需求的层次、规格和专业方向，可能带来职业院校的整合及布局调整。

3. 财政政策带来一定影响和引导作用

北京以财政手段调控职业院校对外地生源的招收：一是改变中等专业学校和技工学校以在校生规模决定经费总量的拨款模式，过渡到主要以在编在岗教职员工数量确定经费拨付，降低这两类学校的招生压力；二是积极探索对职业院校开展非学历教育和职业培训给予的经费支持，以经费投入角度引导职业院校的转型发展；三是对职业院校招收外地生源减少经费支持，对通过成人中专招收的外地生源停止经费支持。

4. 北京职业教育体系长期亟待解决的问题

经过 20 多年的改革与发展，北京职业教育规模有所扩大，结构不断优化，办学条件和质量水平持续提高，为北京社会经济发展做出了巨大贡献。但是总体而言，职业教育依然是北京教育体系中的薄弱环节，体系不健全，活力不足，教育供给及人才培养模式同公众多元化的教育需求，同北京经济社会发展的需要不太适应。归结起来，北京职业教育体系长期亟待解决的突出问题包括以下方面。

首先，就职业教育内部而言，尽管北京职业教育面临的形势十分严峻，但这种不容乐观的形势并不是当下才有，早在2000年以后就已出现。如生源数量减少，职业培训没有得到应有重视，其他形式的职业教育被忽视；职业教育体系割裂，不够健全，发展不均衡，过于拘泥于学校职业教育，资源分散整合力度不足；中高职衔接不畅，职业教育层次偏低，内涵狭窄，中高职发展缺少统筹规划；重学历职业教育和职前教育，轻职后继续教育，同职业教育终身化发展不相适应；以学校作为发展职业教育的主要场所，利用企业、社区等场所发展职业教育十分不够；体制分割办学机制不活，行业、企业参与职业教育非常不足；等等。这一系列问题，迟迟没有真正得到重视和应对解决。作为教育的一个类型，职业教育较之普通教育更具复杂性，尤其需要综合改革。北京职业教育的综合改革就是要着眼于建立新型职普关系，完备现代职教体系，打破体制分割，对职业教育实施系统化改革创新。

其次，就职业教育同其他教育的关系而言，在实践中北京职业教育尚未处理好同普通教育、高等教育的关系，未能做到同成人教育、社区教育更好地结合；职业教育处在整体教育的边缘，同普通教育相比处于"次等"教育地位；职业教育没有优势，同首都教育整体水平较高形成反差。

再次，就职业教育发展的外部环境而言，许多因素不利于职业教育的发展，包括轻视职业教育的文化传统、不合理的用人制度、收入分配不均衡、就业准入制度不落实、职业资格体系不健全等，其中制度环境不宽松尤为突出。同时北京职业教育的主要矛盾是用人需求和院校人才供给不对应，吸引力不高，北京职业教育必须转型发展以破解这一主要矛盾，这种转型发展迟早都要做，人口调控只不过倒逼职业教育更快更早实施转型发展。早一些实施转型发展，北京职业教育或许凤凰涅槃一样，迎来新的发展机遇。

北京职业教育发展中所面临的问题，既有跟全国其他地方相一致的共性问题，也有自身独有的个性问题；既有职业教育内部的问题，更有职业教育外部的问题。而内部、外部问题又相互交叉纠葛，增加了其复杂程度。北京职业教育面临的有些问题，比如中职生源困难、资源分散而效益不高、职业院校实训条件薄弱、经费尚存不足等，皆属表面性或具体性问题。北京职业教育发展到目前阶段要想实现突破和跨越，最需要解决的不是这些，而是要在理念、体制、管理等方面对职业教育进行根本性变革和创新，着力打造全新的北京职业教育。

（三）北京职业教育转型发展的战略布局

1. 做好北京职业教育三个层面的顶层规划与制度设计

以科学发展观为指导，坚持全面、系统、协调和可持续发展理念，以北京建设创新型城市、学习型社会和构建终身教育体系为引领，依据北京城市功能定位和自身特色，着力建立健全职业教育体系和进行职业教育制度创新及相关制度改革，完善制度设计、弥补体系不足、克服体制障碍，以上述理想模式为目标，打造具有北京特色的全新职业教育。

在第一个层面上，树立大职业教育观，建立大职业教育体系，突出上下贯通，左右沟通，灵活多样，内涵丰富；着力进行职业教育制度创新，包括企业参与职业教育、职业教育投资、职业学校教学管理、职教管理模式等。

在第二个层面上，妥善处理职业教育同普通教育、高等教育、成人教育等的关系，尤其是解决好职业教育同普通教育的关系，职普教育各自合理定位，相互融通、渗透与互补，职教与普教地位实现平等。

在第三个层面上，为职业教育健康发展创造良好的外部制度环境。发展职业教育不仅是一个教育问题，更是一个社会问题，仅仅依靠教育系统自身不可能在根本上解决好职业教育的发展问题。职业教育改革发展需要全社会的支持。

2. 灵活、开放、多样化发展职业教育，力促北京职教向终身化、全民化发展

灵活弹性、丰富多样、开放融通是职业教育的基本特征和内在要求，终身化、全民化是现代职业教育的发展趋向，它们都是北京职业教育体系发展和创新的着力点。

（1）职业教育在招生、入学、学制等方面灵活化、多样化。职业院校应采取提前招生和自主招生，集中录取和多次录取相结合，允许推荐入学和注册入学；推行弹性学制和学分制，积极探索按学分收取学费的操作办法；课程教学弹性化，可以随时入学，也可以随时退出，推行模块化教学；适应成人一边工作一边学习需要，职业院校要多方创设条件，安排业余时间教学、授课等。

（2）打破封闭，让职业教育同产业、劳动力市场等建立更多的联系，同普通教育和大学进行渗透结合。职业教育要密切关注主导产业变化和产业结构的调整，注重分析劳动力市场不同职业、岗位供求关系变化，适时调整专业结构；职业院校要密切同企业的联系，主动为企业服务；职业教育既要自成一体、自主发展，又不能同普通教育"井水不犯河水"，而应融通渗透。

（3）多种形式、多个途径发展北京职业教育。国际上职业教育主要有三种模式，即以企业为主的模式、以学校为主的模式和校企结合的模式。我国职业教育是典型的以学校为主的模式，这种模式有其突出优势，也有明显不足。北京应多种形式、多个途径发展职业教育，充分利用学校、企业、培训机构、社区等多种场所举办职业教育，适当发展学徒制职业教育。职业院校应积极推行工学结合、半工半读教育。

（4）发展内涵不断丰富和深化的北京职业教育。国际职业教育的一个重要发展趋势是超越工具化，走向人本化。未来十五年北京经济、教育、文化将达到相对较高的水平，职业教育必须超越技能局限，在经由能力本位之后转向素质为本，加强科学素养和人文素养教育，着力培养具有良好职业素质和可持续发展潜力的劳动者。

（5）发展终身化、全民化的北京职业教育。将职业教育发展为贯穿人终生的教育，让职业教育覆盖所有人，人人都在职业生涯的一个或几个阶段接受一定内容的职业教育。职业教育与培训满足着来自多元化对象的多元化需求，并随时代变化不断创新，从而备受青睐，在北京教育体系和学习型社会中从边缘走向中心。

三、职业教育重心高移与北京策略

（一）职业教育重心高移基本内涵

职业教育包括三个层次，即初等职业教育、中等职业教育和高等职业教育。目前在学历教育领域只有中等和高等职业教育，并且高等职业教育局限于专科层次。职业教育重心高移的基本内涵是指相对于中职教育，高职教育的规模、地位、资源、影响力逐步上升，在职业教育体系中的重要程度和受关注程度超过中等职业教育。因此，职业教育重心高移，首先是职业教育层次结构的此消彼长，但又不限于此，还包括多层面的内涵：职业教育需求的上移；职业教育人才培养规格的上移；学历层次的上移；技能等级、综合素质的上移；受教育年限的延长；高职地位、影响力、受关注程度的提高；随着高职在职业教育体系中重要性的增长，本科层次、研究生层次的职业教育逐步出现并获得渐进发展。

1. 中高职统筹发展

中高职统筹发展包含以下内容：对中等、高等职业教育实施统筹规划，特别是规模、布局结构的安排；中职、高职在招生、专业设置、课程计划、学制等方面的统筹考虑；中高职加强衔接，顺畅衔接；理顺中高职管理体制，中高职纳入统一管理。

2. 中高职协调发展

2011年8月，教育部颁布《关于推进中等和高等职业教育协调发展的指导意见》，依据这一文件精神，本研究认为中高职协调发展的内涵是：中高职规模结构合理优化，与人才需求、教育需求相适应；中高职人才培养定位科学，两个层次的人才培养既保持相对独立又彼此密切联系；发展中职要考虑到高职，发展高职要考虑到中职，二者在政策制定、发展规划、院校建设、专业布局等方面相互协调。

3. 中高职一体化发展

中高职一体化包括形态的一体化和机制的一体化。形态的一体化是指适当淡化中等、高等职业教育的层次界限，将二者放在一个盘子里规划安排，中高职在招生、专业、课程与教学安排的一定或全部环节一体化，具体表现就是加强中高等职业学校在办学上的联系与合作，同时发展一批综合举办中等、高等职业教育的职业学院。机制的一体化就是改变中等、高等职业教育的割裂状态，将二者发展为密切联系顺畅对接的两个层次，直接表现就是高职院校持续扩大面向中职毕业生的招生，直至达到三分之一以上。

4. 职业教育重心高移

职业教育重心高移的基本路径有二：一是延后分流，从初中后分流为主逐步过渡到高中后分流为主，高中后分流的学生一部分接受普通高等教育，另一部分接受专科层次的高等职业教育，还有一部分接受本科层次的高等职业教育；二是中高职贯通，中职毕业生以不断扩大的比例进入高职，继续接受更高层次的职业教育。

5. 现代职业教育体系构建

职业教育体系是整个教育体系不可缺少的一部分。《国家中长期教育改革和发展规划纲要（2010—2020年）》提出，到2020年形成适应经济发展方式转变和产业结构调整要求、体现终身教育理念、中等和高等职业教育协调发展的现代职业教育体系。总体而言，现代职业教育体系应具有如下特征：一是适应性，即与社会经济发展相适应，满足产业发展对技能型人才的需求，满足社会公众接受职业教育的需求；二是终身性，即体现终身教育理念，发展终身职业教育；三是全民性，即职业教育面向人人，发展全民职业教育；四是协调性，即中等和高等职业教育协调发展；五是多样性，即发展形式多样、灵活机动、多元主体参与的职业教育；六是延展性，即职业教育要上下贯通，顺畅衔接。

（二）发达国家职业教育重心高移的特征分析

1. 中等职业教育在整个中等教育体系中的比例逐渐减少

世界发达国家的职教发展史表明，中等职教在整个中等教育体系中的比例在逐渐减少。20 世纪初到 50 年代初，世界主要发达国家的中等职教在整个中等教育体系中所占比例一直持续上升，1948 年达到 40％左右，是中等职教的鼎盛时期。从 50 年代后半期开始，这一比例逐渐下降，1955 年为 30％，1965 年为 28％，1975 年为 18％。1980 年，日本中职生占高中段学生的比例为 31.7％，到 1999 年则下降至 25.12％。美国 1982 年相应的比例为 34％，到 1994 年下降为 25％。在美国，1 200 多所社区学院或技术学院几乎遍及全美各个社区，它们以提供高等职业教育为主要使命，与之形成对比的是全美的职业中学只有 900 所，并且学校规模远小于社区学院，这些职业中学提供的是中等职业教育，但在地位上仅仅是高中阶段普通教育的补充。

2. 高等职业教育发展迅速，并向本科及研究生层次拓展

过去三十年世界各国高职教育的发展，可以归为一个"快"字。1980 年，德国、法国、美国、日本高职教育就学人数各为 20.2 万人、12.1 万人、452.6 万人、126.8 万人。到 1994 年，德国增长到 47 万人；到 1996 年，法国增长到 33.9 万人；到 1997 年，美国增长到 547.04 万人；到 1999 年，日本增长到 169.7 万人。加拿大有 175 所属于高等职业教育性质的大学，韩国职业高中与二年制职业专科学院联办五年制高职已超过了 145 所，在校生 57 万人。德国"双元制"职教向高等教育的延伸则起步于 20 世纪 70 年代，到 90 年代已建立了 22 所三年制职业学院，近年来又发展本科层次的"双元制"应用技术学院。

发达国家发展高等职业技术教育大致有两条途径：一是将中职校升格，比如德国从 1968 年提议将升格的中等职校称为高等专科学校；二是加强原有高等专科学校的职业性或新创办高等职业学院，如法国的大学技术学院、芬兰的高等技术学院、瑞士的高等专业学校等。为了解决高职人才培养和学徒的继续升学问题，瑞士进行了一项重大改革，将原有的部分高等专科学校改组为新型高等教育机构——高等专业学校（HES），作为向学徒提供高等职业教育的专门机构。目前，全瑞士已有 7 所高等专业学校。由于升学成为可能，逐渐失去对青年人吸引力的学徒培训获得了新的生机，研究认为，除了经济逐渐好转的影响外，高等专业学校的开设是个重要的因素。

由于高新技术的广泛应用、第三产业的蓬勃发展和职业岗位的不断变化，高等职业技术教育不再停留在专科教育层次上。美国的高等职业教育分两个层次：一种是 2 年制，可获得副学士学位，主要由社区学院承担；另一种是 4 年制，可获得学士学位，主要由技术学院承担。2 年制毕业生一般担任技术员，4 年制毕业生可担任技术师工作。日本 1991 年大学审议会向文部省提出《关于高等专科学校改善》的答申报告，决定授予高等专科学校毕业生"副学士"学位和高等专科学校创设专攻科制度。专攻科的创设，为高等专科学校毕业生拓宽了升学之路，提供继续接受相当于大学本科教育的机会。1994 年文部省还规定高等专科学校毕业生可以进入大学三年级继续学习。2005 年 9 月文部省规定，专科学校的学生如修业 4 年以上，完成总授课时数 3 400 学时以上者，可以获得研究生院的入学资格。日本从而形成了专科、本科、研究生层次的高等职业技术教育体系。日本本科层次的高等职业技术教育主要由以下两种方式组成：一是专攻科，是专门针对短期大学和高等专科学校的毕业生以及拥有同等学力的人员所开设的精深课程，修业年限为 1 年以上；二是四年制大学编入，是指短期大学、高等专科学校、专修学校的毕业生，通过考试进入四年制大学三年级学习的制度。四年制大学编入制度受到了学生和学校的欢迎，大学编入成为高职学生的新出路，社会上还出现了专门针对大学编入考试的预备校。

3. 中高等职业教育一体化发展

中高职一体化发展系指统筹规划中高职教育，可由同一所学校举办，适当淡化中等、高等职业教育的层次界限，在招生、专业设置、课程与教学安排的一定环节或全部环节一体化。西方国家在 20 世纪七八十年代出现中高职一体化，并且呈现不同形式。《教育资讯》（2008，未署名）刊文指出俄罗斯初、中、高三个层次的职教大纲相互衔接，较低层次职教大纲的完成者可直接进入更高一层次，并按精简的大纲提前完成学业。俄罗斯还实施中等与高等一体化的职教大纲，该大纲以校际合作或签订合同的方式实现，双方就相近专业制定出衔接性教学计划和大纲。美国的中高职一体化通过课程实现，并以"技术准备计划"实现中、高职课程整合的目标。该计划的基本学制是"2＋2"学制，把高中段二年的职业教育作为中等后职业教育的准备阶段，与两年中等后职业教育衔接，即高中段 2 年加上 2 年中等后教育。中等后职业教育合格可以取得大专文凭，获得副学士学位。"技术准备计划"的主要特征是普遍展开中高职之间的课程对话，以整合中等和中等后职业教育，加强这两级教育之间的衔接，减少课程重复，提高职业教育的效率和质量。

(三) 我国职业教育重心高移的研究与实践

1. 职业教育重心高移在我国的提出

最早提出职业教育重心高移是在 2000 年前后。王川 (2001) 在《国外职教呈重心高移发展趋势》指出,"随着世界经济的发展和教育水平的提高,职业技术教育的重心逐步从高中阶段向高中后阶段推移,出现了由中等职教向高等职教上移的趋势"。刘彦文 (2001) 撰文提出"职教重心高移化,构建教育立交桥",认为中等职业教育正在走出原先的终结性教育特征的藩篱,职业教育目标全方位高移以及普职融合沟通已成为现代职业教育发展的趋势和方向。但在当时,职业教育重心高移的提法并没有受到更多关注。后来有研究者提出,职业教育重心高移并不代表高等职业教育将取代中等职业教育,而是高等职业教育的规模要扩大,中等职业教育从以就业为主的教育转变为就业和为高等职业教育输送人才兼顾的教育阶段,两者要统筹发展,要给中等职业教育学生更多进入高等职业教育的机会,扩大中等职业学校毕业生升入高等职业学院的比例。

2. 关于"职业教育重心高移"的若干质疑

随着高职教育的大力发展和举办规模不断扩大,高职教育在职业教育系统中的地位与影响不断提升,职业教育重心高移在学术研究中被更多提出。开军 (2003) 提出,"在继续办一定数量中职教育的同时,北京职业教育的重心应该从以中职教育为主,逐步过渡到以高职教育为主,使职业教育向上延伸"。史枫 (2007) 提出,"学校职业教育应以能力素质为本位,在淡化学历色彩的同时层次逐步上移"。但同时,众多质疑应声而起,首先表现为对重心高移的内涵理解差异很大,有些人认为重心高移意味着中职都升格为高职,也有人认为重心高移意味着不再举办中等职业教育,那么,如何满足企业对于中等层次技能型人才的需求?如何满足智能结构适合于学习职业教育的学生的需求?中等职业学校何去何从?另外,重心高移与国家大力发展职业教育但重点发展中职教育、着力培养数以亿计高素质劳动者和技能型人才相背离。

总体而言,目前学术界对职业教育重心高移持以下观点:(1) 重心高移就是职业教育学历层次高移,中职不断萎缩,主要发展高职;(2) 重心高移意味着职业教育学历层次进一步提升,发展本科高职教育;(3) 重心高移意味着高职规模超过中职;(4) 重心高移既是学历层次的高移,还有技能培养的高移;等等。

3. 关于职业教育重心高移的应对

对职业教育重心高移的策略的研究目前较少，已有研究给出结论的深度有待进一步深化。比如，刘本林（2005）提出，北京职业教育应"延后分流时段，促进职普融通，着重强调由以初三后分流为主逐渐转变为以高中阶段内分流或高中后分流为主"。鲍安（2007）提出，应充分发挥北京高职教育对中职教育的带动作用，积极发展招收初中毕业生的五年一贯制高职和对口招收中等职业学校毕业生的高职，通过与中高等职业教育的衔接贯通，提高职业教育的整体效益。

（四）北京职业教育重心高移的若干背景

2011年4月正式颁布的《北京市中长期教育改革和发展规划纲要（2010—2020年）》提出，"构建现代职业教育体系"，"提升职业教育发展重心"。研究认为，北京职业教育重心高移业已初见端倪，未来趋势将进一步加深。之所以出现重心高移，原因在于北京社会经济发展对技能型人才需求的层次水平不断提升，要求其具备更高的综合素质和综合职业能力；而北京整体教育发展阶段与水平的不断提升，新增劳动力受教育年限逐步延长，在客观上促使学生和家庭不满足于高中阶段教育，教育需求呈现多样化的同时层次也在提升。此外，重心高移也是职业教育体系走向完善和健全的自然诉求。

1. 北京产业发展对技能型人才需求层次及规格不断提升

技能型人才在北京转变经济发展方式和产业结构调整中发挥着重要作用，愈发受到企业重视。在企业生产和经营一线，在技能型人才作用不可替代的同时，企业也对之提出更高要求。在现代制造业中，随着大量高科技产品不断出现，高技术含量的设备不断应用，企业对技术工人的技术能力及综合素质提出了更高的要求，传统的知识技能结构已不能满足工作岗位的要求。众多企业表示，亟须文化基础较好，具有综合职业素养，观念新、掌握新工艺、熟悉新设备和具有发展后劲的新型技能人才。

2. 社会公众和家庭的教育需求呈抬高态势

北京市2020年人均GDP达到16.76万元，按年平均汇率折合2.4万美元，表明北京已经步入中等发达国家的水平，并且按照世界银行划分的标准，北京已跨入中等富裕程度的城市[①]。随着收入水平的提高，社会公众和家庭强

---

① 根据全球一些机构的认定，发达国家也是有差别的。按照标准来看，人均GDP超过2万美元，算是步入发达国家的行列，但这个标准仅仅是"最低标准"。

烈希望子女接受高等教育，他们难以接受子女连专科学历都不能获得。在受教育年限方面，家庭普遍希望子女接受较长时间的教育。同时，教育需求呈现多样化，家庭面临的教育选择较以往丰富得多，私立教育、海外教育、远程教育、网络教育和成人高等教育等都成为家长和学生的选择。

3. 北京教育的整体层次和新增劳动力受教育年限不断提升

北京教育已经达到一个相当高的发展水平和阶段。目前北京高中阶段教育普及率为99.3％，高考录取率为89.6％，高等教育毛入学率为54％。北京人均受教育年限已经达到12年，新增劳动力受教育年限已在15年以上。

4. 北京中高等职业教育在办学规模呈现消长变化的同时也出现融合趋势

2005年前后，北京中等职业教育在校生一度达到27万人的历史峰值，而目前则维持在一个历史较低规模，2020年在校生规模仅7.31万人。北京高职教育在2016年以来办学规模保持稳定，目前基本稳定在年招生2.6万人、在校生7.7万人的规模水平。高职教育从无到有，实力持续增强，相对重要性不断提高，综合影响力逐步超过中职教育。

"十一五"以来，中职、高职的交流、合作和沟通越来越多。在实践中，中职学校和高职学院联合组成职教集团，推动中高职一体化办学。不少高职学院基于同中职学校的历史渊源，升格后还继续举办一定时间的中职教育，并逐步扩大对中职毕业生的招生，中高等职业教育的衔接、贯通正在进一步加强。

（五）北京职业教育重心高移的主要策略与观点

1. 中高职一体化发展是北京职业教育重心高移的战略选择

北京职业教育到了淡化层次，着力统筹发展的关口。中高职一体化与北京整体教育发展的阶段水平相适应，有利于北京终身职业教育体系的建立，有利于应对北京职业教育尤其中职教育面临的现实困难。中高职一体化发展可以多种形式呈现：在一所职业院校中既办有中职，也办有高职；通过职教集团，在集团内部既有中职也有高职；举办五年一贯制职业教育；等等。当前，北京中等和高等职业教育在专业、课程与教材体系，教学与考试评价等方面仍然存在脱节、断层或重复现象，职业教育整体吸引力不强，与加强技能型人才系统培养的要求尚有较大差距。北京中等和高等职业教育的协调发展，关键即在于高职如何引领和带动中职，中高职如何捆绑式发展，如何一体化发展。

2. 由综合型职业学院承担部分中等职业教育的办学功能

中等职业教育目前面临较多问题，但即使从长远看，北京中等职业教育不可无，然而这并不意味着必须存在太多数量的中等职业学校，中等职业教育完全可以由综合型职业学院或混合型职业教育集团承担。从过去十多年职业教育发展的路径看，高职学院主要是在中职学校的基础上发展起来的，重点的、优质的中等职业学校逐步升格为高职学院。由于中高职教育的关系处理又十分不当，中职学校和高职学院地位悬殊，中职学校位置尴尬，前景黯淡。辩证处理好中等职业教育和中等职业学校的关系，相当部分的中职教育由综合型职业院校承担后，北京只需要保留数量很少的中职学校，这部分中职学校特色鲜明、定位特殊，不存在升格冲动和升格压力，能够安于属于自身定位的人才培养。

3. 基于中高职一体化的职业教育重心高移在根本上反映了职业教育人才培养的自然诉求

人才培养的层次和规格要提升，技能人才的综合素质更高，职业能力更扎实，人才受教育年限更长，发展后劲更足，这些都是职业教育重心高移所期望实现的目标。因此，职业教育重心高移的实质是人才培养的高移，而在表象上可能是学历层次的提升，受教育年限的延长和教育层次结构的变化。重心高移起因于人才培养，最后也落脚于人才培养。重心高移这一命题涉及北京职业教育人才培养的总体定位，具体而言就是相对于全国而言要高端化、高品质和高吸引力，着眼于受教育对象的全面发展和可持续发展，打造职业教育的人才培养高地。

北京职业教育重心高移必须建立在中高职一体化基础上，反映出中高职统筹协调发展和建立健全现代职业教育体系的需要。从体系发展的角度，北京不仅要保留一部分中等职业教育，甚至应该有小量的初等职业教育。中职教育必须存在，只是规模在变，办学主体和办学形态在变，功能角色也在变。中职教育不再是单纯的就业导向、就业功能，中职教育相当部分的毕业生要升入更高层次的职业教育。同时，中等和高等职业教育不再是割裂的，二者在招生、学制、专业设置、课程设置、教学等诸多方面是密切联系和有机对接的。

4. 职业教育因专业特性不同而出现分化，重心高移在职业教育的特定专业将十分突出

随着人才需求规格的提升和相关行业技术与管理的不断更新发展，一些多年来在中职层次举办的专业变得不再适合，这部分专业的重心高移因形势迫切而走在前头。比如会计专业，中职有，高职也有，本科乃至研究生还有，据调查，北京中职会计专业的毕业生就业时专业对口率较低，三年中职教育的培养

很难造就可以满足用人单位对会计从业人员的规格要求，该专业在培养层次上亟待提高，必须尽早向上"高移"。类似的专业还有"软件技术"等。不同的专业适合于在不同的层次举办，而且还要有持续动态的调整和提升过程，这也是人才培养的一个基本规律。目前，北京中职教育举办的专业有一百多个，其中有三分之一的专业不再适合于中职教育，必须高移到高职教育。总体而言，强调综合素质和通用能力的专业，或者技术要求较高的专业应当高移。相反，以动手为主，以跟机器、工具打交道为主，以操作技能要求为主的专业可以仍旧在中职层次举办。

5. 五年一贯制是中高职衔接和中高职一体化发展的重要形式

五年一贯制职业教育是中高职一体化发展的一种典型模式。魏映雪（2005）提出五年一贯制高职充分考虑了中国国情和职业教育的现状，办学更具特色。五年一贯制职业教育的优势体现在它具有很强的职业针对性，而不是一般的职业倾向性；中、高职统筹、整合，教学计划、教学大纲、课程结构、教学内容、教学方法等更具职业技术特色；"五年一贯制"在专业技能和实践技能方面明显强于三年制高职。本研究认为，发展"五年一贯制"，使职教层次重心上移，既可带动中等职教的健康发展，也给初中毕业后的分流提供了广阔的空间。2021年，北京高职学院中高职贯通招生人数仅3 500人左右。五年一贯制有利于更加顺畅的中高职衔接，因此有必要逐步扩大五年一贯制职业教育的举办规模，同时可以学习江苏经验，单独建立若干所五年一贯制职业学院，而这种办学机构的建立应在中等职业学校的基础上发展。五年一贯制要作为中高职一体化的重要形式加快发展，使之成为职业教育的重要力量，在此基础上丰富职业教育的学制模式，形成三年制中职、四年制中职、五年一贯制、"3+2"衔接、"3+3"衔接、二年制高职、三年制高职等共生共存的多样化学制形态。

6. 依托职业教育集团化发展助推职业教育重心高移

加强教育行政内部不同部门的协调沟通，建立协作机制，进一步统筹整合中高等职业学校的教育教学资源，加快提高职业教育的办学效益。

四、终身学习背景下的北京职业教育创新策略

（一）职业院校加快功能拓展，打造北京全民化、终身化职业教育培训体系

北京正在致力于创建学习型城市，终身化、全民化是北京职业教育的重要发展趋向。职业院校除了人才培养的基本功能以外，还有职业培训、技术开

发、社会服务、文化传承等重要功能。在教育终身化和学习型社会不断深化发展过程中，职业院校要把面向社会的职业培训、技术服务等做大做强。尤其在传统生源减少的情况下，必须拓展服务对象，拓宽功能面向，跟行业企业、社区密切结合，努力将自己办成一个面向全民、全社会可持续性发展的多功能中心。

1. 大力发展高等职业教育，学历职业教育精品化发展

（1）以高职为重点发展北京学历职业教育。

北京新兴产业特别是高新技术产业化对人才需求的层次不断提高。北京已进入高等教育普及化阶段，接受高等教育是大多数家庭和学生的愿望和选择，中等职业教育就其学历而言已没有吸引力。适应形势变化，北京已过渡到高中后分流为主，北京职业教育发展的重点已转变为高职教育。在以高中后分流为主的情况下，初中后分流仍然少量存在，同时积极探索高中阶段教育中"一二"分段或"二一"分段，形成多种分流方式并存的局面。

（2）以特色制胜发展高职教育，合理定位中职教育。

在北京高等教育发达、名校云集的背景下，北京高职教育必须独辟蹊径，高职院校不在"大"而在"特"。要以大众化、特色化、个性化教育作为北京高职发展定位，灵活多样、形式多变地发展北京高职教育；着眼多元化教育需求，面向多样化求学对象，高职教育同行业企业、社区密切结合，将高职院校发展成多功能中心。北京中等职业教育招生应主要面向两种情况开展：一是有部分学生确实不适合普通教育，初中毕业后就进入职业教育有利于他们的发展；二是有些职业或专业的技能人才需要在初中后就开始培养，否则会错过最佳时期。

（3）学历职业教育精品化发展。

北京职业教育的学历教育招生规模降低了，要更多在质量、特色上做文章、下功夫，发展精品职业教育。精品职业教育需要较高的生均经费投入、优越的实习实训条件和高素质的师资力量。在规模缩减后，北京职业教育将逐步具备这些条件，比如生师比降低到 12∶1 乃至 10∶1 以下，班额控制在 20 人乃至 15 人以下。发达国家的职业教育，比如德国、英国早已实行小班化教学。北京市 2020 年人均 GDP 已达到 16.76 万元，达到了富裕国家水平，完全可以仿效发达国家，在职业教育领域实施小班化教学。小班化教学有利于提升职业教育人才培养质量，有利于重塑职业教育形象，提升职业教育吸引力。

北京已呈现出学习型社会和终身教育的特征，非学历教育、非正规教育的地位日渐突出。随着学龄人口的减少（2003 年北京初中毕业生达到 18 万人，

2020年仅为8.9万人[①]），北京职业教育将更多面向成人群体，一个显著变化是学历职业教育地位有所降低，而职业培训的规模将进一步扩大，地位不断提高。北京培训资源丰富，也已形成较大规模，以职业培训塑造北京职教特色，努力打造北京培训品牌，把大力发展职业培训作为北京职业教育发展的重要战略选择，对北京职教至关重要。

2. 加强衔接，中高职教育一体化协调发展

中等和高等职业教育共同构成了北京的学历职业教育，上移化的趋势将带来北京学历职业教育层次结构的巨大变化。北京职业教育发展必须有整体观、统筹观。2011年8月，教育部颁布《关于推进中等和高等职业教育协调发展的指导意见》，依据这一文件精神，中高职协调发展的内涵指的是：中高职规模结构合理优化，与人才需求、教育需求相适应；中高职人才培养定位科学，两个层次的人才培养既保持相对独立又彼此密切联系；发展中职要考虑到高职，发展高职要考虑到中职，二者在政策制定、发展规划、院校建设、专业布局等方面相互协调。

中高职一体化包括形态的一体化和机制的一体化。形态的一体化是指适当淡化中等、高等职业教育的层次界限，将二者放在一个盘子里规划安排，中高职在招生、专业、课程与教学安排的一定或全部环节一体化，具体表现就是加强中高等职业学校在办学上的联系与合作，同时发展一批综合举办中等、高等职业教育的职业学院。机制的一体化就是改变中等、高等职业教育的割裂状态，将二者发展为密切联系顺畅对接的两个层次。

中高职一体化发展是北京职业教育的战略选择，北京到了淡化层次，着力统筹发展职业教育的关口。中高职一体化与北京整体教育发展的阶段水平相适应，有利于北京终身职业教育体系的建立，有利于应对北京职业教育尤其中职教育面临的现实困难。北京中高职一体化发展可以多种形式呈现：在一所职业院校中既办有中职，也办有高职；通过职教集团，在集团内部既有中职也有高职；举办五年一贯制职业教育；等等。当前，北京中等和高等职业教育在专业、课程与教材体系、教学与考试评价等方面仍然存在脱节、断层或重复现象，职业教育整体吸引力不强，与加强技能型人才系统培养的要求尚有较大差距。北京中等和高等职业教育的协调发展，关键即在于高职如何引领和带动中职，中高职如何捆绑式发展，如何一体化发展。

3. 从主体、内容、质量、管理等方面着力打造北京职业教育培训体系

职业培训的主体是各种职业培训机构，中等、高等学校、行业协会组织等

---

① 数据来源于北京市教育委员会网站《2020—2021北京教育事业发展统计概况》。

开展职业培训，必须设立职业培训机构，所有职业培训机构统一注册。培训内容以面向劳动力市场的职业资格证书教育为重点，以职业资格能力标准为依据。切实加强对培训机构的管理，加强引导、准入、规范和监督，尤其要实施培训准入机制，只有切实具有培训资质和力量的机构才可以进入职业培训市场，以确保培训质量。借鉴国外经验，设立专门管理机构，比如职业培训局，强化对职业培训的统一管理。

（二）积极发展行业、企业职业教育，力促职教集团实现资源深度整合

行业、企业职业教育是指行业内、企业内的职业教育，是职业教育的重要组成部分。行业、企业参与职业教育包括行业、企业直接举办职业教育，也包括以某种方式介入职业学校教育。积极推动行业、企业实质性参与职业教育，并形成长效机制，是未来若干年创新北京职业教育制度设计的关键支撑点。

1. 积极培育行业协会组织，开展行业职业教育

在发达国家，行业协会组织的一项重要职能是针对本行业的职业、工种开展职业教育，我国行业协会发育不成熟，很少承担职业教育功能。近些年，许多行业的主管部门相继撤减，原本不强的行业职业教育进一步弱化。政府应采取措施，积极培育行业协会组织，鼓励它们设立职业培训机构，提供一定经费，支持其开展职业教育。

积极鼓励行业、企业、中等职业学校、高等学校等面向社会开展职业培训，适应北京中职教育大规模缩减的现实，适时将部分中职学校转为职业培训机构。政府将原来投入学历职业教育的部分经费转为投入到职业培训，以适应职业培训地位上升的变化。对各类培训机构开展的符合政府引导方向和社会需求的职业培训，尤其面向弱势群体、失业人员、农村转移劳动力开展的培训，政府提供一定经费支持。

2. 以法律和税收手段，积极推动企业开展职业教育

目前，企业对开展职业教育既无压力也无动力，在根本上同制度环境不健全密切相关。应以法规条例的形式，明确企业有承担内部职工培训的责任。可考虑设立培训税，对实施职业教育的企业予以返还，以此鼓励企业开展教育培训。鼓励大型企业建立培训中心，支持有条件的企业设立注册培训机构，不仅面向内部员工也面向社会开展教育培训[①]。

---

① 胡思宇，苗双. 企业师傅参与现代学徒制人才培养的激励机制探析［J］. 职业教育研究，2020（11）.

3. 着眼机制创新，切实推动行业、企业实质性参与职业教育

职业教育在本质上是由产业驱动的，没有行业、企业的积极参与难以真正办好职业教育。行业、企业参与职业教育的关键是如何有机融入现行的职业教育体系，行业、企业如何同职业院校密切结合，在产教融合中增强积极性。政府推动行业、企业参与职业教育单靠教育部门自身难有成效，必须是教育、劳动保障、发展改革、财政、经贸、市场监督、税务等部门联合，共同推动此项工作。政府发展职业教育应转换思路，切实体现出对行业、企业的依赖，可以将部分实训基地建立在企业，创造条件推动企业和职业院校的人员交流互换。

4. 资源深度整合，加快职教集团化发展

基于当时形势发展需要，北京市在2001年全面启动中等职业学校结构布局调整，至2021年中职学校数从495所减少到109所，校均在校生规模大幅提高，为北京职业教育取得较高质量效益做好了重要铺垫。2021年末，北京中等职业学校109所，校均在校生规模约680人[1]，规模效益十分低下。

因此，北京有必要对职业教育资源进行深度整合。首先，应跨体制合并一批中等职业学校，将中职学校数减少一半左右。每个区县职业高中力争保留1所，至多2所；中等专业学校、技工学校、职业高中和成人中专四类学校分属不同的管理部门和隶属关系，应打破体制割裂，实现跨部门、跨体制合并。其次，适应职业教育重心上移的发展趋势，实行中等、高等职业学校的跨层次整合，加速推进中高职一体化。再次，实质性推动北京职业教育集团化发展。北京大兴职业教育集团、北京交通职业教育集团和北京昌平职业教育集团在实际运作中虽然也遇到一些困难和问题，但职业教育集团化发展对区域性、行业性职业教育资源整合的促进不容置疑，也有利于提升北京职业教育的聚集效益，应进一步加快发展。

5. 借鉴现代学徒制模式，职业院校深化产教结合、校企合作

近年来，现代学徒制逐步成为欧洲国家发展职业教育的重要模式，比如英国政府每年都要拿出数量可观的专项经费资助现代学徒制，参与现在学徒制的学生数量也越来越多。首都产业发展需要技术技能型人才，即使高新技术企业也不是都需要研发人员，也离不开职业教育培养的人才。职业院校可

---

[1] 数据来源于《2022年北京市中等职业教育质量年度报告》。

以在原有校企合作"订单培养"的基础上，考虑借鉴现代学徒制模式，与企业建立更加紧密的新型合作关系。这种新型合作关系的基本特征是，先由企业招聘学生，学生注册为企业的员工，然后由企业和学校工学交替联合培养学生。如此，职业院校可以获得更为稳定的生源，也强化了同企业的深度合作[①]。

（三）创新职教管理，改进主体关系，完善北京职教发展模式

职业教育涉及多个发展主体，即政府、学校、培训机构、企业、家庭等。政府主导职业教育发展。职业教育的制度改革和模式创新依赖于不同主体的关系发展。

1. 转变政府职能，改善职教治理结构

在职业教育管理中，政府转变职能就是要处理好政府与学校、培训机构、企业、公众的关系，处理好政府与市场的关系；政府转变角色，逐步从职业教育培训的"提供者"转为职业教育培训的"购买者"；政府职能合理定位，主要负责制定相关政策、法规，合理引导、宣传、加强规划、监督、调节、规范、准入、提供信息服务等。具体而言，发展职业教育要合理发挥市场机制的作用，市场不举办的政府举办，市场举办不了的政府办；对职业学校主要进行引导、监督、指导和提供服务，给职业学校在招生、学籍管理、专业设置、课程开发、教材选用、教师聘任等方面的办学自主权，提高其面向市场依法自主办学的活力；对职业培训机构加强规范管理、准入机制和质量监督；对企业实施督促和约束，促其开展内部职业教育，要求其合法用工；对公众有效引导，鼓励选择职业教育。

2. 分类管理，区别发展

职业教育在形态上既有学历职业教育也有非学历职业教育，既有学校职业教育也有职业培训和企业职业教育，既有职前教育也有职后教育和在职教育，它们共同构成职业教育的整体。职业教育发展达到一定阶段，政府要从主要关注学校职业教育转到对学校职业教育、职业培训、企业职业教育统筹兼顾，对不同类型的职业教育采取不同的管理手段，区别发展，积极探索对职业培训和企业职业教育的有效促进和管理。

---

① 胡思宇，苗双. 企业师傅参与现代学徒制人才培养的激励机制探析［J］. 职业教育研究，2020（11）.

3. 适应时代需要，多种模式发展北京职业教育

适合学校职业教育的由职业学校承担，适合短期职业培训的由社会培训机构承担，适合在企业内开展的由企业承担；适合学历教育就搞学历教育，适合职业培训就搞职业培训；适合于大批量培养的采用学校教育模式，适合个性化单独培养的采用师带徒等形式。总之，实施职业教育的主体不仅仅是职业学校，还有社会培训机构、行业、企业、社会中介组织乃至家庭等，要协调彼此关系，合理安排职业教育功能分工。

（四）加强职普融通、渗透，北京职教要与高教、成教密切结合，协调发展

处理好同其他教育的关系是北京职业教育发展中不容回避的重要课题。北京已经发展到教育必须进行整体改革的阶段。职业教育要在同普通教育、高等教育、成人教育关系把握中创新发展。

1. 加强职业教育同普通教育的融通、渗透

（1）在各个教育阶段进行职普融通、渗透和结合。职普融通可以着重在高中教育阶段进行，但也要在义务教育阶段和高等教育阶段进行。在高等教育阶段，普通高校应加强对学生职业意识、职业道德和基本职业能力的培养；在义务教育阶段，应借鉴国外经验，加入职业教育的内容，比如家政、制作、手工、技术等，学生要到工厂、企业参观，自幼就树立一定的职业概念、职业意识。义务教育阶段的职业教育也是职业教育体系的一部分。

（2）通过课程手段完成职普融通。一方面，由于普通教育培养的人才也要走向职业岗位，只不过是迟一些而已，因此通过设置一定的职业教育课程使普通学校学生接受一定的职业教育不仅必需，而且可行；另一方面，通过课程学习，职业学校也将在强调技能、能力培养的同时，较以往更加注重培养学生的文化素质、再发展潜力等。职普教育在融通、互补、交流的过程中，学生还可以在普通教育与职业教育之间再做选择；职普教育之间建立灵活、畅通的渗透渠道，形成纵横交错的教育网络。

（3）借鉴美国职教中心模式，职业教育资源向普通学校开放。在美国，独立的职业学校数量很少，但每个县郡都有大的职业教育中心，职业教育中心与普通中等学校形成天然的合作关系。普通中等学校的学生每周在本校学习三天半，另有一天半在职业教育中心学习。学生学籍在普通学校，但也在职业教育中心注册；在普通学校取得学历，在职业教育中心取得职业资格证书。美国职教中心模式巧妙地解决了职普融通、职普渗透。随着办学规模的降低，北京的

职业学校应考虑向普通高中乃至初中学校开放,让普通学生共享职业教育资源,与普通教育发展成水乳交融的和谐关系。

2. 职业教育同高等教育协调发展,深化高等教育类型改革

如前所述,在学历职业教育领域,北京将逐步转向以高职教育为主,但高职教育的发展也不是孤立的,高职教育需要处理好同普通高等教育的关系,高职教育的发展需要高等教育类型改革配合,需要不同院校的合理定位和院校分工;适时拓展职业教育体系,积极探索本科高职教育的发展。

3. 职业教育同成人教育、社区教育密切结合

职业教育与成人教育存在天然联系,今后北京成人学历教育应主要办成职业教育性质,将独立设置成人高校逐步转制为高职学院或培训机构;积极发挥社区学院、社区教育中心、乡镇成人文化技术学校面向多元对象的职业教育功能。

(五)积极推进相关制度改革,优化北京职教发展环境

1. 通过一系列制度设计,切实保证企业承担其职业教育的责任

对企业制度进行改革,规定企业育人责任;对职业教育投资进行改革,将一部分投入到职业学校的资金投入到企业,由企业开展职业教育;对财政税收进行改革,对于长期为职业学校学生实习提供稳定的实训基地的企业和长期为职业学校提供师资、设备、技术支持的企业给予一定幅度的财政补贴或税费减免,促进校企合作办学。

2. 对收入分配制度和劳动人事制度进行改革

淡化学历资历,重视能力贡献,切实提高一线人员、技能人才的社会地位和收入待遇水平;打破工人和干部身份界限,将技术工人职级系列正式纳入人才管理体系。

3. 严格实行就业准入,建立国家职业资格体系,完善职业资格证书制度

用人单位招录职工必须严格执行"先培训、后就业""先培训、后上岗"的规定,从取得职业学历证书、职业资格证书或职业培训合格证书的人员中优先录用。劳动保障和人事部门要加大对就业准入制度执行情况的监察力度。建立并完善符合经济发展和劳动力市场需求的职业资格标准体系和证书体系。

（六）积极推进北京职业教育区域化、国际化发展

（1）着眼首都经济，职业教育发展中要处理好城区与郊区、近郊与远郊、城市与乡村、区县与全市之间的关系。区域化有大有小，在不同区域职业教育发展应有其不同的特色和功能定位，防止同构化出现。同时又要有整体观、全局观，北京职业教育是一个整体，要做好城乡统筹、新兴产业带与人口聚集区的统筹。

（2）北京在职业教育国际化方面已经具有一定基础，表现在合作办学、人员交流、引进职教课程和职业资格，借鉴国外先进教学模式、教学方法等。伴随经济全球化向纵深发展，北京城市的国际化将进一步加强，为北京职业教育国际化发展带来更多契机。应进一步拓展北京职业教育国际化的内容，积极发展双向交流、人员和劳务输出（比如护理人员），招收国外生源学习中国传统技艺、传统文化，引进国际职业标准。大力加强职业培训领域的对外开放与发展，积极参与国际教育服务贸易竞争。

第三章
基于学习型组织的职业院校转型发展

职业教育作为一种类型教育,在发展过程中与区域产业升级和技术变革趋势紧密相连。以北京市为例,职业院校在转型发展中,受城市功能定位、非首都功能疏解及严厉人口调控政策的影响,中职院校和高职院校均面临生存及发展挑战。不仅北京,全国各地的职业院校为更好地发展,都在积极探索转型发展,其中学习型组织理论为职业院校转型发展提供了一种可能与发展,职业院校也不断向更加可持续发展、开放共享、共同学习的特点转变。同时,将授权评价引入职业院校开展评价,对进一步促进职业院校在办学理念、质量管理、评价模式、可持续发展等方面的改革创新,产生了较为长远的影响。

一、学习型组织理论对职业院校的指导价值

职业院校作为培养高质量技术技能人才的关键力量,近年来,社会各界对其关注不断加大,职业院校如何转型发展,成为当前各院校面临的一大挑战,构建学习型职业院校不失为一种选择与尝试。学习型组织理念是 20 世纪 90 年代以来,在管理理论与实践中逐渐发展起来的一种新的组织管理理念。美国麻省理工学院教授彼得·圣吉博士作为学习型理论的集大成者,将其研究成果写成书,即《第五项修炼:学习型组织的艺术与实践》,指出当组织面临剧烈变迁的外在环境时,应力求精简、扁平化、终身学习、不断自我组织再造,以维持可持续的竞争力,通过培养弥漫于整个组织的学习气氛、充分发挥员工的创造性思维,从而建立起一种有机的、高度柔性的、扁平的、符合人性的、能持

续发展的组织。主要由自我超越意识的培养、心智模式的改善、共同愿景的建立、团体学习意识的培养和系统思考模式的运用五大部分组成。[①]"学习型组织"理论在世界各组织中掀起研究的热潮，作为一种现代管理理论，在企业管理中获得成功后，逐渐被应用至更多的领域，包括学校教育。随着时代的发展，学习型组织理论将为职业院校的应有定位、内生动力、文化塑造等方面提供指导。

（一）学习型组织理论为职业院校的应有定位提供改革方向

2021年4月，习近平对职业教育工作作出重要指示强调，加快构建现代职业教育体系，培养更多高素质技术技能人才、能工巧匠、大国工匠。2021年10月，中共中央办公厅、国务院办公厅印发《关于推动现代职业教育高质量发展的意见》指出，到2025年，职业教育类型特色更加鲜明，现代职业教育体系基本建成，技能型社会建设全面推进。[②]可见，在构建现代职业教育体系的过程中，必须牢牢坚定职业教育的类型定位，而更好地实现职业教育的类型定位，需要职业院校提升适应力，促进自身的改革发展。学习型组织理论强调的是一种持续有机且不断学习的组织，可以为职业院校的改革发展提供一定的参考。

学习型组织理论将为职业院校的发展提供理论支持与理念引导。职业院校作为职业教育的主要载体，是培养高素质技术技能型人才的主要场所。在学习型组织理论的指导下，职业院校在发展理念上，职业院校在思考"培养什么人""怎样培养人""为谁培养人"的过程中，应该确立"培养学生的可持续学习和可持续发展能力，成为终身学习者"的理念，重新审视职业院校的应有定位，进而促进职业院校的转型发展，实现职业院校发展制度和模式的创新。

学习型组织理论为职业院校的发展提供实用、可操作的方式方法。学习型组织理论为职业院校的发展提供新的发展模式，明确职业院校要培养的是高素质技术技能型人才，牢牢把握职业教育类型教育的定位。职业院校也想获得更为长远的发展，必须在其专业设置、人才培养目标的设定等方面紧密围绕产业升级和技术变革趋势，培养社会、市场需要的人才。学生在职业院校接受教育时所培养的学习能力，在日后的职场中、岗位上同样适用，并且会主动获得可持续发展。

---

① 彼得·圣吉.第五项修炼：学习型组织的艺术与实践［M］.北京：中信出版社，2018.
② 中华人民共和国教育部门户网站.关于推动现代职业教育高质量发展的意见［EB/OL］.（2021-10-12）［2022-02-10］.http://www.moe.gov.cn/jyb_xxgk/moe_1777/moe_1778/202110/t20211012_571737.html.

(二)学习型组织理论为职业院校的未来发展提供内在动力

职业教育在不断向高质量转变的过程中,对职业院校要求越来越高,学习型组织将为职业院校的未来发展提供一种内生动力。学习型组织理论强调的是组织中成员皆有参与的权利,整个组织充满学习的气氛,组织成员还会通过不断的尝试、创新,逐步提升自身综合素养,从而获得长久的发展。职业院校未来的存在价值和内在生命力,最为直接的是对学生的培养,培养学生成为高素质的技术技能人才、能工巧匠乃至大国工匠。教师作为培养高素质技术技能型人才的关键力量,只有教师获得发展,才能有内在动力,促进职业院校的可持续发展。

在学习型组织理论的指导下,职业院校将不断向学习型学校转变。在管理层面上,职业院校管理者的思维方式将发生改变,尤其是管理者对于学习型组织内个体潜能的激发。在实践层面上,教师群体也将随之改变,突破原有舒适圈。学习型组织理论的应用与渗透,可以促进师生自身价值实现和潜能开发,满足教师终身学习的愿望,职业院校教师只有在持续不断的学习中,才能接受新观念,提升教师工作的积极性与主动性。同时,在学习型职业院校构建的过程中,身处其中的每位教师的教师取向将受到影响,逐渐形成树立共同的价值观,形成学校的共同愿景[①],教师的奋斗目标更加明确,教师在不断学习的过程中,对职业教育拥有了更深的理解和情怀。

(三)学习型组织理论为职业院校的文化塑造提供可行路径

职业院校的内在文化作为学校的灵魂与内核,是每所学校的特征,影响学校管理者及每位教师,职业院校的内在文化具有强大的动力。学习型组织理论为职业院校内在文化的塑造提供一条可行路径。

从对职业院校的内部影响而言,有助于形成的是一种更加开放的文化,更加注重内部团队的合力,不仅体现在教育教学的改革中、内部管理的方式方法上,更体现在结合产教融合理念之下校企合作的方式上,更为积极地与合作企业形成利益共享体,形成合作共赢的局面。学习型职业院校的文化在形成的过程,对教师和学生都会产生影响,在意识上、行动上,无形中都会成为自觉意识,助力学校成为更具特色的职业院校。从职业院校的外部影响而言,在学习型组织理论的指导下,在学习型院校的建立过程中,学校在外在形象、社会声誉等方面不断提升,生源问题也会获得解决,职业院校的发展形成一种良性循环。

---

① 郑瑛. 构建学习型学校的策略研究 [D]. 上海:华东师范大学,2006.

二、学习型职业院校的基本特征

职业教育是国民教育体系和人力资源开发的重要组成部分,肩负着培养多样化人才、传承技术技能、促进就业创业的重要职责。① 建构学习型职业院校是未来职业院校的重要发展方向和目标。学习型职业院校将具备以下基本特征。

(一)学习型职业院校的核心理念:持续发展

在不断适应终身学习的时代,职业院校必须做出相应的变革,学习型职业院校可以说是未来职业院校发展的一大方向。学习型职业院校可以说是学校管理的理想境界,同样不失为职业院校发展的理想境界。学习型职业院校的核心与关键是帮助身处其中的人获得可持续学习和发展的能力。将帮助职业院校的教师、学生获得可持续学习与发展的能力作为学习型职业院校的核心理念,会极大地影响着当前职业院校的改革发展,促进职业院校在培养目标和教育内容、方式的改变,更好地适应当前高质量职业教育的要求。

(二)学习型职业院校的基本形态:开放共享

职业院校作为教育活动的场所,是实现高质量职业教育改革与发展的基点。学习型职业院校将进一步融合职业院校的基本功能、拓展功能和多元功能②,形成开放共享的教育生态。一是更加广泛地吸引多方参与职业院校的办学过程,贯彻产教融合理念,坚持校企合作培养人才的方式。二是更好地实现职业院校对社会的服务性。在专业设置、人才培养目标的确立上对接行业产业,与区域经济发展紧密连接。三是职业院校积极开展市场化社会培训,增强在社会服务、社会培训等方面的力度。学习型职业院校同时推进三大方面进行改革融合,才能更好地发挥职业教育作为类型教育的作用,从而在院校与社会之间形成互利共享的局面。

(三)学习型职业院校的组织方式:共同学习

构建学习型职业院校,必须确立学校中教师和学生人人都是学习者,尤其是学校团队整体的学习。在职业院校教育教学领域内,大多数教师潜意识地认

---

① 中华人民共和国教育部门户网站. 关于推动现代职业教育高质量发展的意见 [EB/OL]. (2021-10-12) [2022-02-10]. http://www.moe.gov.cn/jyb_xxgk/moe_1777/moe_1778/202110/t20211012_571737.html.

② 史枫. 人口调控背景下的首都职业教育:困难、机遇与策略 [J]. 中国职业技术教育,2014 (24):39-44.

为学校与学习紧密相连,可能自然而然具备学习型组织的特征,之前对于建设学习型组织等新的组织管理理论和实践并未引起足够的重视,职业院校团体之间并未真正养成持续学习的习惯。而学习型职业院校最为关键的特征之一便是组织方式的不同,它更加强调实现组织内成员间的共同学习。更为首要的是促进教师的持续学习,不断变革,持续提升教育教学能力。只有当教师在不断学习的过程中,养成系统思考,形成超越自我的愿望,才会对职业教育以及教育教学有更加深入的了解,将促进职业教育与学校的发展作为职业目标。

三、职业院校转型发展的背景与困难(以北京为例)

(一)主要背景

1. "四个中心"的城市功能定位

自 2000 年以来,北京的城市功能定位有一个演变过程。2004 年《北京市城市总体规划(2004 年—2020 年)》提出,北京市是"全国的政治中心、文化中心,是世界著名古都和现代国际城市";[①] 2008 年,北京举办第 29 届奥运会,提出努力打造"人文之都、科技之都、绿色之都";2014 年 2 月,习近平总书记在北京考察工作时提出要明确北京城市战略定位,北京作为首都必须坚持和强化全国政治中心、文化中心、国际交往中心和科技创新中心"四个中心"的核心功能。[②]

2. 持续推进的非首都功能疏解

2014 年习近平总书记视察北京时明确了"四个中心"的首都城市战略定位,提出建设国际一流的和谐宜居之都必须疏解非首都核心功能,北京不能作过多承载。2015 年 3 月,中央财经领导小组第九次会议审议研究了《京津冀协同发展规划纲要》。该纲要指出,推动京津冀协同发展是一个重大国家战略,核心是有序疏解北京非首都功能,要在京津冀交通一体化、生态环境保护、产业升级转移等重点领域率先取得突破。[③] 疏解非首都功能成为京津冀协同发展的重中之重,同时也是首都发展的必由之路。

[①] 北京市第九次党代会. 北京市城市总体规划(2004 年—2020 年)[EB/OL]. http://www.bjzx.gov.cn/zhuanti/20140321/01.html.

[②] 新京报电子报. 北京新版总规落实"四个中心"定位[EB/OL]. http://epaper.bjnews.com.cn/html/2018-02/23/content_712078.htm.

[③] 孙久文,李坚未. 京津冀协同发展的影响因素与未来展望[J]. 河北学刊,2015,35(4).

3. 异常严厉的人口调控

2015年末，北京市常住人口达到2170.5万人，比2006年增长了588万人，比2000年增长了813万人，人口增长十分迅猛。2015年常住人口中，外来人口822.6万人，占常住人口的37.9％。外来人口增长过快是北京人口迅速膨胀的主要原因。2014年初，北京市第十四届人代会第二次会议通过的《2014年政府工作报告》明确指出，"人口资源环境矛盾是现阶段躲不开、绕不过的发展难题，关系人民群众切身利益，关系首都形象，关系发展全局，必须严肃面对、标本兼治"，并高调提出"加强人口规模调控。从落实城市功能定位、优化产业结构、调控资源配置、加强规划引导等方面入手，深入研究控制人口规模的治本之策"，"切实把常住人口增速降下来"。

4. 背景分析

北京城市功能的定位对产业格局的影响很大，而职业教育的发展与产业结构密切相关。四个中心定位的确立表明北京第二产业、传统服务业都将受到限制，而职业教育的典型专业大多是服务第二产业及相关服务业的，必然受到深度影响。教育被列为疏解非首都功能的重要部分，职业教育在首都教育大格局中处在边缘化位置，有些职业院校已经成为被具体疏解的对象，要么由市区疏解到郊区，要么由北京疏解到河北。人口调控对北京职业教育的影响更是显而易见，因为过去15年北京职业学校招收了相当数量的京外生源，而眼下的政策就是要求职业学校停招外地学生，以响应北京的人口调控政策。

（二）困境前所未有：北京职业院校出现存在危机

1. 北京职业院校发展状况

（1）中等职业学校的状况与危机。

2015年，北京中等职业学校122所，其中中专31所、职高51所、技校29所、成人中专11所。中等职业教育招生4.06万人，在校生13.43万人，毕业生5.53万人。

图3-1反映的是近十年北京中职办学规模的发展变化。从2006年到2013年，北京中等职业教育招生规模稳定在7万人上下，最低6.08万，最高8.33万人，2013年之后受政策影响中职招生快速下滑，每年只有4万多人；在校生规模在2007年为最高，达到26.23万，2013年开始大幅度下降，2015年只有13.43万。由于户籍人口初中毕业生减少和普高热持续升温，近10年来北

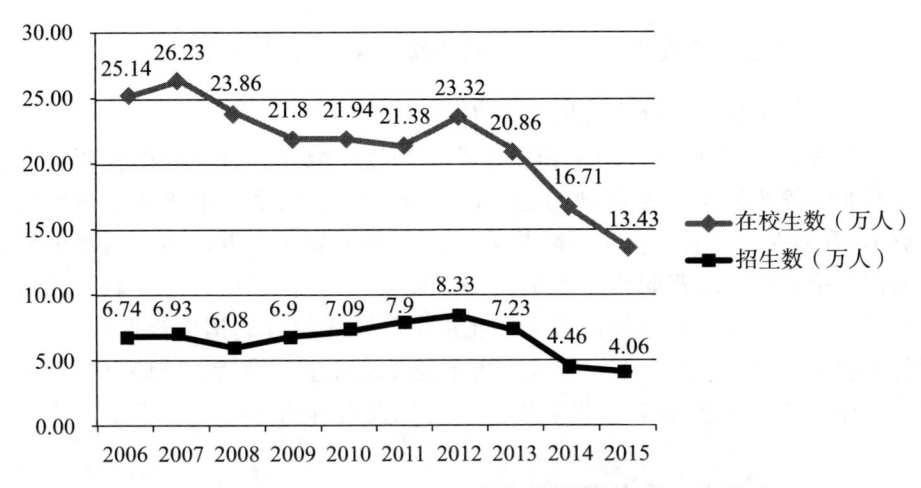

第三章 基于学习型组织的职业院校转型发展

图 3-1 2006—2015 年北京中等职业教育办学规模

(数据来源：北京教育事业发展统计资料，北京市教委发展规划处。)

京中职招生总量下降的同时，本地户籍学生比例逐年缩减，京外生源逐步占到招生数的一半以上。2015 年，中职招生中北京户籍生源不足 2 万人。

（2）高职院校的状况与问题。

2015 年，北京高职院校 26 所，其中公办高职 18 所，民办高职 8 所，在校生 9.79 万人。北京高职教育自 2006 年以来年招生维持在 4 万人左右，最多达到 4.46 万，最低 3.12 万；在校生规模 2007 年 13.06 万达到最高，然后持续下降，2015 年最低，为 9.79 万人（见图 3-2）。最近 3 年，北京高职院校尤其民办高职出现招生计划不能完成的情况，而且愈演愈烈。

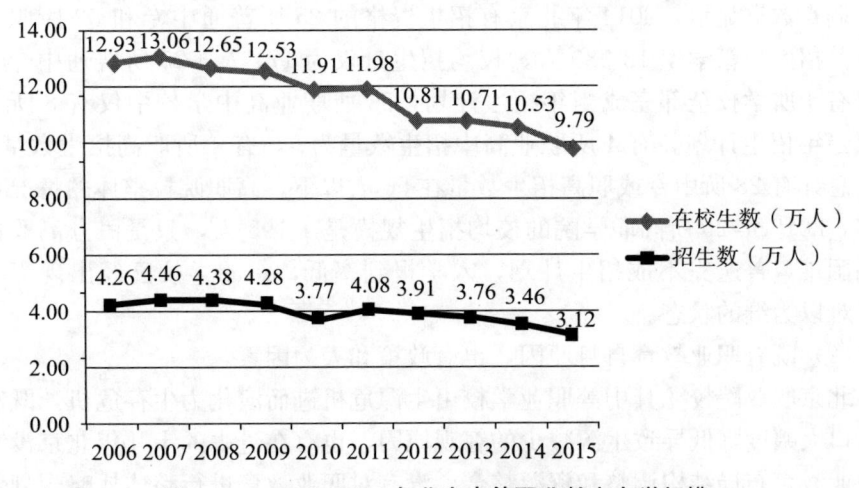

图 3-2 2006—2015 年北京高等职业教育办学规模

(数据来源：北京教育事业发展统计资料，北京市教委发展规划处。)

2. 生源严重不足成为北京职业院校不得不面对的严酷现实

（1）中职学校对京外生源依赖性高。

自进入 21 世纪以来，由于初中毕业生的逐年减少和普通高中扩招，北京中等职业学校的招生开始出现问题。1999 年前后，北京初中毕业生达到历史峰值 18 万多人，之后一直呈下降趋势，2016 年只有 7.3 万，而普通高中与职业教育的招生比例即普职比却由 4∶6 演变成 8∶2，留给中等职业教育北京生源只有不到 2 万人。在这种情势下，北京中等职业教育的招生规模在 2013 年以前还能维持在 7 万人左右，很大程度上是靠京外生源维持。这些京外生源主要来自外来务工人员子弟、北京周边省份以及合作办学"2＋1"或"1＋2"模式。

（2）高职学院中，民办高职是重灾区。

过去十年，北京高职院校的招生总体保持稳定，并且相对于中职学校，高职招生的减少幅度要小很多。但是在高职院校内部的分化比较显著，8 所民办高职招生锐减，影响到学校的生存与发展。出现这种情况的原因是民办高职向来以招收外地生源为主，而现在面临限制外地招生和招生报到率下降，加上高等教育自学考试助考办学和成人高等教育招生规模的锐减，有些民办高职院校已经出现难以为继的困境。

3. 危机来袭：生存成为一个问题

（1）职业院校面临的不是发展问题而是生存问题。

调查数据显示，2014 年北京有招生资格的 25 所普通中专和 53 所职业高中总共招生户籍学生 13 580 人，校均招生量仅为 174 人。25 所普通中专学校中仅有 4 所学校全部完成当年招生计划，53 所职业高中学校中仅有 8 所全部完成当年招生计划。有 4 所职业高中招生数量为 0，有 4 所职高招生数量为 1 人，总计有 28 所中专或职高招生数量在 50 人以下。高职院校整体的情况要好得多，2015 年 26 所高职学院的校均招生规模是 1 195 人，只是民办高职招生面临困难，普遍完不成招生计划，入学报到率低，有的学校已经出现资不抵债、难以为继的状态。

（2）既有职业教育自身原因，也有政策和人为因素。

北京职业院校尤其中等职业学校由生源危机进而演化为生存危机，既有学龄人口大幅度降低导致生源减少的客观原因，也有在过去的十几年北京没有进行职业教育布局结构调整和资源整合，没有对职业教育进行整体战略规划，导致当前职业教育陷入被动局面的因素。所以，表面上是一个单纯的招生问题，背后很大程度上是多方面复杂因素的综合结果。

四、关于职业院校转型与突围的分析

(一) 职业院校转型的理论分析

1. 职业院校的功能：基本功能、拓展功能和多元功能

职业院校的基本功能是培养技术技能人才，是学历职业教育，在职业院校发展初期或者学历教育任务过于繁重的时期，这是主要功能；职业院校的拓展功能是培训功能，主要是社会职业培训，职业院校具有实训基地、"双师型"教师和职业教育课程教学资源，具有开展社会职业培训的优势；职业院校的多元功能是在学历教育、社会职业培训基础上，再加上各种社会服务功能。从基本功能到拓展功能，再到多元功能，是职业院校的一种递进发展，也意味着职业院校综合办学实力的增强。

2. 国外职业院校多功能发挥的启发

社区学院是美国承担职业教育功能的主要院校，其基本职能一是为进入普通四年制本科大学提供预备教育，比如基础学科学习、语言培训等，也就是通常所说的转学教育职能；二是立足社区服务，为相关学员提供专门的职业预备训练，包括职前和在职培训以及各种成人补偿教育，学生来源既有应届高中生，也有大量的成年人。美国社区学院的特点就是注重转学教育、职业教育和社区服务协调发展的同时，坚持以职业教育和社区服务为中心，面向地区为基础，突破社区和地域局限，服务于更广泛范围和地域。TAFE学院是澳大利亚高职教育的代表，其以产业为推动力量，政府、行业与学校相结合，构建与中学和大学有效衔接的相对独立、多层次的综合教育体系。英国的各种学院（College）作为综合性院校，是英国职业教育的主要承担者，有60多所，它们开展广泛教育和训练，服务对象包括完成义务教育并准备中学高级水平考试的学生（他们是全日制学生的主体）、职业教育学生、高等教育学生、企业员工、学徒和成人等。以上三者都具有明显的多功能特性，与社会其他组织联系紧密。

3. 多功能中心是职业院校的一个应有定位

职业院校除了全日制学历教育还可以举办非全日制学历教育，以及开展多种社会职业培训，提供多样化的社会服务，完全可以把自己办成职业培训及鉴定中心、中小学生职业体验中心、市民终身学习中心、中小企业技术技能开发中心、区域文化传承与创新中心，等等。多功能中心的定位，不仅有助于职业

院校突显社会价值,摆脱生存困境,也有助于传统功能——技术技能人才培养的优化,还有助于将学校办出活力,跟社会需求多方面融合为一体。

(二)北京职业院校转型的主动与被动

1. 转型与否的比较

北京职业院校中,有中职国家示范校 21 所、高职国家示范校和骨干校 6 所,除人才培养质量过硬,走在前面之外,都特别注重学历教育之外功能的发挥,而示范校的建设过程也强化了职业培训及社会服务能力建设。相比之下,凡是综合办学水平低、招生极其困难、处在存亡边缘的职业院校,不仅学历教育办得不理想,多功能发挥方面也都较弱。其中,民办职业院校就普遍存在培训和社会服务很少乃至没有的情况。

2. 转型是一种战略

如果说十年以前北京职业院校是否转型,是否多元化发展和多功能拓展还仅仅是一种选项,一种优化发展的策略的话,那么现在则成为北京职业院校的一个战略,因为这关系到其生存,关系到能否可持续发展。当然,如果某所职业院校在转型发展方面几乎没有任何基础,恐怕为时已晚。有望度过眼下艰难时段的职业院校,要把转型发展切实上升为学校战略,加以认真谋划。

3. 从被动走向主动

生存危机之下,北京很多职业院校面临被动局面,人心不稳,前景不明,如果说转型发展是一种不得已的选择,那么眼下不妨试着由被动转型走向主动转型。因为,职业院校的转型是为了突显自身的存在价值,从自身出发是为了生存,为了应对挑战,换一个角度则是更好地贡献于社会。

(三)突围是北京职业院校生存和发展空间的延展

1. 增强职教吸引力,满足两种需求

社会吸引力不足一直是职业教育的一个难题。职业教育面对两种需求:一种是用人需求,主要来自企业,这个是职业教育的优势,因为职业院校毕业生的就业率显著高于普通高校;另一种是教育需求,来自学生和学生背后的家庭,这个一直以来困扰着职业教育,也就是只要还有其他选择,学生及其家庭就不愿意选择职业教育。两种需求的倒挂,说到底还是职业教育吸引力不高。北京职业院校努力提升人才培养的学历层次,通过"3+2"、五年一贯制中高

职衔接以及技术技能人才贯通培养等路径，为接收职业教育的学生提供更大的发展空间和后劲，将职业院校学生有机融入终身教育体系，必将优化两种需求的满足。

2. 在空间上拓展

北京职业院校走出北京，无论是到北京周边开展职业教育协同发展，跨越京津冀支持带动中部西部职业教育提升，还是走出国门进行国际合作与发展，都是在空间上的积极拓展，都是与国家战略的密切结合，包括京津冀协同发展、精准扶贫和"一带一路"。北京的职业教育具有资源优势，走出去就别有一片蓝天。

3. 跨界发展适合于职业院校

职业教育由于跟产业、行业和企业有着密不可分的内在关联，必须淡化边界，走出所谓的边界，才能越办越活、越办越火。职业院校皆有必要走集团化之路，深化跨界合作，校企融合发展。同时，立足自身的专业优势、教师能力和实训资源，开展技术开发、技术合作，同企业共建研发中心、产品中心、设计中心等，乃至自办小微企业或响应"大众创业、万众创新"谋求学校的创新创业发展。跨界发展对于职业院校就是要跨越学历教育和学校教育，乃至跨越教育和培训，走产学深度融合之路，以产业带动专业，以产业支撑教育教学和人才培养。

五、关于职业院校转型发展的三个预判

（一）未来十年北京职业教育格局与模式预期

一是职业教育发展重心持续上移。职业教育逐步从中职为主过渡到以高职为主，积极探索本科职业教育，并有一定数量本科职业院校涌现。二是职普两类教育的融合持续加深。职业院校尤其中等职业学校增强为普通教育的服务。普通中小学的职业活动型、职业体验型课程以及技术技艺类课程不断增加。积极发展综合高中以及一定数量的职业学校逐步转为综合高中。三是综合型混合式职业院校成为职业教育的主要载体。

（二）职业院校转型发展呈现加深态势

职业院校的人才培养尤其全日制学历教育由绝对主业演化为其职能的一个部分，职业院校将持续加强非全日制教育、非学历教育培训、职业技能体验、面向企业面向社区的技术服务和社会服务，大部分都将发展成多功能中心。这

种加深主要是基于职业教育全民化和终身化的趋势,基于教育需求多样化的发展和提升,比如全面发展、个性化、国际化等。

(三)转型发展亦会遇到制约和不乐观因素

一是来自职业院校内部的制约。职业院校的转型,对管理层是挑战,对教师也是挑战,内部是否支持转型、是否存有障碍都将成为不确定因素。二是转型发展还将迎来竞争。这里面既有职业院校之间的竞争,也有来自大学的竞争,还有来自成人教育院校的竞争。三是政策支持的力度。职业院校要转型,政府的态度很重要,政府是否支持,是否为职业院校转型给予多方协调和政策便利,尤其在人员经费和财政拨付方式上加以支持和转变将成为关键。

六、职业院校转型的政策性建议与发展策略

(一)以发展的态度认识和对待职业教育

职业院校要转型,但职业教育依然要发展,因为北京不能没有职业教育。要从城市发展需要多层次、多样化人才的角度认识职业教育,要从科学把握职业教育与普通教育关系的角度对待职业教育。可以预见到2030年,北京将会保留一小部分中等职业教育,但中等职业教育是高中阶段教育多样化的重要内涵,必须考虑给予那些难以适应普通高中教育的学生一个出口,所以不能消除中等职业教育。而且,五年以后初中毕业生的回暖也是需要考量的一个因素。对职业教育实施布局结构调整,应避免将职业院校并入大学。北京并不缺少一般化的高等教育,优质的职业教育反倒十分宝贵。必须吸取十几年前因为生育低谷而大量砍掉幼儿教育机构,导致今天学前教育学位严重不足的教训。

(二)政府对职业院校的转型努力要给予支持

首先是经费上的支持。职业院校面向社会开展的培训,面向社区提供的服务,对中小学生开展的职业体验,属于公益性质,政府要买单,体现出政府购买服务。其次是人员编制的支持。不能因为职业院校学历教育这个"主业"缩减而压缩其人员编制,职业培训、社会服务等"副业"同样也是这些院校对首都教育乃至社会发展的难得贡献。再次是机制上的支持。对职业院校开展社会职业培训等给予积极鼓励,让院校实施培训和社会服务有切实动力,加强部门协调,支持职业院校服务京津冀协同发展,支持职业院校走出去服务国家精准扶贫等战略,切实提升首都职业教育的对外辐射与贡献。

（三）职业院校转型发展但不可弃本

人才培养是职业院校的基本功能，没有这个基本功能，职业院校就成了职业教育机构。而且，职业院校的功能拓展是密切依托人才培养这个基本职能的，没有人才培养，就没有专业建设，专业教师队伍就会不稳，实习实训等各种专业资源和教学资源也将衰减或降低品质，也必然不利于拓展功能的发挥。由于生源减少，职业院校可以将原有专业分别保持一个较小但相对均衡的规模，采用小班化教学模式，实施精品化的学历教育，同时对专业教师在承担教学和其他任务之间实施轮换和兼顾。

（四）职业院校教育资源必须随之转型

首要的是教师转型。之前，职业院校教师面对的是学生，现在还要面对企业员工、社区居民等需要接受培训的人；之前面对的是职业院校适龄学生，现在还要面对中小学生；之前主要是上课，现在还要承担社会服务、技术咨询乃至开发。如此，教师转型势在必行，转成另外一种"双师"甚至"多师"，既是教师也是培训师，还是咨询师、指导师等，具备多种能力，成为多面手。

（五）职业院校转型也需要错位发展

转型发展具体到某所职业院校不应是面面俱到，而应有所侧重，应根据自身优势和学校所在区域的需求加以选择。院校之间应避免过度竞争，甚至应该合作发展。服务外部需求的空间很大，职业院校应善于独辟蹊径，巧妙布局。

（六）关于民办职业院校

民办高职院校留在北京转型确有困难的，不妨考虑迁出北京，响应京津冀协同发展战略迁到河北，或者考虑合并，成为产学研一体化的职业教育集团。北京的高等教育资源，尤其中下层次的教育供给，在目前的形势下，属于产能过剩，这是个基本现实。

七、职业院校转型发展的行动与实践探索

职业院校的转型发展是指由原来主要承担学历教育、主要服务于在校全日制学生，转变为在保持学历教育的基础上，较多地开展社会培训、职业培训、技术服务和其他依托学校资源面向社会和企业开展的多种服务，服务面向呈现多样化、多元化，办学功能拓展为丰富化、综合化。而职业院校的突围则指突破地域、时空、学历层次、发展领域、各种界限等制约，职业院校在圈内圈

外、在横向纵向、在开放合作等不同层面有所作为，从而寻求和拓展出自己更大的发展空间。

（一）大力开展社会职业培训

1. 培训面向

职业院校与行业、企业和就业市场结合相对紧密，拥有专业师资和实训基地等丰富培训资源，在开展社会职业培训方面有得天独厚的优势。经过长期实践探索，北京职业院校开展社会职业培训主要有以下类型：（1）面向行业人员的培训，如北京铁路电气化学校为地铁行业人员开展轨道交通管理、信号控制、机电、安全生产等专业技能培训，北京市轻工技师学院承担本市150多家食品企业实验室自检人员岗位技能培训。（2）面向企业员工的培训，如北京金隅科技学校承担北京电力设备总厂职工培训。（3）面向社会人员的培训，如北京信息职业技术学院常年面向社会开展计算机应用技术（NIT）、数字办公技术、计算机网络管理等方面的培训。（4）面向特殊群体的培训，如大兴区第一职业学校常年承担劳动力转移培训、失业人员再就业培训、残疾人职业培训等公益性培训。

2. 培训收效

北京职业院校开展社会培训，在培训规模、培训效益等方面都得以持续扩大，培训还赢得社会的积极认可，提升了职业院校的影响力。北京市工贸技师学院年均开展社会职业培训由2013年的9.73万人·天增长到2016年的11.89万人·天，其中年均培训社会居民达到4 836人，增长18.67%；培训收入也十分可观，年均达到1 094万元。北京金隅科技学校作为金隅集团华北唯一一所建材类中职校，坚持"集团发展到哪里，学校服务到哪里"的思想，依托特有工种职业技能鉴定010站，大力开展职工职业技能培训，年培训企业员工达到2.35万人·天，是3年前的4倍还多。

（二）面向中小学生开展职业体验和综合实践课程

职业院校往往通过"职业启蒙""职业渗透""职业选择"等形式面向中小学生开展职业体验。北京市职业院校在此方面也开展了大量的实践探索。西城区研发职业教育社会课程，使职业学校成为中小学职业技能训练中心。东城区开放中等职业教育资源，为全区中小学生建立职业体验选课制度，并以社会大课堂为抓手，开展职业体验培训，开发初中社会实践活动综合课程，完善初中科学实践开放性活动课程。丰台区职教中心面向全市中小学生，建立"中小学职业体验中心",两年来开发职业体验课程25门,编写教材10本,受益中小学30所,参与学生达1 771人次。密云区扩大职业高中实训基地使用效益,为中小学生开放职业技术教育体验活动,已开发出三大类49门实习实训服务课程,年均接待中小学生5 000人次。

(三) 开展文化传承、技术创新及终身学习服务

结合北京"文化中心""创新中心"等城市定位,职业院校利用各自专业优势,服务区域发展,创造了良好的经济与社会效益。

1. 文化传承与推广

北京市信息管理学校对国内外中小学生开展珠算、茶艺等文化传承活动;完成《中国传统节日》《二十四节气》等动画片并在北京电视台播出;创新传统空竹的外观设计,利用特色德育活动进行推广;对社区居民开展书法、国画、中国结制作、编织等培训千余人次,积极促进了优秀文化传播。北京国际职业教育学校与故宫博物院合作成立故宫学院,面向社会大众开展中华传统文化培训,助推北京皇家艺术文化传承;该校烹饪专业姜波老师拥有制作378种老北京小吃的精湛技艺,何亮老师在央视"中国名俗"栏目开讲北京饮食文化,促进北京饮食文化创新与传承。北京市商业学校聘请国家非物质文化遗产继承人,建立"燕京八绝"花丝镶嵌等大师工作室,实现非物质文化遗产、民间文化技艺传承与职业教育专业人才培养对接,助推北京非物质文化遗产传承工作。

2. 技术研发

北京市昌平职业学校自主研发9个蝴蝶兰品种,于2013年1月通过英国皇家园艺协会新品种国际认证,其中"昌平天使"蝴蝶兰在第九届中国(北京)国际园林博览会上荣获金奖,成为昌平区园林业发展新亮点。北京国际职业教育学校烹饪专业参与星级餐厅"京味斋"、首都机场国航的菜品研发,引领分子餐技术,学校3位教师成为央视、北京卫视、河北卫视等多家电视台专栏节目客座专家。北京市工贸技师学院依托首席技师工作室积极承接高端研发项目,研发产品16项、加工样件147件,如国产歼-15发动机叶片模具、微型心脏供血器、空间泵等首件试制加工,为行业及区域经济发展做出贡献。

3. 建立市民终身学习中心

东城区积极盘活职业教育存量,挖掘增量,开放师资、课程、教学等资源。该区以5所职业院校为基础,以学区为单位,成立8个市民职业体验中心,提供99门课程菜单供市民体验,为市民终身学习增加更加新颖和鲜活的

学习乐趣。昌平职业学校建立"首都市民终身学习服务实践基地",开展职业体验培训、就业创业培训,提升市民生活品位;近两年来,实现劳动力转移培训 2 243 人,人均增收三成以上,为区域内建设银行北京分行、中国人寿等企业开展职业礼仪培训 3 114 人次;为全市中小学生开展科普培训 5 718 人次。

(四)努力推进产学融合和集团化办学

北京财贸职业学院作为北京商贸职教集团牵头单位,积极探索组织化运作模式,形成了以"合作项目"为载体、多方参与、共同建设、共同受益的运行机制。积极推动北京市商务人才需求调研、企业工作站、优秀学生境外访学等 30 多个项目。依托集团举办的商贸职业教育产教对接活动、京津冀职业教育协同发展研讨会和市场营销专业联盟中高本衔接教学标准研讨会都在全国产生了影响。北京国际职业教育学校牵头成立东城区职业教育集团,涵盖了区域 9 所中职校、2 所成人高校、2 所高职校及 17 家企业。集团成员发挥各自优势,加强资源共享,深化校企合作,推进科技创新和成果转化,探索东城职业教育规模化、集约化、连锁化的办学模式,培养大批适应东城产业结构调整和经济方式转变的优秀技能型人才,初步树立东城职教品牌。

(五)拓宽中高职衔接和高本衔接,提升办学层次

1. "3+2"中高职衔接改革试验

采用"3+2"学制模式实现中高职衔接,学生在完成 3 年中职教育基础上,再接受为期 2 年的高职教育,充分发挥中高职院校优势,实现人才培养有效衔接。北京工业职业技术学院模具制造技术专业于 2012 年开展"3+2"中高职衔接试验。该模式遵循"专业能力递进、职业素质提升"指导思想,通过共同研讨与备课,实现课程对接、能力递进。中职教育阶段,重点掌握一定专业技能、养成良好的行为规范,具备从业基本能力。高职教育阶段,通过技能大赛、专业社团等活动促进学生职业素质提升,增强专业拓展能力。两个教育阶段,建立实训基地共享模式,优势互补,丰富实训内容,开拓学生适应多样化设备品牌的操作能力,掌握全面操作技能,增强就业竞争力。

2. 五年一贯制办学

五年一贯制模式的特点是初中学生应届毕业直接进入高职高专院校学习,学习期满达到要求后,颁发高职或者高等专科院校毕业证。顺义区将 1 所高职院校(原北京现代职业技术学院)和 2 所中职学校(顺义区汽车职业高中、顺义区第一职业学校)并入职教中心,完成了北京现代职业技术学院(原)牵头

的职教资源重新整合。2013 年，三个试验专业顺利完成招生。其课程以就业为导向，以职业岗位能力为核心，以螺旋形课程论和效益最大化理论为指导，设计出"四类型学习领域"模块课程，以阶梯渐进的方式实现了"中职是基础、高职是提升"的人才培养衔接目标。

3. 高端技术技能人才贯通培养

北京市于 2015 年开始启动"高端技术技能人才贯通培养"改革试验项目，向上搭建高职院校与应用型本科院校衔接培养人才的通道，即将高等职业教育延伸至本科层次，使高等职业教育（含本科层次）逐渐成为北京职业教育体系的重心。贯通培养，定位相对"高端"。以师资队伍建设为例，首先是高水平保障英语教学，培养目标着眼国际化，各校建立高水平英语师资队伍，加强英语教学；其次，重视基础课程教学，尤其在前两年的高中教育阶段，采用新聘任、与优质高中合作等方式，为试验班配备了大量基础类与艺术类教师，提升学生人文科学及艺术素养；再次是教学与生活管理，为项目行政班配备班主任，同时设立教学辅导员岗位，负责管理学生操行，在学生公寓设立生活辅导员，加强学生宿舍纪律和卫生管理，保障良好的生活环境。

（六）走出去，融入京津冀区域发展

1. 分享职教资源，服务京津冀协同发展

2015 年 10 月，北京市与河北省签订两地教育协同发展对话与协作机制框架协议，确定建立两省市教育行政部门主任、厅长联席会议制度，定期会商两省市教育协同发展的顶层设计，协调解决教育协同发展中面临的热点、难点问题。11 月，北京教科院主办了"区域教育一体化与京津冀协同发展"论坛。论坛上，来自京津冀苏沪等多地多家知名专家围绕深化教育领域综合改革，特别是京津冀教育协同发展主题开展研讨。京冀两地正式签署对话协作机制，从政策保障方面进行有益探索，为两地教育合作进行了顶层设计。部分职业院校在京津冀合作实践中也进行了系列尝试，如：密云区职业学校同张家口市、承德市承德县开展职业教育合作，重点在师资培训、实训基地使用、专业建设等方面加强合作。该校客户信息服务专业合作帮扶承德县职教中心；接收竹溪县计算机应用、现代服务管理两个专业班学生来校免费学习。

2. 发挥北京职教优势，开展对口支援与携手发展

北京职业院校，充分发挥自身职教资源优势，与其他省市开展对口支援，共同推进职教合作发展。北京市昌平职业学校通过建立帮扶互助合作长效机

制，帮助云南腾冲第一职业高级中学建立云南中草药种苗生产基地；支持什邡市职业中专学校新建园林绿化专业，助推腾冲第一职业高级中学和什邡市职业中专学校顺利进入第二批示范校建设行列；吸收青海玉树 80 名学生到校就读。金隅科技学校为贵州省建设学校建设实训基地，学校提供"日产 5 000 吨水泥中控仿真系统"和"中国建筑五金门窗培训系统"技术支持，促进西部地区职校专业建设与教学改革。北京市信息管理学校分批次对广西中职学校校长及教学科研管理层开展人才培养模式和课程改革培训；各重点建设专业均建有手拉手学校，促进海南省文昌职校、深圳龙岗二职、安徽铁路服务学校等对口支援单位的专业建设更快发展。

（七）大力拓展国际化合作与办学

国际化是北京职业教育发展的重要方向，北京一半以上的职业院校尝试了国际合作办学。北京职业院校开展国际合作在形式上主要包括引进国际通用职业资格证书；引进先进课程和教材，引进国外师资，合作开发国际教育课程及合作教学；相互间进行师生学习和交流以及学生互换；设立国际教育学院等。北京职业教育国际化已积累了 30 年的经验，并愈发凸显了价值与前景。

1. 引进国外职教资源，借力提升自身水平

引进国外原版教材，引进先进的职教课程模式和教学方法，引进先进的教育管理，引进国外的职业资格证书项目。早在 2001 年，北京市首批 13 所职业学校就开展与国际职业资格证书接轨试点工作，合作设立英国伦敦城市行业协会（City & Guilds of London Institute）职业资格证书项目中心。2010 年 5 月，北京电子科技职业学院等 8 所高等职业学校与德国工商业联合会（IHK）、德累斯顿工业大学三方签署北京市高等职业院校中德合作职业资格证书教育项目协议，合作举办 IHK 职业资格证书教育。

2. 双向合作交流，师生互换，积极开展留学生教育

北京市劲松职业高中早在 20 世纪 80 年代就有了招收外国留学生的资格，一直在中餐烹饪专业延续国外招生；北京农业职业学院 2014 年招收了第一批 18 名留学生，分别来自俄罗斯、哈萨克斯坦、吉尔吉斯斯坦等国家，主要学习国际贸易；北京信息职业技术学院的留学生在 2016 年达到 600 多名，主要来自英国、法国、俄罗斯、埃及等，这些学生经过一定时期的语言培训后，回国从事贸易、语言翻译等工作，深受欢迎。

3. 服务"一带一路",职业教育走出去

作为贯彻国家"走出去"战略的先锋,中国企业正在全面深度参与"一带一路"倡议的实施,而职业教育也在为这一宏大战略贡献自己的力量。如:北京金隅科技学校充分发挥职教集团优势,积极开拓海外市场优势,探索国际化办学,在两年示范校建设期间积极承担白俄罗斯、乌兹别克斯坦两国水泥企业36 人的培训任务,选派 5 名教师参与尼日利亚援外工程的技术服务。

八、授权评价在学习型职业院校的运用与效果

在 2008—2012 年的四年中,北京市与德国不来梅大学合作,在职业教育领域合作开展"学校发展"(School Development,简称 SD) 项目,其中的一项重要内容是运用授权评价进行职业院校质量发展评价。授权评价受到职业院校的欢迎,取得良好收效,促进了职业院校在办学理念、质量管理、评价模式、可持续发展等方面的改革创新,产生了较为深远的影响。[①]

(一) 授权评价的内涵与特征

授权评价(Empowered Evaluation)的直接含义是特定群体被赋予权力实施某一评价。在实践中,授权评价是在一个组织或团队内部,以发展为目标,以沟通研讨为手段,由利益相关者群体组成评价主体,自定标准,自我评分,针对特定项目或特定任务进行的评价。授权评价具有如下特点:

(1) 参与性。至少 10 人以上的利益相关者实质性参与到评价过程,每个参与人都真实地发挥其应有的作用。

(2) 民主性。评价过程中的每一个参与者不论地位、职级、资历、年龄等一律平等,平等参与,平等发表意见,赋分的权利完全平等。

(3) 诊断性。这一评价具有手电筒的功能,不忽略项目取得成绩的同时,更为重要的是聚焦于项目进展中存在的问题。

(4) 发展性。评价的目标是为了改进,而且是持续的改进,同时评价不是进行一次即结束,而是延续性活动,很可能随着项目的发展要进行数轮的评价。

(5) 模型化。评价借助 Excel 软件实现了数据输入、分析和结果自动生成,是一个较为成熟具备良好操作性的评价工具。

(6) 直观化。无论是过程和结果,都会在计算机中一步步直观显示,尤其是结果的产生和表现形式十分显性化。

---

① 史枫. 授权评价在北京职业院校质量发展评价中的运用与影响 [J]. 北京工业职业技术学院学报,2013,12 (1):48-54.

（二）授权评价在北京职业院校运用的过程与环节

授权评价有一个规范化、可操作的程式，运作流程可以概括为 4 个阶段。（1）评价准备阶段，包括选定人员组成评价组，讨论并形成大家共同认可的评价指标；（2）评价实施阶段，包括听取学校主题汇报，对照指标进行第 1 次评分，评分人陈述打分依据和意见，然后进行第 2 次评分和意见陈述；（3）评价分析阶段，包括输出 2 轮打分形成的结果并加以分析和对比，对评价结论及隐含内容进行阐述，小结评价结果；（4）评价反馈阶段，包括进行评价的评价，提出参与评价的感受，形成评价报告，反馈评价结果等。将上述 4 个阶段加以细化，还可以将授权评价的过程分为 8 个主要环节，具体见图 3-3。

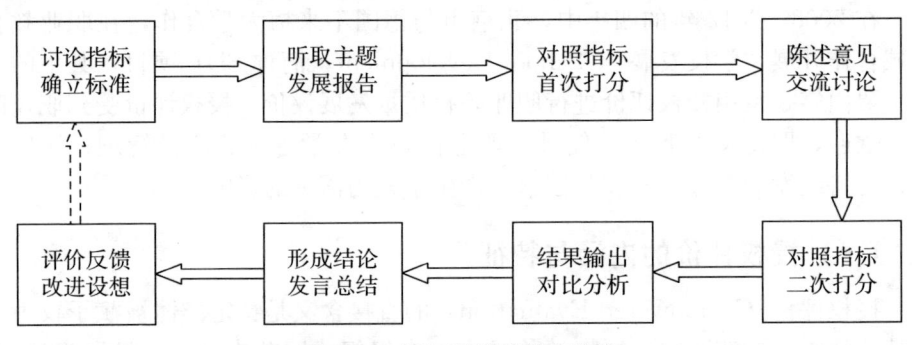

图 3-3 授权评价的基本流程

授权评价一般通过会议的形式完成各主要环节，通常需要 2 个工作日的时间。根据授权评价在北京职业院校质量发展评价中的具体运用，以下详细介绍授权评价的 4 个阶段、8 个环节。

1. 确定评价主体，达成评价指标

评价参与人可以区分为主持人、评分人和技术支持。主持人 1 人，不参与打分，要创造一个自由、民主、协商、交流的氛围；要保持"中立"，不试图影响他人，并按程序规范评价过程。评分人 8~14 人，评分人过少，无法形成必要的沟通交流氛围，人数过多则每个人的发言机会不足，也不利于信息沟通和碰撞交流。技术支持需要 2~3 人，负责软件操作、数据录入和会务工作。具体到职业院校质量发展评价，主持人由熟悉授权评价方法的北京职业院校发展评价项目组的职业教育专家担任；评分人除 1~2 名特邀外部专家外，全部来自学校内部，包括学校领导、教务、督导、系主任、普通教师，各占一定相对均衡的比例。评价主体讲求多元化，各具代表性。

主持人主持指标及权重讨论，协调和综合大家意见，自身不发表意见。指标包括一级指标和二级指标，一级指标一般 5~6 个，二级指标一般 15~20

个,指标不宜过多过于庞杂,否则后继的打分、交流和意见陈述将难以控制。质量发展评价中,一般先由学校质量管理部门提交一个初步指标供大家讨论,又叫作"靶子"指标。不追求讨论出来的指标一定十分完善,因为指标是动态发展的,关键是要包含核心项和重点指标,具有可操作性。另外,指标讨论的过程也是参评人员对质量管理工作交换意见达成共识的过程。

图3-4是北京某高职学院运用授权评价法进行质量发展评价,讨论形成并在评价中具体运用的一级指标。5个一级指标的形成思路是目标—资源—实施—反馈—效果,即由质量目标和质量计划,到实施质量管理必需的经费、人员、软件、硬件等方面的资源保障与支撑,再到质量工作的实施、运行和管理,再到质量评估、检查、沟通和反馈,最后到质量工作的收效与成果。由于评价是促进质量改进的关键性手段,因此,把评价与反馈单独作为1个一级指标予以突出。表3-1列出了二级指标及权重。

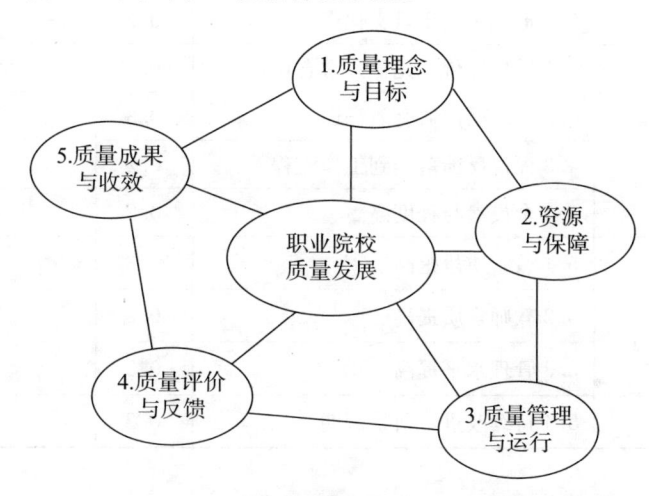

图3-4 质量发展授权评价的一级指标

表3-1 职业院校质量发展授权评价的指标与权重

一级指标	权重	二级指标	权重	评价赋分	
				初次打分	二次打分
质量理念与目标	0.15	1.1 质量理念与时俱进	0.2		
		1.2 形成全员质量意识	0.3		
		1.3 质量目标明确可测	0.2		
		1.4 质量计划与规划完备可行	0.3		

续表

一级指标	权重	二级指标	权重	评价赋分 初次打分	评价赋分 二次打分
资源与保障	0.2	2.1 组织机构健全，质量推动有效	0.3		
		2.2 质量文本全面，可操作	0.3		
		2.3 质量管理技术与工具先进	0.2		
		2.4 硬件和资金支撑满足需要	0.2		
质量管理与运行	0.25	3.1 质量工作流程清晰，运行顺畅	0.3		
		3.2 部门及人员分工明确，配合默契	0.2		
		3.3 质量培训全面到位	0.3		
		3.4 形成一定质量文化	0.2		
质量评价与反馈	0.25	4.1 质量评价多元化，常态化	0.3		
		4.2 多层面沟通有效畅通	0.3		
		4.3 评价反馈落实到工作流程	0.2		
		4.4 全员参与程度高	0.2		
质量成果与收效	0.15	5.1 教学质量提高	0.3		
		5.2 教师素质提高	0.2		
		5.3 管理水平提高	0.3		
		5.4 持续改进，前景可期	0.2		

2. 两轮评分1次讨论，观点碰撞信息交流

(1) 评分人听取学校质量发展汇报。

由院长或教学副院长代表学校向评价组汇报学校质量管理的进展、成绩、问题和展望等。汇报的内容安排和结构最好对应一级指标和二级指标，但也不强调完全一一对应。质量发展汇报是一个信息沟通过程，参评者来自不同部门，对于学校的质量管理、质量发展都是不同侧面的亲历者，都有一些实实在在的个人认识和看法，而由特定人士向参评者介绍和阐述学校的质量状况和整体发展，一方面代表了学校"官方"结论，另一方面也是一个很好的让参与者全面知情的机会。

(2) 评分人进行第1次打分。

所有评分人依据个人对学校质量管理状况的了解以及学校质量发展汇报，

对二级指标进行打分。打分范围为1~10分,分为差(1~3分),中下(4~5分),中上(6~7分),优(8~10分)4个分值段,每个评分人打分要建立在对于分值是相同的理解的基础上。质量发展汇报人也是评分人之一。

(3) 评分人结合个人打分陈述意见。

每个评分人的打分录入计算机后,借助计算机软件和投影设备运行,每个人在每个指标上的打分情况在评价会上将一目了然,包括谁打分最高,谁打分最低,中间值是多少,标准差有多大,都会非常直观。每个人都有发言机会,由主持人组织参评者有序发言,主持人既点名让评分人发言,也给评分人主动发言机会。这个环节在授权评价中十分关键,评分意见陈述的过程其实是一个信息沟通和彼此碰撞的过程。评分人来自不同部门,站位不同,看问题的角度不同,掌握的信息也不同,通过陈述和讨论参评者交换了意见、沟通了信息,信息由不对称尽可能发展为信息对称,参评者在不少观点上会降低分歧,趋向一致。

(4) 评分人进行第2次打分。

跟第1次打分不同,第2次打分是进行了信息沟通和意见交流之后的打分,是对第1次打分的修正。一般而言,同一个评分人,前后2次打分会有所不同,原因是在一定程度上掌握了更多信息,并在一定程度上吸纳和认同了其他评分人的一些观点。基于这个缘由,第2次打分又叫"折中"打分。

3. 直观结果图形输出,揭示隐含问题结论

(1) 说明评分变化,陈述变化原因。

2次评分的数据输入计算机,评分的结果会以非常直观的形式呈现。作为评分人,如果前后2次打分有所变化,要做出说明,并简要解释为什么变化。这个环节不需要太长时间,不需要逐项指标加以解释,只对打分变化的指标项加以陈述。此环节是一个深化沟通的过程。

(2) 柱形图的对比输出和隐含信息。

两次打分都会输出柱形图(见图3-5、图3-6),其曲线形状、位置蕴含着丰富的信息内容。对2次打分形成的柱形图加以对比,反映出信息沟通和意见交换之后的评分变化。

①阴影柱形的高低代表了一级指标权重的大小。图3-5、图3-6显示,指标3"质量管理与运行"权重最大,指标1"质量理念与目标"权重最小。

②上端曲线代表平均最高值,下端曲线代表平均最低值,二者之间的反差(距离)反映评分意见的分歧性大小:反差大,说明评分意见分歧大,一致性弱;反差小,说明评分意见分歧小,一致性强。

③2条曲线的平滑度反映各个指标发展的均衡程度:曲线比较平滑,说明各项指标发展比较均衡;曲线不够平滑,说明各项指标发展不太均衡。

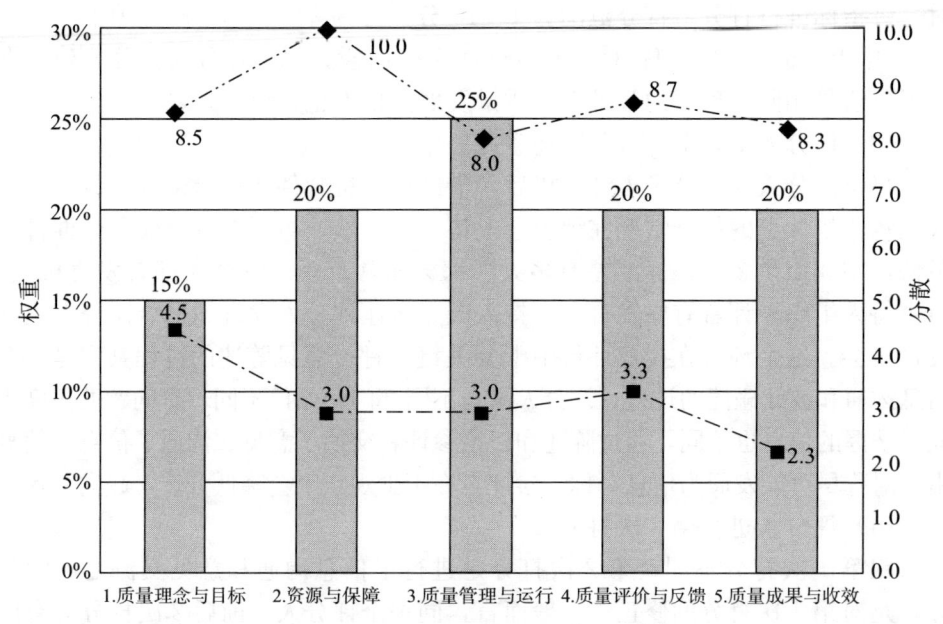

图 3-5　第 1 次打分柱状图（例）

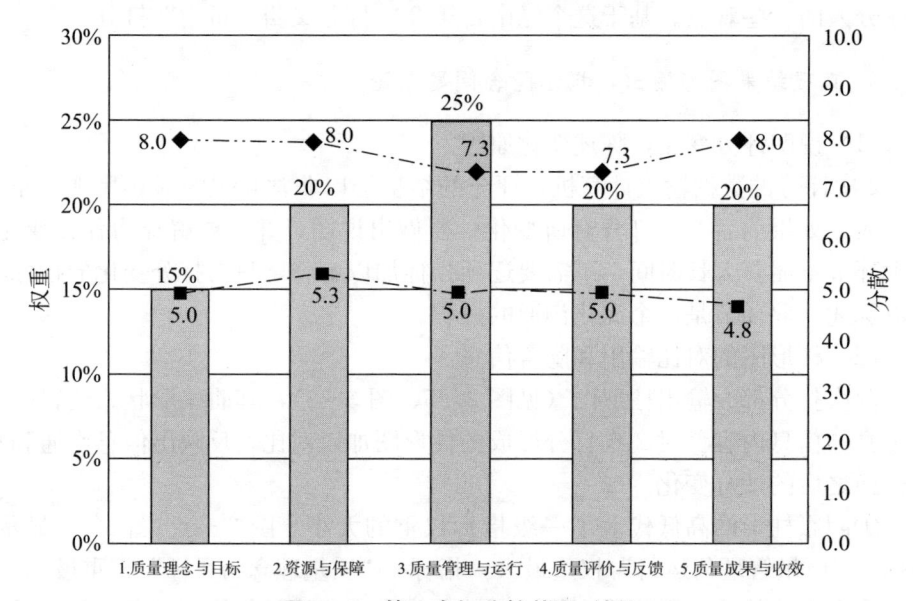

图 3-6　第 2 次打分柱状图（例）

④ 2 次打分形成的柱状图（图 3-5、图 3-6）对比发现，2 条曲线的位置发生了显著变化，二者的相对距离明显减小，说明经过沟通、讨论之后，第二轮打分时评分人的意见分歧减弱，趋向接近。

(3) 蛛网图的对比输出和隐含信息。

这种图形酷似蜘蛛结成的网,所以叫作蛛网图。蛛网图包含的信息更为丰富,反映评分结果更为直观。见图3-7、图3-8。

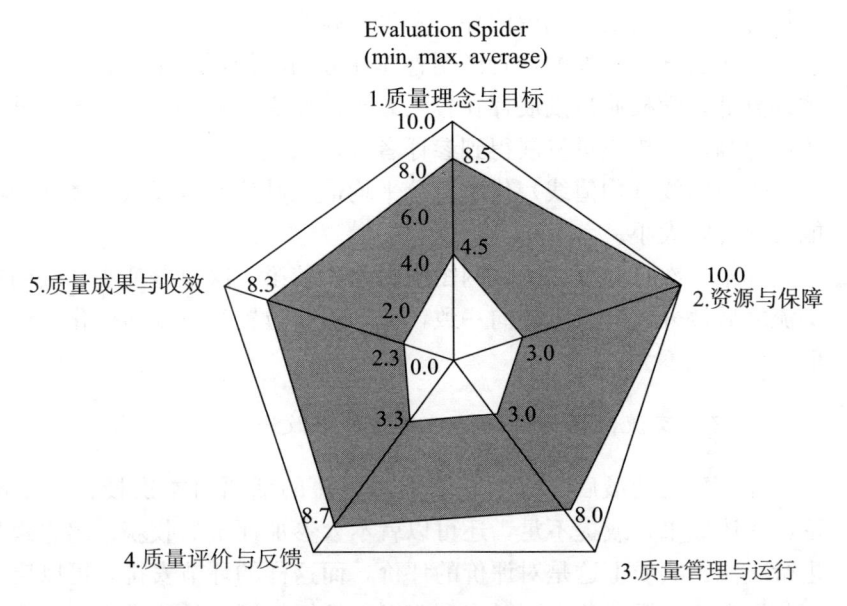

图 3-7　第 1 次打分蛛网图（例）

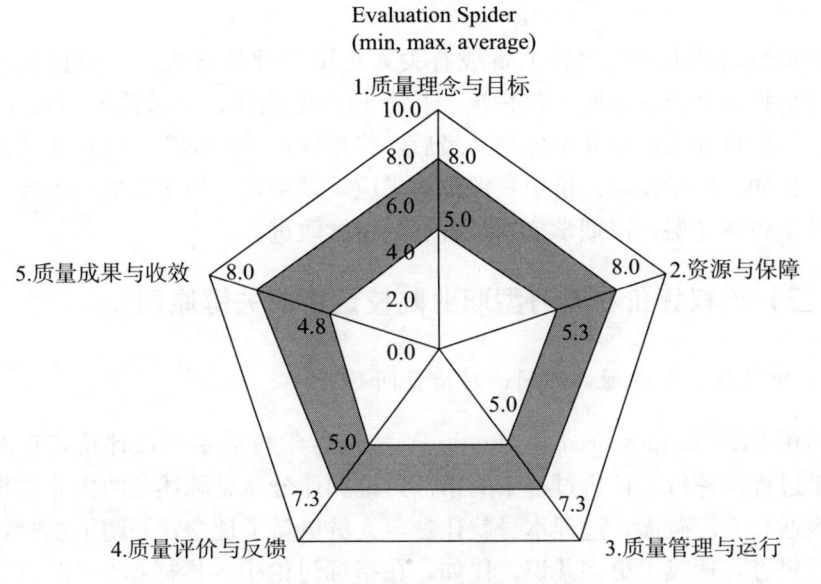

图 3-8　第 2 次打分蛛网图（例）

①蛛网图阴影部分的规整程度反映各项指标发展的均衡程度：图形规整，说明各项指标发展较均衡；反之，则说明发展不均衡。

②阴影部分的面积反映评分意见的分歧程度：阴影部分面积大，说明评分意见分歧大；反之，则说明评分意见分歧小。

③阴影部分所处的位置说明整体评分的高低：阴影部分位置靠内，说明整体评分低，学校质量发展存在较大差距；反之，阴影部分位置靠外，则说明整体评分高，学校质量发展得到参评者较多认同。

④中间线（均值线）代表打分平均值，其位置也反映整体评分高低，但不能反映分歧大小。

⑤第2次打分形成的蛛网图阴影面积较第1次显著变小，表明经过沟通和交流之后评分人的意见趋向一致，但均值线位置没有太多变化，说明整体评分值前后变化不大。

4. 终场交流感悟评价，总结反馈着眼改进

评价活动的最后，每个评分人用简短的话语对本次授权评价活动加以评论，或谈成果，或提不足，还可以就本人参加评价的收获、感想跟其他参评者进行交流。实质上这是对评价的评价，而这样的环节安排，可以启发参评者多一些思考，加深印象，同时有利于下一轮授权评价的改进完善，而以这样一个交流的形式结束评价，还可以渲染一种充分沟通的氛围，还原授权评价的原本面貌。

评价活动结束后，主持人责成有关人员撰写评价报告，一般包括评价简述、评价指标介绍、主题汇报情况、打分和意见陈述、结果输出与对比分析、对评价的评价和结论等几个部分。最后，将授权评价的结果反馈给相关部门和人员。比如在质量发展评价中，评价结果应反馈给负责质量发展的督导、教务部门及学校领导层，以期学校质量管理的持续改进。

（三）授权评价在学习型职业院校运用的关键原则

1. 重过程、重沟通，共同面对质量问题

运用EE（Empowered Evaluation）法进行学校质量建设评价，在本质上是一个过程性评价，评价过程中的指标讨论和评分意见陈述是两次非常重要的信息沟通和交流碰撞，过程本身就让参与人员更新了理念，开阔了视野，学会了换位思考，达成了更多共识。比如，在指标讨论中，指标1.2"形成全员质量意识"获得广泛认同，而指标3.3"质量培训全面到位"一开始在是否要作为一个二级指标上受到质疑，经过督导和教务部门人员代表的依据陈述后，方被认为意义重要保留为二级指标。再比如，在第1轮评分中，在一级指标"资源与保障"项评分分歧很大，3个二级指标"2.1组织机构健全，质量推动有效""2.2质量文本全面，可操作""2.4硬件和资金支撑满足需要"的标准差分别为1.5，1.8，1.8，综合标准差是1.7。经过有效沟通和讨论，第2轮评分中3个二级指标的标准差分别降低为0.5，1.0，1.3，"资源与保障"项得分综合标准差则降低为0.9。

2. 看结果，作分析，促进质量持续提升

EE评价的结果通过柱状图和蛛网图以直观的形式输出评价结果，可以看出一级指标的得分和发展状况。图3-9是北京一所中职学校质量发展EE评价输出的蛛网图。不难发现，在一级指标中，"资源保障"得分高，发展良好，得到认同；"运行与管理"以及"评价反馈"得分低，说明存在较多问题。

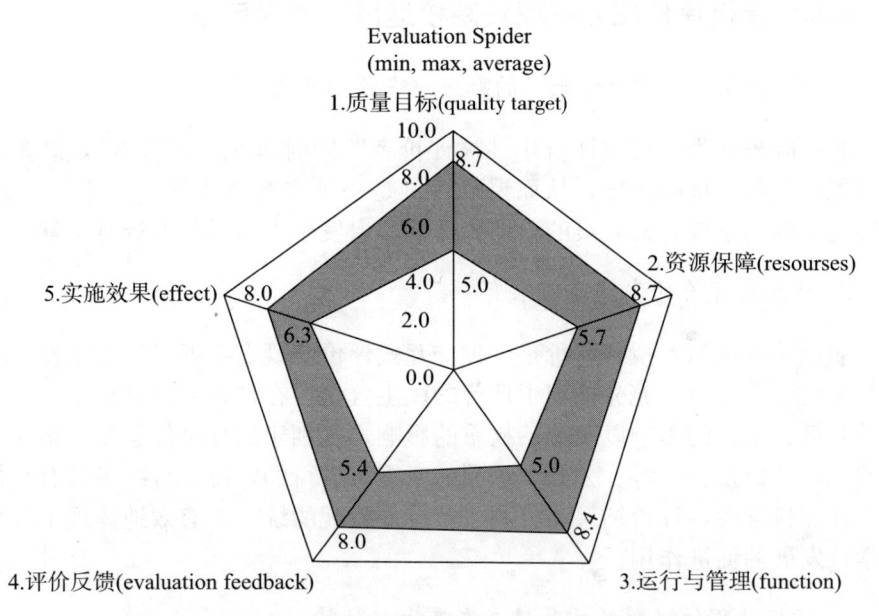

图3-9　北京某中职学校质量发展EE评价二次打分蛛网图

无论是柱状图还是蛛网图，都不能显示二级指标的得分和发展状况，要想对二级指标的发展状况加以分析，必须直接借助打分表。表3-2是同一所中职学校Excel打分表截图，可以看出，二级指标"质量培训全面到位"的平均分只有5.5，是所有二级指标的最低分，是导致"质量管理与运行"总体得分较低的直接原因，也反映该校亟待加强质量培训。

表 3-2 EE 评价 Excel 打分表（部分）

3. 质量管理与运行	25%	平均分	最高分	最低分
3.1 质量工作流程清晰，运行顺畅	30%	6.7	8.0	4.0
3.2 部门及人员分工明确，配合默契	20%	6.5	8.0	3.0
3.3 质量培训全面到位	30%	5.5	8.0	2.0

找到质量管理中的问题所在，就可以有针对性地提出学校质量发展的可行策略，比如，一所中职学校在质量发展 EE 评价报告中提出：通过 EE 评价，学校需要进一步转变全体教职员工的质量观念，增强质量意识，按照职业教育的新要求，转变教师的人才质量观、学生质量观、自我发展质量观，增强质量意识，使每个人都成为学校质量管理的主人，形成"质量管理从我做起"的质量氛围，切实提高学校的质量管理水平。

（四）授权评价在北京职业院校运用的效果反馈

1. "评价者"与"被评者"的融合统一难能可贵

职业院校认为，授权评价中"被评价者"同时也是"评价者"，既是评价的对象，也是评价的主体，从而授权评价是一种主客体相统一的评价。如此，能够充分调动学校各方人员的内在积极性，启发个人对学校的智慧贡献。

2. 交互式评价的尝试前所未有

职业院校认为，授权评价是一种交互式评价，既有主办者的总结发言又有参与者的平等交流，充分体现了评价的民主气氛。在评价交流过程中，没有地位的高低、角色的影响以及分治权重的影响，区别于以往个体思维对集体思维的取代，评价是在平等、公开、透明的氛围下进行的，使评价结果具有良好的民主性和科学性，评价结果十分利于学校价值观的统一，有效地体现了评价对于学校发展的促进作用。

3. 指标过程的思维结构和动态发展十分独特

职业院校认为，授权评价的指标遵循"目标—资源—过程—管理—效果"的思维结构，以受评者为主研究设定，是内生的，不是外加的，从而具有高度的内部认同度。加之评价指标随着项目的进展不断动态调整，跳出了"死指标"的窠臼，评价也成为时评时新的评价。

4. 评价的良好反思性契合学习型组织的发展理念

职业院校认为，通过对指标体系的两次打分，除了对学校发展指标的内涵有了更为深入的理解外，还直接带来了对学校长期发展的思考，对强项和弱点的分析，对发展对策的权衡。评价沟通的过程是对学校发展道路的全面回顾和反思，是对学校今后发展道路的理性展望。学习型组织理论倡导"深度汇谈"和"系统思考"，那么，授权评价是促进学校向学习型组织迈进的难得路径。

授权评价的有效性在北京职业院校质量发展评价中得以验证，这种方法注重信息沟通和内部反馈，讲求多层面参与和平等合作，立足于发现问题和寻求不断优化及持续改进，从而特别适合于在学校内部加以运用。虽然这一评价工具也有要求条件苛刻、时间成本较高等方面的不足，但不失为职业院校发展性评价的一个有效工具。正如一所高职学院的院长所言："授权评价是一种递进式的发展性评价，始终贯彻一种参与式评价的精神内核，特别有利于建立学校内部的民主沟通氛围，有利于学校的治理改善和长远发展。"

第四章
协同视域下的
职业教育产学融合

一、职业教育产学融合是一个协同过程

学习型社会的核心特征是全民终身学习、基于学习谋求创新发展以及跨界、融合、协同的共治格局。

职业教育是我国教育体系的重要组成部分,其中产学融合、校企合作、工学结合又是职业教育活动的重中之重。通过产学融合,可以让学校传授的知识更加符合企业的实际需要,能让培养的学生更好地融入企业成长,培养合格的、社会急需的技能人才,从而促进中国制造业持续发展。如何评价产学融合的具体成效,是必然引起职业教育研究人员关注的问题。2017年,国务院办公厅印发《关于深化产教融合的若干意见》,提出"坚持职业教育校企合作、工学结合的办学制度,推进职业学校和企业联盟、与行业联合、同园区联结"[①]。

自进入21世纪以来,企业参与职业教育人才培养逐渐呈现一个良好势头。在北京和我国其他经济较为发达的地区,企业以多种途径参与到职教人才培养中,包括在学校设立奖学金、奖教金,援助设备,提供校外实训基地,共建校内专业实验室、技术开发中心,专业技术人员参与教学,参与课程开发、教材编写等,其中主要的仍然是实践教学领域内校企双方的合作。企业在不同层面上参与职业院校人才培养,主要包括在一些教学环节,在共建专业方面,在共

---

① 中国政府网. 国务院办公厅关于深化产教融合的若干意见[EB/OL]. (2017-12-19)[2021-12-10]. http://www.gov.cn/zhengce/content/2017-12/19/content_5248564.htm.

建二级学院层面，乃至直接投资设立职业院校。

多数企业只同一两所职业院校合作，部分企业同多所院校合作；企业同学校的合作关系也有松散型和紧凑型之分，而订立产教合作协议、实施契约式合作的方式逐渐变得普遍。不同性质的企业都有同职业院校的合作，而企业规模不同，参与职业教育的情形则呈现差异，总体上大企业参与多，小企业参与少。另外，企业效益佳则较多参与，效益不佳则较少参与；处于上升阶段、对人员有较多需求的企业参与职业教育人才培养较为积极。

越来越多的职业院校在理念上认识到在人才培养中吸收企业参与的重要性，在实践上纷纷探索与企业进行合作教育的路径。职业院校吸收企业参与人才培养有集中型也有分散型，各校根据自身办学需要和企业方面的情况，如果选择主要跟为数不多的企业合作，则合作关系相对集中；如果选择跟数量较多的企业分别开展合作，合作关系则相对分散。

企业参与职教人才培养从最初的提供场地设施，接收职业院校实习、实训学生，选派优秀工程技术人员与管理人员到学校担当兼职教师，到在专业设置、人才培养方案设计、课程与教学计划开发等方面积极参与，再到出资投入办学，加入学校董事会共同举办职业教育，参与内容不断丰富，参与途径逐步多样化，参与程度与层次深浅结合，形式结构松散、紧密不同，企业正在逐渐扩大的广度与深度上参与到职业教育的人才培养中去。

二、企业参与职业院校人才培养模式分析

我国企业在不同层面上参与职业教育人才培养，包括在一定教学环节、在共建专业方面、在二级学院层面乃至直接投资设立职业院校等各种层面参与或直接实施人才培养。结合北京企业参与职业院校办学情况，本书将企业参与职业院校人才培养的模式分为以下六类，并结合北京职教相关案例进行说明。

（一）企业投资设立职业院校

企业独立举办职业院校，学校为企业投资建立，企业是学校的所有者，企业享受学校办学经济效益。企业若是仅仅投资建立学校并不介入人才培养工作，则企业等同于没有参与，但事实上不可能存在这种情况。北京地区将近二十所独立设置的职业院校中，有两所为企业投资举办，一所是中国吉利集团创办的北京吉利大学，一所是北大方正集团创办的北京北大方正软件技术学院。企业举办职业院校，学校跟企业形成天然的产学合作关系，企业全面参与高职人才培养，包括专业设置与建设、课程开发、提供实习、实训基地、师资队伍建设等。

吉利集团一次性投资8亿元创办了北京吉利大学,并在学校定位、发展规划、管理与决策、教育教学管理等方面全面介入,为学校提供实习实训条件与便利,设立奖学金,多方面开拓就业渠道,集团公司优先录用学校毕业生。

北大方正集团利用自己在产学研一体化方面的经验和优势,不仅为方正软件技术学院的校内实训基地提供技术支持和指导,还把公司的生产车间用作学院的校外实训基地,以多种形式为学生提供实践机会,帮助学生学以致用。同时,方正集团还在学院设立总裁奖学金,广泛选派技术专家、软件工程师等到学院担任兼职教师。

(二)职业院校创办校办企业

职业院校创办校办企业,校办企业在面向市场生产经营的同时把参与学院的人才培养作为重要使命。由于是校办企业,企业隶属于学校,企业负有参与培养人才的责任,企业参与的积极性不存在问题,天然合作关系不存在障碍,但是这种模式的局限性也相当明显:作为任务参与人才培养同企业经营自主权可能产生冲突;这种性质的企业市场竞争力一般较低,难以具有先进性;参与人才培养主要是为学生提供实验、实习、实训便利,形式较为单一;学生感觉没出校园,合作培养效果低。因此,此种模式的实施需要保持企业的相对独立,尊重企业避免命令式安排,实习实训时间合理调配;同时,可以通过校办企业加强与外部产业界的联络,吸引外部企业参与学校人才培养。

(三)企业同职业院校共建二级学院

企业与职业院校共建二级学院,一般具有的特征是企业出资或部分出资;企业派员担任二级学院一定领导职务;二级学院以企业名称冠名;企业拥有一定管理权、决策权;企业除享有优先用人权还分享办学效益。此种情况下,职业院校同企业是一种紧密型合作关系,企业在较深层次上参与,企业全面、全方位介入人才培养。这种模式可能存在的问题是:企业的经营状况影响二级学院的命运;二级学院一般不具有独立法人资格,企业对大量投资有顾虑;单个企业的深度介入排斥了二级学院跟其他企业的合作。

在北京,企业联合职业院校共建二级学院的情形较多,主要有北京联合大学与北京焦化厂合作共建生物化学工程学院,与北京诺贝广告有限公司合作建设广告学院,与北京现代汽车控股有限公司合作共建机电学院;北京信息职业技术学院与新加坡信威技术有限公司合作创办华信技术分院;北京市经济干部管理学院与双鹤药业有限公司合作创办双鹤药业管理学院;北京农业职业学院与北京城乡建设集团合作共建北京农职院北苑分院;北京交通大学职业技术学院与北京市公交总公司共建清河职业技术分院等。在共建的二级学院中,企业一般全方位介入人才培养。

北京联合大学作为北京高等职业教育发展的网络中心和领头学校，与企业合作共建的学院数量最多，取得了卓越的办学成效。通过共建二级学院，不仅解决了资金、实习实训基地等问题，还加强了与企业的密切联系，吸引企业实质性介入学院人才培养的各项工作、各个环节，使高职人才培养符合企业需要，提高了高职学生的适应性和就业竞争力。

（四）企业参与建设专业

根据行业企业需求变化来设置和调整专业及专业方向是职业院校专业建设的重要原则。在北京联合大学，校企合作共建专业是一个比较普遍的现象，其管理学院与中国太平洋保险公司、全球华人保险行销集团等企业合作共建"保险营销"专业；生化学院与老字号企业——北京同仁堂集团合作创建"制药工程"专业等。北京轻工职业技术学院与北京星海乐器有限责任公司合作共建钢琴调律专业，成立专业指导委员会，并由全国调律师协会会长、北京海资曼钢琴厂总经理任主任。这种情况下，企业对于共建专业的参与是全面性的，包括专业定位、专业培养规格、专业培养方案、专业课程建设、专业教学过程与模式等。

（五）紧扣企业需求的校企"订单式"培养

"订单式"培养是指企业提出人才规格要求，学校与企业共同制订培养方案和教学计划，校企双方在师资、课程、理论与实践教学等方面合作培养人才，学生毕业后直接到企业就业的培养方式。订单式培养一般采用学生自愿、学校推荐和企业选拔相结合的方式，学校与企业签订合作办学协议。这种情况下企业参与人才培养一般非常具体，指向性明确；由于涉及未来员工的质量，企业的参与表现为高度负责，为实质性参与。

订单式培养需要加强对订单学生的管理，学校、企业、学生要签订三方协议，同时克服个别学生中"反正有了'婆家'可以放松一下"的不良思想倾向。比如北京财贸职业学院与北汽福田汽车股份有限公司签订合作办学协议，就汽车销售与服务和市场营销两专业在人才培养、专业教学、实习训练以及毕业生就业等方面进行合作，实行"订单培养"，建立"北汽福田人才培养模式"，双方共同确定人才培养标准和制订教学计划，共同确定和承担专业核心课程，共同检验和评价人才培养质量，开辟校企合作共谋发展的高职教育新路。

订单式培养在北京职业院校正逐步变得普遍，北京信息职业技术学院与北京燕东微电子有限公司合作，在电子信息技术专业组建"产学合作班"，由企业主导开发教学计划，双方共同实施教学与培训；北京联合大学机电学院与北京现代集团合作，2003年在机械工程与自动化和机电应用技术两个高职专业为现代集团定向培养20名学生，全部被企业一次性录用，并进一步与学院将用人意向签到了2004年和2005年。其他像北京吉利大学、北京城市学院等都有"订单"培养的情况。

（六）企业参与职业院校人才培养的一个或多个环节

企业在一定环节上参与人才培养主要指的是企业接受职业院校实习学生，为学校捐助实训设备，派出技术专家到学校任教设讲座等，这种情况非常普遍地存在于众多职业院校；在专业层面上参与人才培养通常是企业在某一专业同学校合作，实施专业共建，而企业对于共建专业的参与往往是全面性的，包括专业定位、专业培养规格与方案、专业课程建设、专业教学过程与模式等；企业出资同职业院校共同建设二级学院，企业一般全方位参与人才培养，也参与二级学院的管理与决策；企业直接投资设立职业院校也逐渐增多，此种情况下企业对学校拥有决策、经营、管理等方面的权力，学校隶属于企业，企业享有办学效益。这种校企合作大多属于非集中型，职业院校同企业或签有合作协议，或不签协议。企业一般在学生实习实训、师资队伍建设、课程改革、教学过程、毕业设计等环节较多地参与人才培养。

1. 企业为职业院校提供实习实训基地或参与校内实践教学设施场所建设

在高职教学诸环节中，加强实训教学和基地建设成为各校提高教学质量的关注重点。北京职业院校广泛与企业合作，在企业建立校外实训基地，校内实训基地也借助企业的力量建设。例如北京京北职业技术学院利用与企业的多年合作关系，建立17个学生校外实训基地。为保障实训基地的稳定性和实训效果，自1999年开始以怀柔区人民政府的名义为部分实训基地挂牌。区政府主管工业的副区长、主管教育的副区长为实训基地挂牌，国家教委及市教委领导多次到实训基地进行视察并给予充分肯定。在实训过程中，企业无偿提供设备及场地，并派出具有丰富实践经验的技术人员、能工巧匠为学生实习做指导教师，为学生更好更快地掌握实操技术创造了条件。

北京财贸职业学院仅商场经营管理专业的校外实训基地就有十多个，其中不乏知名商业企业，比如翠微大厦、北京亿客隆商业股份有限公司、亚飞汽车连锁总店、金伦大厦等；北京信息职业技术学院充分发挥背靠行业的优势，积极开展同企业的合作，与用友公司、中国教育电子公司、利国电子公司等多家知名计算机公司达成协议，将这些公司作为学生软件开发实践的教学基地。

北京轻工职业技术学院注重在校内专业教室和实训室的建设上与企业合

作，以获得企业的赞助和对人才培养的介入。其中，与 TCL 公司合作建立的 TCL—光环网络综合布线专业教室，与用友公司合建的北京高职第一家 ERP 实训室具有一定代表性。企业的参与和支持使校内实验、实训设备设施保持较高的现代化水平。

北京经济干部管理学院自 1999 年起与雪铁龙公司合作，在校内成立了雪铁龙汽车客户服务培训中心。雪铁龙公司提供先进的技术设备，学院组织优质的教育资源。通过资源整合与优势互补，为学生创设了先进而优良的实习基地，在北京市享有一定的知名度。

北京联合大学机械工程学院与美国 SDRC 公司合作，在投入仪器设备资金 48 万元的基础上，通过合作方式引进 SDRC 公司 150 万美元的工程软件，创建了"机械辅助设计与制造研究与服务中心"。学校以此为龙头建立了"智能制造实训中心"，为教学和实训提供从电脑绘图设计到数控加工中心的柔性加工集成系统的总体训练。

2. 企业参与课程设置与改革

课程的设置和教学内容的安排，直接决定着人才的培养方向和培养质量。与行业企业密切合作，及时了解行业企业对人才规格的动态需求，跟踪岗位的核心技术，确定专业的核心能力，设置专业的核心课程，建设专业核心能力训练的实践环境，成为技术应用型人才培养的必要条件。北京信息职业技术学院根据企业反馈，及时将 DBASE 数据库课程改为 FOXPRO 和 SQLSEVER 等新课程；北京联大商务学院"市场营销"专业根据行业专家意见，将对商务类专业十分重要的"市场营销学"课程，由原来的一门课程开成具有不同内容模块的 3 至 4 门课程。

3. 企业参与教学过程的实施

北京联合大学为了建设专兼结合的"双师型"教师队伍，注重从合作企业吸收专家、工程技术人员充实专业课教师队伍。联大化工学院自 1998 年便开始从北京化工集团总公司系统聘请兼职教师，其中有 7 位是高工或教授级高工，他们不仅直接参与学校的教学工作，甚至还承担了培养青年教师的任务。联大汽车运用工程专业学生在京现汽车技术服务有限公司实训期间，学校从公司聘请 3 名技术人员做兼职教师进行指导。由于兼职教师的指导能紧密结合生产实际，使学生对实训教学表现出极大的兴趣，收到了良好的教学效果。

北京财贸职业学院采取"走出去、请进来"的办学形式，积极吸纳企业人员研究专业建设和参与教学，甚至把教研室搬到企业。学院依托合作企业，走课堂教学、模拟训练与企业现场实践相结合的路径，同时建立开放式专业教学质量考核系统，实行板块式综合考核制度，采取教学人员和企业人员共同参加的模拟实务考核方式，实现企业界人士对教学考核与评价的参与。

北京信息职业技术学院大力推行"双证书"教育，把"双证书制"的培养目标纳入教学计划中。在推行双证书制的过程中，学校同行业、企业紧密结合，注重行业标准与专业课程教学的接轨，广泛听取企业人员对证书的评价和意见，尤其对企业开发的资格证书给予足够的重视。

4. 企业参与毕业环节

北京不少职业院校通过产学结合，搞好就业改革。校企双方共同设计组织学生毕业实习、实训和毕业设计，做到毕业实习、实训与上岗培训相结合，减少用人单位的培训环节和培训成本，使合作企业对毕业生的印象通过实习、实训的考察了解，能够做出比较客观的评价，顺利地接受毕业生。北京经贸职业学院、北京城市学院等还聘请企业相关人员到学校进行就业指导工作。

北京联合大学以合作企业作中介，帮助解决学生就业问题。与学校合作的企业在社会上往往与其他企业有着广泛的联系，它们能为学校的毕业生就业提供许多有价值的信息。一般来说，合作企业在同行中推荐毕业生，效果往往比较显著。2003年，与联大机电学院合作办学的北京现代集团，专门为机电学院举办了现场招聘会，扩大了毕业生的就业范围；与广告学院合作办学的诺贝广告公司和阳光百胜广告有限公司，对广告学院毕业生就业工作十分支持，它们对一时找不到工作的毕业生进行培训，培训结束后，愿意留下工作的毕业生，这两家公司都接收了；不愿意留下的毕业生，这两家公司还把他们推荐给其他的同行公司。当年，广告学院2003届毕业生初次就业率达到99.4%。

三、企业参与职业教育人才培养的主要问题与原因分析

（一）企业参与职业教育人才培养的主要问题

虽然已有各种不同类型的企业以多种形式参与了职业院校的人才培养，但目前与职业院校合作并参与人才培养的企业还只是少数，远未形成普遍参与的浓厚气氛。业已存在的企业同职业院校在培养人才方面的合作还远没有达到制度化、规范化和经常化，企业的参与往往是基于一时需要而产生的，或者因为个人因素（比如企业领导同学校有良好私人关系）而发生，而企业的人事变动、经营状况对企业参与人才培养影响很大，从而企业参与难以长期化，难以持续存在和不断改进。目前企业的参与较多表现为浅层次的，未能有机地融入高职人才培养中，校企多停留在一时一事的合作上，企业缺乏足够的主动性、积极性，类似作为旁观者而存在。企业进入职业院校人才培养决策、管理层次

的较少，参与层次总体不高。在众多职业院校的人才培养中，企业一般都没有达到全程、全面、全方位的参与，企业的参与往往仅是在人才培养的局部环节进行，没有贯穿所有环节。企业参与是高职人才培养的基本途径和显著特征，其重要地位没有得到更多应有的突出。

（二）企业参与职业教育人才培养的原因分析

企业参与高职人才培养涉及两个行为主体，即企业和学校，上述突出问题存在的主要原因既有来自企业的，也有来自学校的，还有企业参与机制方面的，同时外在因素和环境方面的原因亦不可忽视。

1. 企业方面的原因

总体而言，最关键的不在于企业怎样跟职业院校合作，以什么途径、形式参与人才培养，而在于没有突破认识上的不足与局限。很多企业认为培养人才是学校的事，企业不承担人才培养的义务，企业需要人才可以通过多种渠道获得，没有必要一定跟院校合作培养，而参与院校人才培养企业甚至需要付出更高成本。还有企业认为自身以营利为目的，外在的竞争压力非常大，没有精力参与职业院校的人才培养，等等。

2. 职业院校方面的原因

一般都认识到了吸纳企业参与人才培养的意义，但未能在更广阔的视野上看待企业参与问题，没有从战略高度认识企业的参与，从而只是一般性地吸纳企业参与，校企合作的深度不够、层次不高。不少学校陷入计划经济体制下形成的"以我为主"的惯性思维之中尚未摆脱出来，缺乏换位思考，不能更多地为企业着想，不去主动地研究企业、服务企业，导致企业感觉"无利可图"，纷纷退却，无意参与培养。

由于职业院校同企业合作，吸纳企业参与培养人才是一项全新的教育模式，必须克服学校教育教学领域原有的诸多障碍和不利因素，比如教学管理制度要更加灵活和柔性化，教学组织形式更加灵活多样，教师聘用更加开放等，职业院校适应企业参与的这些教育教学改革还普遍没有跟上，致使一方面难以吸引企业参与，另一方面即使有了企业参与，合作培养人才的过程也不可能顺畅。

3. 参与机制方面的原因

企业同职业院校合作并参与高职人才培养，学校和企业作为不同性质的利益主体，追求"自身利益最大化"，难免出现利益不一致、不对称、不协调的问题，从而校企之间建立互惠互利的利益机制和相互沟通、彼此协调的运作机制就至关重要，是企业积极、长期、持续、顺畅地参与人才培养的重要基础。但目前对许多职业院校而言，真正有效的校企合作机制尚在摸索之中，不少学校积极探索，形成了一定的思路，积累了一些经验，但远不够完善，亟待进一步提升。

4. 外部因素和环境条件方面的原因

由于有关产学合作的法律法规及配套政策没有出台，仅有的相关政策法规操作性差而无法落实，企业参与职业技术教育人才培养既无压力也没动力，即既没有相关法规对企业施以约束，也没有优惠政策加以驱动。从根本上讲，目前政府在推动企业参与人才培养方面的作为性低，甚至表现为功能缺位，成为影响企业参与的重要因素。另外，联络企业和学校、与政府也进行沟通的产学合作中介组织没有形成，也是不利于企业参与的外部因素。

四、职业院校吸纳企业参与必须开阔视野、创新思路

真正解决企业参与职业院校办学中存在的突出问题，使高职人才培养中的企业参与成为普遍和常态，并不断深化、改进，走向良性可持续发展，企业、学校、政府需三方互动、共同努力。企业应提高认识，政府需提供政策支撑，作为人才培养主体的职业院校更要积极应对、有所作为。首先，职业院校在吸纳企业参与方面应开阔视野、创新思路。

（一）以更广阔的视野看待企业参与办学

职业院校要以更广阔的视野看待企业对高职人才培养的参与，把企业广泛深入参与上升为学校发展的一种战略，看作是高职人才培养模式的重要组成部分。

（二）开展与企业的多元化合作

职业院校应该同多个企业建立合作关系，吸纳不止一家的企业参与人才培养，追求面向社会的开放办学，使学校融入社会，尤其跟企业界建立水乳交融的产学互动关系。跟不同企业的合作关系可以是紧密型，也可以是松散型，具体可以根据需要和双方意愿而定。

（三）增强在产学合作中的主动权

不论企业以哪种情形参与人才培养，职业院校都需要增强在产学合作中的主动权，要开阔思路、有所作为。吸纳企业的参与，彼此间是合作而非依赖。

职业院校相互之间还可以联合起来，以增强实力，建立高职学校联合体同企业合作，提高企业资源在用于人才培养上的使用效益，扩大企业的影响，提高企业参与的积极性。比如，在实训基地建设、建立教育科技园等方面都可以实行这一策略。

（四）加强同行业协会的联系与合作

个别企业对人才的需求在一定时期内是有限的，企业自身实力也往往有限，经济效益不确定，参与办学规模不可能太大，同行业合作则有利于克服上述局限性。行业协会对行业内的企业实力、经营状况、发展前景、产业格局、人才需求较为了解，职业院校加强同行业协会合作，有利于产学合作教育的稳定与长远发展。

五、适应企业参与职业院校必须实施教育教学改革

（一）办学观念上实行变革

一是要树立正确的高职人才观。要瞄准企业需求，真正培养企业需要的人，提高人才培养的针对性、适应性。在人才培养的目标定位、培养过程、培养模式等诸多方面，克服同企业相脱节的问题，及时了解企业对人才质量的需求，确立人才质量定位。

二是要树立开放办学观。破除封闭办学，要走出去、请进来，跟产业界紧密联系，确立没有企业参与就难以办好高职教育的思想。高职学校要有机融入社会发展、经济建设和市场需求之中，转变计划经济条件下"以我为主"的办学观念，密切关注行业、企业需求与动向。

三是树立教育教学的服务观。职业院校应认识到学生和企业都是自己的服务对象或客户，学生是教学的过程客户，企业是办学的目标客户，学校的一切工作都必须依据学生、企业的需求意向提供最好的教育教学服务。树立教育是服务的理念，从单一的人才培养转变到为社会、为企业服务的观念，充分挖掘自身教育资源的优势和潜力，为参与办学企业积极提供全方位、多层次的服务，主动研究企业、关注企业，在适应企业发展的需要方面有所作为。

四是树立经营观。把人才培养看作是产品生产，牢固树立市场意识；把企业的经营理念、质量意识和品牌意识等移植、借鉴到学校运作与发展中，变"管理学校"为"经营学校"。

（二）教学实践行动上实行变革

职业院校要由传统职教模式过渡到现代职教模式，彻底打破传统的学科式

教育模式。以就业为导向，注重技能培养，紧贴企业需求，实施多样化、灵活、开放的人才培养模式，培养目标与用人标准相协调，专业设置与企业需求相协调，技能训练与岗位要求相协调。把教育教学与生产实践、社会服务、技术推广相结合，加强实践教学和就业能力培养，加强与行业、企业、科研和技术推广单位的合作，探索针对职业岗位群需要的、以能力为本位的课程模式，推行"订单式""模块化"教学改革。

（三）采取灵活的、柔性化的教学管理制度，推行学分制和弹性学制

灵活的教学方式和教学管理制度，不仅为求学者提供了便利，也有利于企业的参与和介入。校企合作的运行必须遵循学校教育教学活动规律和企业生产经营活动规律。双方在时间和空间上的协调安排，是企业参与培养人才顺利运作的基础，也是制订专业培养方案的依据。尤其是在校外实践教学环节上，教学运行安排要服从于企业的生产经营活动规律，教学计划的实施必须有一定的灵活性。

职业院校应大力推行学分制和弹性学制，实行多种学制并举和可以分阶段完成学业。学年制条件下的产学合作教育，在工作学期的学生安置上存在极大困难，不利于企业参与，必须实行向学分制转变。学习年限方面，学生由于需要较长的时间在校外实习，整个学习的时间则需要相应延长，允许学生推迟毕业，同时积极探索"半工半读""工读交替"等学业完成方式。

（四）改革教师聘用与教师评价制度，优化教师结构，加强"双师型"教师队伍建设

职业院校应推行教师全员聘用制，教师聘任能进能出，打破教师引进主要来自高等学校的单一渠道，注重从各种行业、企业引进工程人员、技术人员、管理人员等充实师资，实现教师队伍来源的多元化。不断扩大兼职教师队伍，使之逐步占据更大的比重。同时，进行教师评价制度改革，对具有"双师"能力和素质的教师在职称评定、晋升职务时优先考虑。建立专职教师定期到企业实践或挂职制度，使教师及时掌握企业生产经营、技术发展的最新动态，充分发挥企业在职业院校教师队伍培养与建设中的重要作用。

（五）制订产学结合的专业教学计划，革新教学过程和教学活动方式

在制订教学计划时，加大实践教学的比重，构建文化基础、专业基础两个平台加职业选项为架构的教学计划，将职业资格认证和技能要求融合到专业教

学计划中。在实施中，强调理论教学与实验、实习、实训融为一体，强调"真刀真枪"实际作业训练。切实考虑产学合作教育的需要，采用有利于企业参与的教学组织形式，在教学组织上安排好企业实习、实训时间，并给予政策保障。理论课堂也可以搬到实训基地，采取理论教学和实践教学相结合的"一体化"教学模式。

采用"行为导向"的教学活动方式，以培养胜任工作岗位的能力为教学目标，把能力本位教育思想全面贯穿于教学过程。教学方式上，从"以教为主"逐步向"以学为主"转变。教学过程以学生为中心，学生在做中学、学中做、边做边学，教师则担当组织指导者、工作伙伴和咨询员的角色。

六、建立健全校企合作的有效机制，促进企业参与的良性可持续发展

校企合作机制是指校企合作系统的构成要素及其互为动力、互相制约的关系。企业能否持续参与高职人才培养，企业与学校的合作能否良性健康发展，机制至关重要。其中，最为突出的是利益动力机制和运行保障机制。

（一）建立和改进企业参与的利益动力机制

企业参与高职人才培养，职业院校从中受益相对更为显而易见，直接的和间接的、眼前的和长远的都十分明显。但是，作为合作另一方，企业的受益情况则是校企合作培养人才能否长期持续的关键所在。必须认识到，企业和学校存在利益关系的同时，各自的利益点又是有所区别的。学校追求提高教育质量和办学效益，培养切合社会需要的人才，而企业的最终目标在于经济效益，在于利润最大化，从而企业与学校之间建立非竞争合作关系的同时，又存在利益上的不一致。

另外，企业同学校建立合作关系，参与高等职业教育人才培养，从长远看，必然有利于企业发展；从短期看，或以直接的角度看则未必尽然。这些方面都会影响企业的积极性，导致企业参与动力不足，校企合作不能持续发展。因而，不断改进校企之间的利益关系，切实建立企业参与的动力机制也就成为必需，而开拓此项工作的能动者主要在于学校。

职业院校必须认识到企业参与高职人才培养的出发点是多方面的，必须学会换位思考，切实照顾到企业一方的利益。不仅照顾到企业的长期利益、间接利益，也照顾到它们的眼前利益、直接利益。不同的企业参与高职教育出发点会有不同的侧重，有的想要人才，有的想要技术支持，有的则想要声誉，等等，不一而足；同一企业在不同时期的出发点也会有所不同。学校应尽其努

力，只要企业的要求是合理的，就应尽可能予以满足。这方面不少职业院校已经作出了良好尝试，比如给参与企业以冠名权，以企业名称命名二级学院、系、专业或班级；又比如当企业遇有紧急生产任务，暂时人力短缺，学校派学生甚至教师顶岗，等等。作为学校一方，应允许企业在合理的范围内追求经济效益的现象存在，并尽可能通过学校促使企业直接或间接的获利。

在校企合作中，任何单向援助或过分依赖对方都不利于企业的参与，职业院校要在同企业的合作中不断实现实力的增长，跟企业结成新型伙伴关系，互惠互利，相互支持，共同发展。学校还要克服一时一事上的互惠互利，把教育、科研等各个领域的合作结合起来，靠综合效益去体现互惠互利。学校在办学过程中得到企业多方支持的同时，学校也利用自身优势多方面积极为企业服务，逐渐成为企业离不开的好伙伴。如此，就在更高层次上解决了企业参与的动力问题。

（二）完善企业参与的运行保障机制

一是组织和人员保障。职业院校要专门成立校企合作的管理协调机构，在名称上可以叫产学合作委员会，或合作教育指导委员会等，设立秘书处作为常设机构，配备高素质专职工作人员。产学合作委员会一般可以由学校领导、企业领导、行业协会负责人、企业技术专家、学校资深教师等组成，制定一定章程，规定该组织的目标、任务、职责、工作制度等。在系一级也设立组织协调机构，在专业层面上则建立专业指导委员会，形成"院—系—专业"三级组织体系。

对于以资金投入参与高职办学，企业同学校建立紧密型合作关系，企业全方位、深层次参与到高职人才培养的情况，在组织管理方面不妨通过"双轨制、系统化"模式协调企业参与的运作，具体见图4-1。

二是契约、制度保障和项目落实机制。学校同参与人才培养的企业订立校企合作人才培养协议书或产学合作教育议定书，规定校企双方的权利、义务、合作形式等，用以规范合作教育行为，把企业参与培养纳入法制化轨道。在人才培养协议书的基础上，制定相关制度、规定、办法，比如《企业人员担任兼职教师管理规定》《实训基地兼顾生产、安排学生实习实施办法》《毕业实习鉴定考核规定》等。这些相关文件体系的建立，为企业参与人才培养提供了可靠的制度保障和工作体系保障，并使得培养目标明确，教学过程可控，切实保证产学结合人才培养的质量。同时，以一个个具体的产学合作教育项目的形式落实企业的参与。

三是考核与评价（激励）机制。除了对合作教育机构和工作人员的考核之外，考核与评价主要针对企业参与合作教育的实施过程、实施成效以及人

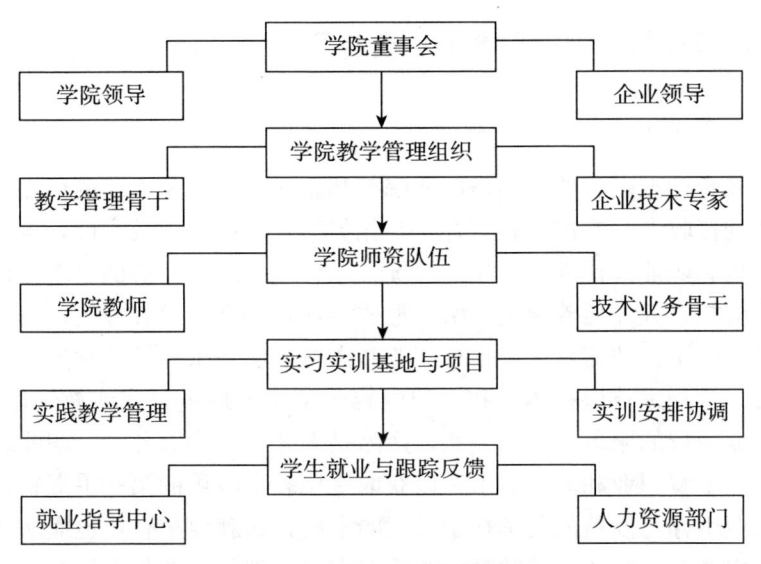

图 4-1　模拟企业运作模式

才培养质量进行。考核评价的结果要公布，特别是把不同专业、不同合作对象的考核结果一起公布，以起到激励作用。考核之后，定期表彰先进合作教育单位，表彰在合作教育中成绩突出的企业和校方人员，把对合作教育的贡献纳入整个学校以及企业年终考评的内容中，从而激励校企员工参与教育的积极性。

七、构建职业教育产学融合人才培养模式

（一）职业教育产教融合人才培养模式的基本内涵

职业教育产教融合人才培养模式是指职业院校在培养人才过程中，同产业界密切联系，与企业紧密合作，以培养学生的全面素质、综合能力和就业竞争力为重点，充分利用学校和企业两种不同的教育环境和教育资源，两者优势互补，采取课堂教学与学生参加实际工作有机结合的方式，培养适合企业需要的技术应用性人才的教育模式。

产教融合教育同人们通常提到的"产学研合作"意义上有所区别，产学研合作涵盖的意义大于产教融合教育，不仅包括高等学校同企业、科研机构合作培养人才，还包括在技术研发、推广等方面的合作。"产学研工程"重点是项目研发、科技成果推广，而产教融合教育的重点是培养人才。

（二）职业教育产教融合的主要特征

1. 工学结合，共同参与

职业教育产教融合的主体是职业院校和企业，一个是人才的输出者，另一个是人才的接收者，它们互相依存、互相促进。对职业院校来说，第一，要根据行业结构和职业岗位发展变化的情况，结合地方经济发展的要求，以及学校自身的优势探索人才培养模式，努力形成多样化的人才培养方案；第二，学校要深化教学改革，按需育人，根据职业和岗位发展需求和培养学生技术应用能力的需要，合理进行课程体系和课程内容改革，合理进行实践教学体系改革；第三，职业院校的服务对象是企业，产品是人才，作为服务者，职业院校应主动深入企业了解职业和岗位需求，以获取深化教学改革的第一手资料。而企业及相关行业生存与发展的关键在于员工的素质，这就要求企业也应从自身的需要出发，主动介入职业院校的教学改革与实践，把不断变化中的企业对人才知识结构、能力结构和素质的要求，体现到学校的教学改革方案中去，这样企业就可以源源不断地从职业院校招聘到称心如意的技术应用性人才，进而增强自身生存和发展的能力。

2. 互惠互利，平等受益

产教融合教育在某种程度上是一种利益驱动的合作，存在着利益上的协调与制约。这种制约不是相互之间的牵制和对抗，而是要求彼此相互适应。在市场经济体制下，产教融合进行人才培养的各方都是独立的利益主体，开展产教融合对各方都有一定的好处，这就需要建立互惠互利的利益分配机制。按一般的分配原则，即以义务与权益的关系而论，首先应明确合作方在整个过程中所承担的义务和职责，并以此为基础确定合理的权益，这就需要彼此间进行反复的磋商。其次，随着合作后运行条件的变化，合作双方在适当的时候，还必须对所确定的权益做出适当的调整，合作者相互之间应以公正、谦让的姿态对待分歧。合作的各方在成果分享、利益分配上必须尊重对方的利益。虽然不是一时一事的纯粹等价交换，但长远利益上，资源交换应体现价值双向平等受益。

3. 伙伴关系，优势互补

产教融合在选择合作伙伴时应遵循的原则是：合作者们要具有共同的目标、共同的意向和意愿，更重要的是合作双方要能够优势互补，使得"1+1＞2"。产教融合中要注重发挥各自的优势，以弥补各自的劣势，共同发展。一般来说，应把学校的智力优势与企业的资源优势结合起来，学校作企业智力的后盾，企业为学校提供回报支持。

4. 相对稳定，评价考核

产教融合在选择合作者时，切忌随意性，带有随意性的合作机制，其生命必然是短暂的。因此要选择合适的产教融合对象，建立相对稳定的产教融合委员会或小组，切实推进双方合作，维护双方共同利益。同时，对产教融合培养人才的过程和效果进行分阶段评价考核。

5. 共守协议，落实计划

职业教育产教融合双方应建立权利和义务对等的协议，建立旨在推进产教融合机制的一系列制度，只有双方共同遵守这些协议条款和制度，职业教育产教融合运行机制才会在平稳中推进。同时，双方还可以建立诸如合作委员会或小组，建立联席会议制度，不断修改双方的协议。在签订协议或制定制度时，可请双方上级主管部门负责人参加，给予见证，给予支持。

（三）推行产教融合乃发展我国职业教育的必由之路

1. 产教融合办学有利于改善职业教育的办学条件

职业教育培养技术应用性人才，对于办学条件的要求相当高，需要大量的投入。然而，办学经费短缺，办学条件落后恰恰是许多职业院校面临的老大难问题。通过与产业界加强联系，同企业部门紧密结合，是职业院校解决实习实训设施、设备、场所，实现教师队伍向"双师型"转化的重要途径。而且，在学校同企业合作达到一定阶段时，企业甚至直接向学校投入资金，在更高层次上参与到人才培养中去，企业拿出一定资源供学校用于人才培养，可以极大地缓解学校资源条件不足的困难。

2. 产教融合教育能够解决职业院校的育人模式问题

职业教育的类型和培养目标决定了职业院校必须建立一种不同于学科性大学的新型人才培养模式，这种新型人才培养模式培养出的技术应用性人才不仅要具有工作岗位所要求的职业技能，还要具有相应的职业道德，它必然要求学校和企业两个育人环境相结合才能真正培养出这种人才。在某种意义上，没有产教融合，没有企业对人才培养的参与，就难以办成职业教育。因此，校企结合是职业教育的本质特征，产教融合教育是职业院校的根本性育人模式。

3. 产教融合能够提高高职毕业生的就业水平，有利于解决职业教育的就业问题

伴随着高等教育不断扩招，毕业生就业难度逐步加大，成为一个备受社会关注的问题。职业教育在整体高等教育中占据半壁江山，高职毕业生就业更是重中之重的问题。通过产教融合，一方面有利于培养出技能熟练、符合企业需求的人才，另一方面校企结合还能直接有助于高职学生的就业，比如"订单式"人才培养。自职业教育"以就业为导向"，大力推行产教融合教育以来，全国高职毕业生就业率不断提高，由不到50%提高到70%以上，这也说明产教融合对于促进高职毕业生就业的重要意义。

（四）突出企业参与创新职教产学融合人才培养

在产学合作培养技术技能人才的过程中，企业一方的积极全面参与至关重要，没有企业的参与甚至难以真正办好职业教育。围绕职业院校人才培养的几个主要环节，以企业需求为主导，以企业参与为特征，创新高职产学结合人才培养模式。

1. 环节一：专业设置与建设

（1）依托行业，紧贴企业需求开设专业。职业院校新专业的设立必须具有稳定可靠的行业背景。对企业用人需求进行实际调查、访谈，掌握企业技术技能型人才需求的职业岗位和数量，根据职业岗位确立开设专业或方向，根据人才需求的数量确定专业招生规模。广泛征求企业负责人、人力资源部门人员的意见，举行专业设置校企论证会。订单培养人才的专业则应主要由企业提出。

（2）企业参与专业培养目标的确立和培养方案的制订。职业院校在确定设立某一专业后，必须进一步明确经过该专业培养造就的人才应当具有怎样的知识、能力结构、综合素质和职业技能，这也就是专业培养目标。有了培养目标，还需要订立人才培养方案，包括修业年限、课程结构、教学计划、毕业设计等。

专业培养目标和方案需要征求企业人士的意见，进行认真论证，同时将高职教育纳入企业人才资源开发系统之中，根据企业对人才需求的变化不断调整人才培养目标。

（3）企业参与建立健全专业动态更新和调整机制。经济社会中的职业岗位不断发生着变化，职业院校必须结合技术领域和职业岗位（群）的实际要求与变化及时调整专业设置或专业培养方向。专业设置的这种动态更新必须依靠企业人士的参与，通常通过建立由行业人员、企业经理、工程技术专家、管理人

员等参与的专业顾问委员会，形成定期例会制度，对专业或专业方向的调整进行研究讨论，决定专业增减和整改，乃至专业培养计划的调整。

2. 环节二：课程设置与开发

（1）参照企业建议和要求，依据有利于形成面向一定职业岗位需要的专项能力实施课程设置。设什么课、不设什么课应以由企业专家等参与的专业指导委员会为平台，多方征求企业人士的意见，听取行业企业对专业和技术课程设置的要求。根据一定专业所需要的各专项能力，与企业界人士一同分析形成各专项能力的知识点和能力点，以其所需的知识点和能力点为主线设计教学单元，再对教学单元进行归纳、合并，形成一定的课程体系。

（2）吸收企业界人士参加，以倒推法进行课程开发。在课程形成过程中，征求企业相关人员意见，根据社会发展和企业经营管理的实际，把产业发展中的新知识、新技术、新工艺和新方法加以选择和提炼，进入到相关课程中。同时，依托课程建设咨询机构，保持课程开发设置的动态更新机制，根据产业界中先进的技术发展成果和企业对先进技术的需求对课程及时调整。在这方面可以借鉴澳大利亚的做法。澳大利亚 TAFE 学院（澳大利亚的职业院校）根据全国行业组织对人才数量及能力要求的预测，由地方教育部门和行业组织审核确定开设专业。课程的调整以行业组织制定的能力标准和国家统一的证书制度为依据，并根据劳动力市场变化来调整；课程的开发则以行业顾问委员会制定的经国家培训局批准后颁发的培训包为依据。

（3）企业参与教材建设与更新。职业院校一方面可以在编写教材的过程中直接吸收企业相关人员加入，以生产流程为中心整合课程内容，与企业界人士合作编写教材；另一方面同企业建立教材改进机制，紧密结合企业生产实际，及时跟踪先进技术的发展，实现专业教材的快速更新。

3. 环节三：教学过程与实施

（1）以教学顾问委员会为平台，吸纳企业参与教学计划的制定与调整。职业院校可以成立由企业技术专家、工程人员、部门负责人等参加的教学顾问委员会，作为常设机构定期举行例会，研究和制订教学计划。在教学计划的设计上紧紧围绕企业需求和职业岗位要求构建，将职业资格认证和技能要求融合其中。教学计划同时保持一定弹性，教学内容则根据企业方面的建议或要求适时调整和更新。

（2）理论教学与实践教学有机融合，扩大企业参与教学实施。职业院校的实践教学离不开企业的参与，而理论教学也应更多地考虑企业的参与，可以将理论课与实践课教学有机融合，根据需要在企业工作现场实施。在教学实施中，实行课堂教学与现场教学相结合，扩大现场教学，改善教学效果，强化学生在真实生产环境中的技能训练。充分利用企业内部教学课堂，由企业专家介绍更复杂的知识和技能，对学校教学内容起到补充和加深作用。

（3）革新教学方法，课堂教学紧贴企业生产经营实践，便利企业参与。教学方法上可以较多地尝试采用案例教学、模块教学、单元培训、项目教学等多种形式，或相互结合，要切实体现出能力形成和技能训练的需要。具体实施中可以依据企业生产经营中的问题和实践进行设计运作，比如在项目教学中通过合理的教学安排，选用有开发设计经验的人员围绕企业实际设计教学项目，然后由具有丰富教学经验和较强表达能力的教师围绕项目内容进行教学。

（4）借助企业力量建设"双师型"师资队伍。"双师型"的师资队伍也需要围绕企业的参与来运作。更多地吸收企业工程技术人员、经营管理人员承担教学任务，根据学校与企业实际及个人意愿聘为兼职或专职教师。他们具有扎实的专业知识、丰富的实践经验，而且能把企业的生产、经营、管理及技术改进等方面的最新情况与学生所学的内容紧密、及时地结合起来。此外，学校同参与企业达成协议，建立校内教师企业轮训制度，或到企业挂职顶岗，或参与合作企业的实际项目，淡化理论课教师和实践课教师的界限，实现教师由"教学型"向"一专多能型"的转变，以此保证和提高整个师资队伍的实践经验和专业技能水平。

4. 环节四：考核与评价

（1）企业成为考核评价主体，并参与订立考核标准。职业院校对学生的考核评价由以学校为主转变为学校和参与企业共同考核，实习、实训等实践教学环节主要由企业考核。无论是理论教学还是实践教学，都普遍实行教考分离，企业或行业人员参与考核。逐步实现评价主体的转变，尝试建立企业主导的考核评价模式，并以之带动学校的教育教学改革。

职业院校必须以技术应用能力为主线设计学生评价体系，考核内容依据应是企业岗位能力标准或职业资格标准，并由企业决定这些标准。考核评价同证书相结合，考试获得通过者可以拿到相应的行业资格证书或企业上岗证书。

（2）相应实行考核方式多元化。革新考核方式，逐步由以笔试为主过渡到实操考核占更大比重，加强仿真模拟、现场操作等考核方式。可以尝试以任务式的"课业"取代笔试作为期终主导考核手段，将学生完成的课业作为成果对学生做出评定，而课业是根据课堂学习中反映出来的专业知识和专业能力，设定的某一让学生执行的具体任务。另外，在考核实施的场所方面应实行校内校外相结合，课堂现场相结合，逐步加强现场考核方式。

5. 环节五：毕业与就业

（1）吸纳企业全面介入毕业环节，为学生顺利就业创造条件。高职学生的毕业环节主要包括毕业实习和毕业设计。毕业设计与实习相结合，鼓励学生深入企业寻找课题，毕业设计的内容从企业实际出发。由学校教师和企业技术人员共同担任指导教师，企业人员参与学生的毕业设计的指导、答辩，并由行业企业的专家给毕业设计评定成绩。

实行高职学生毕业与就业紧密结合的策略，在毕业环节亦体现出高职教育的就业导向特征。通过在企业进行的毕业实习和紧贴企业开展的职业设计，为企业和学生的双向选择提供机会，企业对满意的学生达成聘用意向，从而实现从毕业到就业的"零过渡"，"实践基地"变成"就业基地"。

（2）企业参与就业指导与推荐。在毕业生就业工作上，职业院校可以跟合作企业达成意向，由企业为学校提供就业信息，提供行业企业对人才素质要求的变化及人才需求的信息，帮助宣传学校毕业生的情况，向有关企业推荐毕业生，参加毕业生工作会议，对毕业生工作提出建议。聘请企业人事主管到学校开展讲座、咨询，参与毕业生的就业指导和就业推荐，直接介入对毕业生的就业教育。

6. 环节六：人才培养跟踪与反馈

职业院校人才培养的跟踪调查一般分两条线进行，一条线直接面向毕业生本人进行，一条线面向用人单位进行。两条线相结合，加强对人才培养的跟踪调查。职业院校可以通过问卷调查、访谈、座谈会等形式向企业多方面了解毕业生的使用情况以及企业对毕业生的评价。

充分利用与企业的合作关系，同接收毕业生较多的企业的直接用人部门和人力资源部门建立紧密联系，形成反馈机制，多方听取他们对高职人才培养的改进意见，把提供毕业生使用反馈明确作为合作企业参与人才培养的重要一环。通过调查反馈，掌握毕业生能力素质同企业需要的切合程度和差距，寻找原因，分析问题出在人才培养哪些环节，为下一周期人才培养的决策包括专业调整、课程设置、教学改革等提供依据。

以上在六个环节上，紧紧围绕企业参与勾勒了职业院校人才培养的全过程，初步构建了以企业参与为突出特征的人才培养模式。六个环节以专业设置为起点，经过课程、教学、评价、毕业、反馈，最后又回到专业设置与调整，形成一个人才培养的闭环系统，且处处体现出企业的参与，示意图参见图4-2。

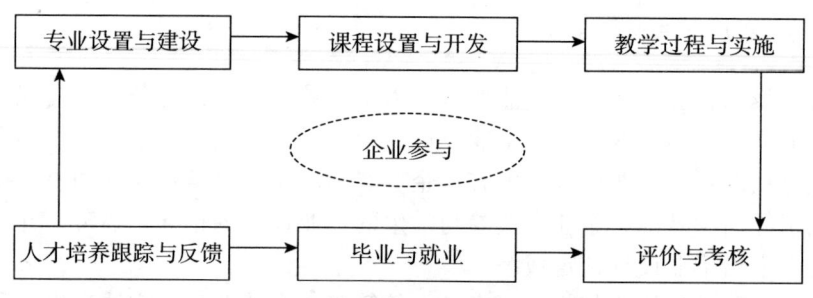

```
专业设置与建设  →  课程设置与开发  →  教学过程与实施
                      ↓
                   企业参与
                      ↓
人才培养跟踪与反馈  →  毕业与就业    →  评价与考核
```

图 4-2 以"企业参与"为特征的高职人才培养闭环系统

八、政府在促进产学融合教育中的作用发挥

政府在促进产教融合教育的作用发挥上不可或缺。政府介入产教融合，则企业参与人才培养的力度将加大，校企合作才能在更广范围和更大深度上推行，对于具有行政主导性质的我国社会而言十分明显。在国外，许多国家的政府都非常重视对产教融合教育的大力推动，并相应采取一定的措施手段加以落实。在日本，产教融合教育又叫作"产官学"合作，政府直接介入和协调学校同企业合作培养人才的工作，甚至发挥着主导作用。归结起来，政府在促进职业教育产教融合的作用发挥上应从如下几个方面着手。

（一）积极倡导和鼓励企业介入产教融合教育，参与高职人才培养

政府应对行业企业介入产教融合教育予以充分重视，同时大力倡导，加强宣传，形成共识，营造企业普遍积极参与的良好氛围。政府应认识到人才培养不是教育部门一家的事，关起门来办学难以培养真正符合社会需要的人，尤其技术技能型人才的培养离不开行业、企业的积极参与。教育系统要开放，要有机地融入社会大系统中，社会各界都对人才培养贡献力量。在培养技术技能型人才方面，教育部门应跟劳动部门、产业管理部门积极配合，相互沟通，协调一致，共同发挥作用，引导企业参与人才培养。相对于学校而言，政府出面更能引起产业界的重视和响应。政府可以通过倡议书、会议等形式推动行业企业对产教融合教育重要意义的认识，通过为参与企业挂牌，授予企业助学先进单位等方式促进企业介入产教融合教育。

（二）积极出台相应法律法规

国家要制定配套的法规体系保证职业教育院校与企业的合作，保证行业企业对产教融合教育的介入和参与。企业参与合作教育的权利与义务、参与过程的顺利进行、参与人才培养中企业正当权益的保护等直接影响企业的积极性，

政府不能仅停留在积极倡导上，还需要制定相应的法律法规，将行业企业参与职业院校产教融合教育作为企业的责任和义务用法律的形式固定下来，同时明确校企合作双方的权利、义务，用以指导、规范企业参与合作教育的顺利实施。

通过立法推动企业参与职业院校产教融合教育，促进职业技术人才培养，是许多发达国家的成功经验。1964年英国政府颁布《产业训练法》，依据该法成立了以企业代表等组成的产业训练委员会，该委员会有权在部门系统中集资或拨款以资助企业外职业技术教育与培训，突出了企业在职业技术教育和训练中的地位。1994年，时任美国总统克林顿分别签署了《2000年目标：美国教育法》和《学校—工作多途径法案》，把学校和企业的合作作为高等职业技术教育的一条根本原则，促使工商企业与职业院校进行深层次合作。发达国家出台法规，要求企业参与职业院校产教融合教育甚至带有强制性。比如日本政府在法律条文中规定企业必须承担一定的教育经费并接受职业学校安排学生到企业工作；美国制定的《职业教育法》等，明确规定企业必须参与职业技术教育；法国颁布的《高教指导法案》和《高等教育法》则要求企业参与职业技术院校的教学和管理。完备的法律和制度保障，是各国企业参与职业院校产教融合教育的重要依据。

我国已颁布《职业教育法》《高等教育法》，为进一步促进和规范行业企业对职业院校产教融合教育的参与，应在这些法律中订立职业院校与企业合作的条款。同时，企业法律法规也应就产教融合教育作出相应修订。另外，国家应尽快制定产教融合的专门法规，各有关部门也应根据国家的政策规定，结合具体情况，尽快出台产教融合条例及其实施细则，以规范和约束校企双方的合作行为，明确各方的权利和义务。政府管理部门也应就企业免费接受学生实习和参与合作教育、合作协议的签订与执行，产学双方人员双向流动与兼职、收益分配与风险违约责任等一系列问题制定相应的法规和管理办法，逐步建立健全产教融合教育的法律法规体系。只有通过法律法规的制定和不断完善，才能确保职业院校与企业的合作有法可依。

（三）精准制定相关政策

政府出台有关校企合作的政策措施，对行业企业参与职业院校产教融合教育做出政策规定，能够督促、指导、规范企业介入职业技术人才培养。国务院发布的《关于大力发展职业教育的决定》提出：要"大力推行工学结合、校企合作的培养模式"，明确"依靠行业企业发展职业教育，推动职业院校与企业的密切结合"，并规定"企业有责任接受职业院校学生实习和教师实践。对支付实习学生报酬的企业，给予相应税收优惠"。"足额提取教育培训经费，主要用于企业职工特别是一线职工的教育和培训"。教育部、国家经济贸易委员会、劳动和社会保障部发布的《关于进一步发挥行业、企业在职业教育和培训中作用的意见》提出，鼓励企业根据实际需要单独、联合或参与举办职业技术院校，但是企业如何在机制上、在社会角色上、在经费投入等方面实质性地介入职业技术人才培养，尚没有更为具体的、可操作性依据。根据国外经验，政府还应在如下两个方面制定并落实政策，切实推动企业参与职业院校产教融合教育：

（1）出台政策，以财政、金融、税收等手段引导企业与学校合作培养人才。这方面的政策包括：为激发产教融合双方从事合作的积极性，政府允许企业将合作教育费用计入成本，并对开展合作的双方给予财政补助；对于企业为职业技术教育所提供的资助和捐赠，可在企业应该交纳的税额中扣除；规定参与校企合作兴办职业教育的企业可以享受税收优惠，而未承担校企合作任务的企业则要按职工工资总额征收一定比例职业教育经费，由国家教育行政部门统筹安排。这些方面国外有很多可资借鉴的经验，比如美国政府在金融和税收上提供优惠，鼓励企业增加对大学的投资，吸收更多的学生参加那些需要大量人员共同探索的科学和工程领域，以利于培养未来工业需要的人才；克林顿政府，为落实《学校—工作多途径法案》，鼓励企业向职业技术教育投资，采取了一些激励措施，如实行培训税、向培训青年工人的企业提供工资补助金、向提供工作实习岗位的公司实行税收减免优惠政策等。在加拿大，有的省规定对参加合作教育的雇主适当减免税收，一个完整的（有严格标准）合作教育岗位一个工作学期可以给雇主减免相关费用的 10％或返还 1 000 加元。

（2）制定奖励和拨款政策。为使企业更积极有效地介入产教融合教育，政府可以出台相关奖励政策，比如设立政府奖，对能够积极参与的企业给予经费奖励和挂牌奖励；给予到职业院校担任专、兼职教师的企业工程技术人员、管理人员和有特殊技能的人员以优厚的待遇。在西方国家，政府设立各种奖励形式，鼓励职业院校与企业之间的人员交流：德国政府规定，凡向企业流动 2 年以上的大学科研人员，可得到相当于一年工资的资金，还享有福利优惠，对于由企业流入高校的工程技术人员也同样在工资、福利和退休条件等方面给予优惠。

利用拨款机制促进企业界与学校合作也是一项重要手段。英国政府于 1982 年设立教育与工业或商业联合奖，奖励在增强产品竞争力方面获得优异成绩的大学与企业的联合组。德国政府教育和科学部采取发放附加费的办法，大专院校获得附加费必须从工业界那里获得资助。美国自 1965 年至 1992 年的 27 年间，为合作教育基金拨款 3 亿多美元，用于启动、加强和改进合作教育，还通过全国科学基金会和各州的补助资金，引导和加强大学科研、教学与工业界的联合。我国政府应借鉴国外经验，通过财政、金融、自筹等多种渠道进行融资，建立产教融合基金，优先支持合作教育计划和合作开发与成果转化项目等。专项资金可以分批拨付具备产教融合条件和意向的企业，规定资金使用项目，项目费用开支同时由职业院校认可，对执行过程和成果实施监督检查和评估。如此，既能调动参与企业的积极性，又能确保校企合作的效果。

（四）建立相关咨询服务机构

在学校与企业之间建立联络机构，促进企业参与人才培养，推动双方紧密结合是许多国家开展产教融合的成功经验。美国创办"美国高校大学—企业关系委员会"，法国成立"教育—企业工作线"，英国专门成立"培训与企业委员会"（TFC），瑞典建立由政府、学校和产业部门三方代表组成的"工业联系办公室"，都是为了促使企业积极参加大学和职业院校的人才培养，推进校企合作。在美国和加拿大，政府还主导创立了协调员制度，由协调员负责学校、企业、学生三方面的联系和协调；美国的协调员在学校工作，而加拿大的协调员办事处则设在企业集中的地区，都是用来维持和调度学校和企业的合作关系。设立校企联络机构或协调员的出发点在于，由于文化背景不同，企业发现与学校打交道很难，沟通交流存有障碍，不少企业因此拒绝同学校合作和参与学校的人才培养，而通过中间组织或个人沟通企业与学校就顺畅多了，学校跟企业更易接近。

我国政府部门应加强对产教融合教育的统一领导与组织协调，借鉴西方发达国家的经验，建立产教融合的指导机构及校企之间的联络机构。各级政府应相应建立产教融合教育领导结构，负责编制产教融合发展计划和规划，并将其纳入教育发展规划之中，研究制定加强产教融合教育的重大政策和法规法则，审议重大合作方案并协调各方面的关系，筹措合作专项基金，建立产教融合教育示范基地，提供信息服务，推动产学人员交流，完善评估监督机制。为保证校企合作的各种网络有效运行，当前，建立联络机构，一是在人员上应由政府教育行政和人事管理部门代表、企业人力资源管理部门代表及企业实践经验丰富的人士和学校相关人员组成。二是要使之具有下列职能：促使社会各界对校企合作教育达成共识；起到学校与企业建立联系的桥梁作用；协助建立合作网络，对校企合作网络进行组织、管理与协调，对专业人才培养方向和教学改革进行指导和咨询。另外，借鉴发达国家的协调员制度，选择对校企合作能真正发挥作用的人员作为中间人，沟通学校与企业的合作。

（五）推进区域性产教融合教育

职业教育具有地方性，主要服务于区域经济发展。目前，我国职业教育已经形成省级为主的管理体制，地方政府不仅要统筹协调职业教育的发展，还应统筹协调和大力推动职业院校同企业的合作，促进区域性产教融合教育的发展。当前不少大城市特别是特大城市都拥有十来所乃至更多职业技术学院，地方政府应统筹考虑，宏观调控，将高职院校组织起来，同行业企业相结合，形成大的产教联合体，推动企业大力度参与人才培养。

地方政府可以出台地方性政策措施，包括拨款、奖励、税收优惠、参与决策等，引导企业对技能型人才培养的积极介入。这方面有些地方已经有所举动，比如上海市定期表彰支持高职发展的企业和企业负责人，宁波市进行高职发展规划时邀请企业界人士参加，等等。实训基地建设是高职人才培养质量的重要保证，地方政府可以组织若干职业院校，同时吸纳企业介入，通过"政府扶持、学校自筹和企业赞助"三结合的方式，建立设备精良、相对集中、资源共享，"教学、科研、开发"一体化的实训基地，不仅服务于职业院校，也服务于参与企业。

另外，地方政府推动校企合作，不能仅靠教育行政部门，而应与发展与改革、人力资源和社会保障、国资、经贸、财税、教育等多家部门联合，成立协作机构，共同推进此项工作。

第五章
职业院校教师能力建设与可持续发展

一、终身学习是职业院校教师可持续发展的基本路径

(一) 职业院校教师可持续发展的意义内涵

可持续发展的概念产生于 20 世纪 80 年代初，最早仅指经济和社会发展。世界环境与发展委员会 1987 年发布的《我们共同的未来》将可持续发展定义为："既能满足当代人的需要，又不对后代人满足其需要的能力构成危害的发展。"此后，这一定义被世界各国广泛接受。1997 年，党的十五大确定了可持续发展战略是我国"现代化建设中必须实施"的战略。2000 年 12 月，我国发布《中国 21 世纪人口、资源、环境与发展白皮书》，首次将可持续发展战略纳入我国经济和社会长远发展规划。作为一种新的发展理念，近年来可持续发展被应用到多个领域，特别是人与自然、环境、社会的可持续发展，人类正在迈入可持续发展的新阶段。2017 年联合国教科文组织发布了《学习型城市与可持续发展目标行动指南》(Learning Cities and the SDGs：A Guide to Action)（以下简称《行动指南》），倡导全民终身学习贯穿可持续发展目标的整个过程。①

---

① 张婧，史枫，赵志磊. 面向可持续发展目标的生态学习型社区：范式特征与实践路径 [J]. 北京宣武红旗业余大学学报，2021 (1)：12-18.

将可持续发展理念引入职业教育之中是近几年的事情，人们对职业院校和学生的可持续发展已经进行了深入的研究，但对职业院校教师可持续发展的研究较少。职业院校教师可持续发展主要是指在重视教师近期发展的同时，注重教师远期发展规划，并为远期发展创造条件，使得每一个教师成为终身学习者。职业院校与普通院校对教师的要求有着较大区别，两种学校对教师要求的共同点是具备系统的科学技术知识、一定的技术技能和教学能力，不同点是职业院校教师还要具有丰富的专业实践经验，才能真正做好职业教育教学，因此职业院校教师需要在研究教学方式的同时，尽可能多地抽出时间到真实的工作岗位上接受锻炼，积累经验，这是当前我国职业院校有待提升之处。

党的十九届四中全会通过的《中共中央关于坚持和完善中国特色社会主义制度、推进国家治理体系和完善中国特色社会主义制度、推进国家治理体系和治理能力现代化若干重大问题的决定》（以下简称《决定》）指出，在教育领域内致力于构建服务全民终身学习的教育体系，为新时代我国教育治理体系与教育治理能力的现代化指明了发展方向。[①] 受当前财政投入和发展阶段限制，职业院校对教师的终身学习与发展重视不够，是影响我国职业院校教师可持续发展的重要因素。虽然目前我国对职业教育发展十分重视并且加大了财政投入力度，但相对于普通教育来说，职业教育投入严重不足，加上职业院校办学比普通院校需要的资金多，导致职业院校还难以真正重视教师发展，这是一个方面。另一个方面是受职业院校所处发展阶段限制。改革开放前，受苏联和传统社会文化影响，我国对职业教育重视不够；改革开放后一段时间内，以经济发展为中心的发展战略影响了职业教育发展。当前，许多职业学校仍然处于校园建设阶段，距离内涵发展，特别是真正重视教师的终身学习与可持续发展还有一段距离。

（二）终身学习对职业院校教师提升的内在价值

终身学习指向终身成长。职业院校要培养技术技能人才，随着社会与技术发展的日新月异，职业院校必须树立终身学习理念，因此教师必须走在前面。随着改革开放的持续深入，我国已经迈入终身学习时代，所有人都需要为了自身的生存和发展而不断学习，在这种主动或被动学习中，每一个个体都获得成长，是为终身成长，在这种历史背景下，我国正在有序建立区别于传统普通教育的现代职业教育体系。改革开放后，我国在原来技术工人教育、中等专业教育基础上开始发展现代职业教育，随着人们对于职业教育认识的逐步深入，我国将职业教育目标从技艺型、技术型调整为技术技能型。[②] 技术技能型培养目

[①] 钟秉林. 构建服务全民终身学习的教育体系［N］. 中国教育报，2020-05-14（6）.
[②] 郭俊朝，陈晗. 高职人才培养目标的演进与重构［J］. 职教通讯，2014（7）：1~4、12.

标不仅要求学生在职业学校里学习各种现代技术，学习多种专业岗位技能，又要求学生学会学习，学会关注本专业领域内的知识和技术更新。当今社会科学技术呈现加速发展的特点，新技术层出不穷、不断被发明创造，旧技术随时有可能被淘汰，而且发明与淘汰本身呈现加速发展趋势，许多技术的使用周期由原来的几百年、几十年迅速压缩到如今的短短几年，尤其是电子信息领域使用周期更短，如计算机芯片、网络技术等更新速度十分迅速。新旧技术的更新换代，要求学习者必须树立终身学习、终身成长的理念，终身学习不再是趋势，而是新时代的现实诉求。当前，除了少数近年来新建立的职业学校之外，我国1万多所职业学校大都是由技工学校、中专学校、成人学校、企业职工学校、职工业余学校和培训学校等各类学校经过改革、改组、改造而来，大量老教师还是这些学校的主力，他们（她们）曾经成长和生活的年代是技术更新缓慢、学一门技术可以受用终身，培养这些教师真正接受终身学习理念，迅速进入终身学习状态，是一项十分艰巨的任务。此外，虽然许多年长教师领悟到了终身学习的重要性，但是落实到自身行动还有很大困难，因此职业院校需要加强改革，引领教师进入终身学习的时代场域。

近年来，随着我国对职业教育的重视，大量青年教师加入职业院校教师队伍中。90％以上的新手教师接受的是正规教育，即从大学毕业直接进入职业学校，走上教学工作岗位。他们迫切需要在岗位上持续学习，到企业中实践锻炼，积累专业经验，培养专业技能，这是新手教师能够成为合格职业院校教师的前提。然而，这些青年教师大多是独生子女，生活在条件优渥的家庭中，不愿意接受艰苦工作的锻炼，同时职业学校也缺乏青年教师在企业中锻炼的经费和制度，因此如何把这些青年新手教师培养成专业实践经验的终身学习者，是职业学校面临的一大难题。

随着职业教育改革的持续深入，职业院校承担起越来越多的社会发展职能，除了人才培养和职业培训之外，还增加了技术研究、技能开发和社会服务等多种新职能。一些职业学校也为青年教师进入企业接受实践锻炼提供了时间、经费和制度保障，许多青年教师在就业压力和工作压力下，被动或主动接受企业实践锻炼，教师也逐步承担多种角色。我国之所以加大对职业院校的支持力度，重要原因是经济社会发展对职业教育提出更高的要求，既要求这些学校培养数以千万计的合格的高素质技术技能型人才，又要求这些学校开发应用新技术新技能，为地方经济和社会发展提供技术和技能服务，要完成这些新任务，不能主要依靠新校园、新建筑、新设备，而是要依靠教师。从近年来的职业院校的发展来看，这种被激励起来的可持续学习，显著提升了教师的综合素质，帮助许多人实现了超值的人生价值，促进了职业教育的发展。

（三）职业院校教师成为终身学习者

随着经济和社会快速发展，越来越多的人主动或被动接受了终身教育的理念，尤其是职业院校教师。他们如何才能成为一个终身学习者？由于近20多年来我国大力推动和社会发展的强烈需求，职业教育获得快速发展，职业院校教师明显感觉到了这种外在的推动力，大多慢慢接受终身学习的理念。然而，仅仅接受理念远远不够，还需要学习终身学习的能力。这种能力由终身学习的态度、终身学习的知识和终身学习的技能三个方面构成，态度能够调节终身学习，知识和技能是保证终身学习效果的关键因素。近年来，随着职业院校的快速发展，职业院校教师不仅感受到终身学习的必要，而且许多人已经行动起来，把原来被动的抵制转变为主动的学习，以更好地适应教学工作需要；而且许多职业院校还成立了教师发展中心，传授教师学习的知识，培养教师的学习技能，通过成立学习小组，帮助教师交流学习的经验，提高了合作学习的能力。如河北省的部分高职院校教师发展中心成立了教师发展联盟，通过联盟相互交流教师学习和成长经验，定期交换培养教师，共同提高培养效果，以实现协同培养、共同发展。

终身学习是持续的学习，需要在想要放弃时仍然坚定地坚持，需要在找不到方法时寻找方法。首先，从内心深处喜欢自己的工作。喜欢是一种感觉，这种感觉的获取不同人有不同的方法。职业院校教师如果喜欢自己的专业且好为人师，不断钻研职业教育教学方法，就容易喜欢自己的工作。其次，坚持创新，不断探索。终身学习，重要的是坚持创新教学方法与学习方法，每天坚持创新，每天进步一点点，日积月累便会获得较大进步。再次，善于追寻工作中的乐趣。做任何工作，若只有坚持、没有乐趣，便很难真正坚持下去，因此有必要在教学和科研工作中寻找快乐和喜悦。当前，我国职业院校学生生源参差不齐，学生大多缺乏学习的兴趣和能力，因此职业技能教学成为职业院校教师难以做好的一项工作，在这项工作中，学生的表现使得教师难以从中找到成就和快乐。如果教师换一个角度，用欣赏的眼光看待这些学生，便能从中找到学生的很多优点，在这些优点基础上给予他们适合的教育①，就会获得意想不到的教学效果。这是职业院校教师获得快乐的一个重要方法，也是教育学生的重要方法。

当前职业教育的发展，要求职业院校教师形成终身学习的生活方式。终身学习必须成为一种生存和工作状态，更要成为一种生活方式。职业教育的快速发展，要求每一位教师全身心投入工作，把生活变成工作，把工作变成生活。真正重视教育教学，重视教学的每一个细节，如果在工作中找到乐趣，用快乐

---

① 葛道凯."适合的教育"才是最好的教育［J］.教育研究，2021，42（3）：19-22.

驱动工作，用兴奋改变教学态度，就会产生意想不到的效果。职业院校学生不是"失败者"，而是未被发现的人才"毛坯"，他们需要教师发现他们的优点，找到适合他们的发展方向和教学方法，并因材施教。在这个过程中也会获得教育的乐趣，成为一个真正的终身学习者。

首先，需要向同事同行学习。同事是职业院校教师从学生转变为教师后接触最多、受到影响最大的成长伙伴。有时候能为教师提出意想不到的问题解决方法。同行之间因身处的条件和环境不同，则时常能够提出不同的问题解决方法和思路，在交流中启发问题解决。其次，向企业人士学习。职业教育不同于普通教育，它要求教师还要具有一定的实践工作经验，才能更好地教育学生，因此向企业师傅和企业管理者学习，是职业院校教师终身学习最重要的部分。实践出真知，企业人员有着丰富的实践经验，实际上就是拥有丰富的实践知识，向这些人虚心请教，然后回到学校再传授给学生，是职业院校教师的必修课。再次，在工作中学习，在校企合作中不断提升自我。此外，还可以在学校工作中，在企业实践中，在完成具体的工作任务中学习。很多工作任务都没有现成的解决方法，都需要教师调动自己所掌握的知识、技能和资源来解决。知识和技能在使用中得到巩固，问题解决方法和经验在工作中不断积累，这种学习方法需要教师勤奋和动脑筋，才能产生良好的效果。

作为一位终身学习者，职业院校教师可持续发展的内涵核心要素包括能力、素质、胜任力、个体发展、团队合力等层面。新时代背景下的职业教育教师的可持续发展职业能力包含具有国际化的视野和工匠精神，培养国际化技能人才，服务"一带一路"、助力优质产能走出去，密切关注世界职教发展，提升职业规范和工匠精神培育能力等核心要素，具体内容可参见表5-1。

表5-1 职业院校教师可持续发展的内涵核心要素

教师可持续发展能力	主要内容	其他
教学能力	课程开发能力和教学实施能力。课程开发能力主要体现在课程教学标准的开发、网络课程及精品课程的开发；课程的整体设计、信息化教学设计；多媒体课件、微课慕课等教学资源的制作等方面。教学实施能力包含：教学课程一体化；网络共享资源的建设及利用；指导学生参加创新创业技能大赛，做好教学的评价与反思。	个体学习能力与信息技术能力
实践能力	为社会培养和提供创新型人才，提高企业的自主创新能力；主动深入企业和社会调研，将企业技术难题作为科研课题并转换成教学项目；提高科技成果转化能力，促进高新技术产业发展；根据国家需要和行业发展，研究科技经济的发展趋势，做好技术准备。	创新与实践能力

续表

教师可持续发展能力	主要内容	其他
创新能力	优化教学过程，树立以学生为主体、理实一体化的教育观念；教学内容及时更新，贴近新技术、新工艺以及工匠精神；项目化教学、创建教学情景、虚实结合，线上线下等现代教学手段与传统教学手段有机融合。	合作能力与创新能力
企业文化培育能力	促进教产校企文化融合，推动产业文化育人；充分发挥教育的文化传承创新作用，在职业院校推动现代工业文明进校园、企业文化进课堂活动。	全球胜任力

二、职业院校教师状况与能力建设中的问题

（一）教师队伍基本状况

1. 职业教育教师规模逐年增长，但跟不上学生增长的速度

2004—2008年中等职业教育专任教师总体规模从 543 454 人增长到 647 696 人，增长率为 19.2%，聘请校外教师总体规模从 76 092 人增长到 96 101 人，增长率为 26.3%。① 同一时期，中等职业教育在校生则从 11 747 467 人增长到 16 882 421 人，增长率为 43.7%。图 5-1 是 2004 年至 2008 年中等职业教育教师及学生数量发展状况（以上数据包括普通中专、成人中专及职业高中，不包括技工学校）。

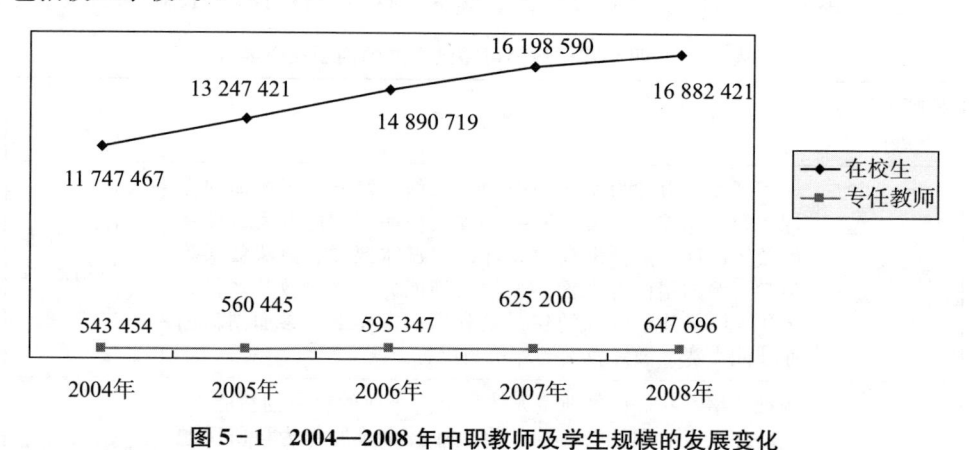

图 5-1 2004—2008 年中职教师及学生规模的发展变化

资料来源：《中国教育统计年鉴》（2005—2009）.

---

① 此部分教师队伍基本状况如不加说明，数据都来自《中国教育统计年鉴》（2005—2009）。

2004—2008年，职业高中生师比由19.1∶1上升到23.47∶1，普通中专生师比由28.13∶1上升到31.27∶1，表明近年来职业教育快速发展学生规模持续扩大，专任教师增长跟不上学生增长速度。《教育部关于"十一五"期间加强中等职业学校教师队伍建设的意见》（教职成〔2007〕2号）规定到2010年中职生师比逐步达到16∶1，现实的师生比与预期目标差距较大，教师数量不能满足需求的形势已十分凸显。

2. 职教教师的来源、年龄、学历及专业职务等结构状况

第一，教师大部分来源于高校毕业生和外单位教师，引入行业企业人员的比例较低。2004—2008年，中职新增专任教师中21.4%为大学新毕业生，38.5%是从外单位教师中调入的，14.6%是非教师调入的，还有25.5%左右的其他来源。14.6%的非教师调入，来自行业企业的比例仅占4.2%，表明职业教育教师的来源结构比较单一，引入行业企业人员还非常少。

第二，教师数量与教师年龄成反比，教师队伍年轻化十分明显。我国中职专任教师的数量与教师的年龄成反比，即年龄越大的教师数量越少。2008年数据显示，30岁及以下教师占专任教师总量的比例最大，为27.6%；其次是31～35岁的教师占20.6%；再次是36～40岁的教师占19.6%；41～45岁、46～50岁、51～55岁、56～60岁和61岁及以上的教师，比例分别占15.7%、7.9%、5.8%、2.4%和0.4%。年轻化的职业教育教师队伍较具活力，缺点是教学经验和专业实践经验欠缺，一般认为纺锤形的人员队伍是更为合理的年龄结构。

第三，教师学历达标率偏低，高学历教师仍然较少。2008年，全国中职专任教师，具有博士学历的有348人，占0.05%；具有硕士学历的有18 248人，占2.7%；具有本科学历的有514 228人，占76.28%；具有专科学历的有133 589人，占19.82%；具有高中及以下学历的有7 756人，占1.15%。不难看出，职业教育教师的学历达标率不到80%，而具有研究生学历的教师明显偏少，表明教师学历提升的任务和空间依然很大。

第四，教师专业职务结构重心太低，具有高级专业职务的教师比重不高。2004—2008年间，我国中等专业学校教师中具有高级专业职务的教师比例分别为21.81%、23.11%、22.56%、19.1%和19.6%，呈现下降趋势；职业高中具有高级专业职务的任教师比例分别为12.49%、13.10%、14.25%、15.09%和15.9%，虽呈上升态势但比重显然不高。相反，我国中职专职教师中，初级教师和无职称教师的比例太高，五年间初级和无职称的专任教师的比例均为40%左右。《关于"十五"期间加强中等职业学校教师队伍建设的意见》（教职成〔2001〕10号）提出，到2005年具有高级专业职务专任教师的

比例，中等专业学校（含成人中专）达到 25%，职业高中达到 20%，实际发展与规划目标的距离还有所拉大。

第五，教师岗位结构呈现一定程度的不合理，在专任教师数量增长较快的前提下，专业课教师占专任教师比例尚未达标，实习指导教师比例显著偏低。2004—2008 年期间，中职专任教师占教职工数比例逐年增长，分别为 65.1%、66.3%、67.5%、68.6%、69.3%。同一时期，中职专业课教师占专任教师总量的比例从 2004 年的 48.7%，上升为 2008 年的 51.1%。虽然有所提高，但专业课教师数量与专任教师数量比例结构依然没有达到《关于"十五"期间加强中等职业学校教师队伍建设的意见》（教职成〔2001〕10 号）中提出 60% 左右的要求。此外，2004—2008 年，我国中职实习指导教师占专任教师的比例很小，分别为 2.88%、2.94%、3.07%、3.29% 和 3.41%。实习指导教师占专任教师比例 2%~3% 的现象，难以适应中职教育事业的发展。

第六，兼职教师占专任教师比例偏小，数量严重不足。2004—2008 年期间，北京市中职所聘请的校外教师逐步增加，后年比前一年分别增加了 1 174 人、7 483 人、9 661 人和 1 691 人。所聘请的校外教师占任课教师总数的比例，五年间分别为 12.3%、12.1%、12.5%、13.1% 和 13.0%，这与教育部《关于"十一五"期间加强中等职业学校教师队伍建设的意见》（教职成〔2007〕2 号）规定的到 2010 年兼职教师占教师队伍总量的比例达到 30% 的标准存在极大的差距。

（二）职业教育教师队伍能力建设中的突出问题

1. 教师综合能力素质总体不高，尚不能满足培养高质量技能型人才的需要

专业知识和专业技能、符合职教特点的教育教学能力、方法能力和社会能力构成职业教育教师的综合能力。由于教师来源渠道单一难以吸引优秀人才，教师继续教育不到位和教师持续成长受到体制性制约，目前职业教育教师综合能力素质整体不高，专业实践能力明显较弱，有丰富经验的骨干教师缺乏，教师队伍的专业技能和教学科研潜力不高，难以适应高素质技能型人才培养的需要。

2. 教师能力结构不平衡，教师核心能力不突出

专业实践与应用能力、课程开发与教学设计能力构成职业教育教师的核心能力，前者是职业教育教师必备的条件之一，后者则是职业教育教师教学改革和创新能力的重要体现。一方面教师综合能力水平不足，另一方面能力结构中的短板又十分明显。相对而言，教师在专业知识、专业理论和理论教学、知识

传授方面能力略强，专业实践、操作应用、实践教学、合作教学的能力凸显薄弱。

3. 教师团队同质性有余，互补性不足，未能形成有效的教师合力

能力互补是职业学校教师团队建设的重要方面，即使没有太多教师都能达到"双师素质"，但如果教师群体形成了"双师结构"，也能变通地满足职业教育的教学任务和人才培养需要。遗憾的是，职业学校教师同构化现象十分严重，不能构成合理有效的专业教学团队。此外，职业学校专业教师多只顾个体教学，缺乏协调沟通，缺少合作教学，不利于教师个体能力的提升。

4. 职业学校院校长、中层管理人员能力水平参差不齐制约了师资队伍整体能力的发挥

在广义概念上，院长、校长、中层管理人员也是职业学校师资队伍的一部分，目前不乏优秀的院长、校长脱颖而出，不乏出色的管理人员发挥着卓越的教育教学管理职能，但在总体上，职业学校的院长、校长和管理人员能力素质存在欠缺，直接或间接地影响了职业教育师资队伍整体能力和作用的发挥。

综上所述，就个体而言，职业学校教师真正达到"双师素质"的比例仍然较少，就群体而言，职业学校教师队伍在一个专业上未能形成"双师结构"。建设一支规模适当、结构合理、能力突出、素质优良的高质量"双师型"教师队伍依然是职业教育教师基础能力建设的一项艰巨任务。

三、职业院校教师能力建设的影响因素分析

（一）教师层面的因素

1. 教师来源

职教教师多来自技术师范院校和普通高校，从校门到校门，缺少企业工作经历，此为职教教师能力不全面、实践能力严重欠缺的先天原因。目前，我国职教师资的培养主要是在普通高校或技术师范类学院进行的，所学知识主要是普通教学论、教育心理学和专业相关知识的叠加。因此，职教师资培养过程的学术化倾向十分明显，由此必然导致明显的实践缺失。同时，在这里，教育学科和专业知识的学习也与具体的职业行动情境和职业教学行动情境缺乏有机的联系。

2. 教师成长动力

职教教师个人成长动力不足，制约了其能力素质持续发展。由于普通教育与职业教育的反差，职业教育教师在社会地位、经济待遇、职称评定等诸方面与普通高等教育的教师有一定差距，使其容易产生被边缘化的感觉，导致教师主体意识不强，个人发展愿望难以有效撬动。

3. 教师职业认同

中职教师的职业认同度普遍不高，职业倦怠明显，影响其能力提升和能力发挥。职业教育的社会认同度总体不高直接影响了职教教师对自身的职业认同，而职业学校学生的高教育难度和教学低成就感，加大了对教师职业认同的挫伤。研究表明，职业认同对个体职业生涯发展具有决定性影响，低职业认同是导致离职和职业倦怠的关键因素，导致职业自豪感缺失和精神面貌不佳，相关能力发展受到严重制约。

（二）学校层面的因素

1. 教师压力

学校扩招，教师数量相对不足，学校教学任务过重，导致教师压力大，难有自我学习和接受培训的能力提升时间和空间，甚至培训也成为负担。调查显示，中职学校教师压力显著，80％以上表示压力太大，同时不满意学校在缓解教师压力上给予的帮助。压力主要来自三个方面：一是课时任务重；二是学生不好教；三是收入偏低，前景不明朗。一定的压力是教师成长的重要条件，但过大的压力则会影响教师的身心健康，进而对其能力发展发挥带来不利。

北京教科院职成教研究所2008年在"职业学校管理与发展"研究项目中，对北京4所中职学校240名专任教师进行问卷调查，其中一项是"教师对学校缓解教师压力的满意度"，结果如图5-2所示。

2. 教师激励

职业学校中对于教师能力成长的激励措施、激励机制不完善、不健全。目前职业学校教师激励机制仍存在着许多不足，人才激励意识淡薄，对人才发展重视不够，人才流失暗潮涌动。分配激励强度不够，骨干教师成长缓慢而且人心不稳。高层次人才偏少、待遇拉不开差距，导致了部分骨干教师产生消极情绪。

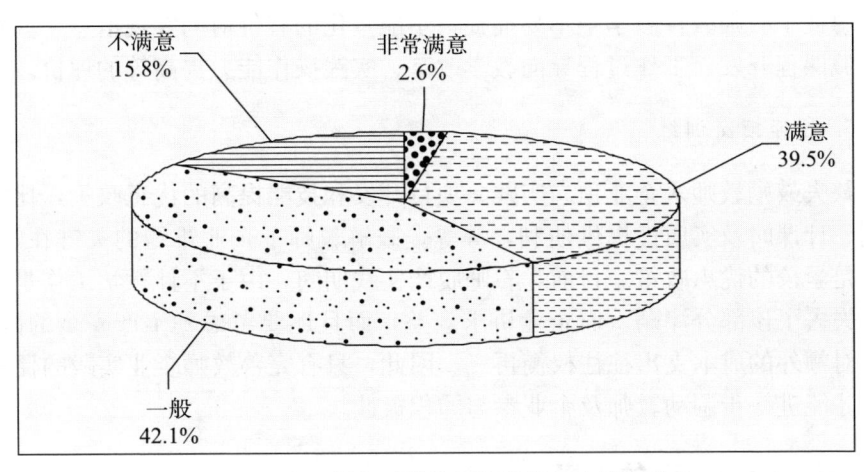

图 5-2　中职教师对学校缓解教师压力的满意度

3. 教师岗位配置

专业课教师比重低，实习指导教师比重尤其偏低，岗位配置结构明显失调。专业课教师是中职教师的主体，实习指导教师则不可或缺，但如前所述，专业课教师，尤其实习指导教师所占比重显著不高，导致这部分教师的工作负荷和压力远大于文化基础课教师，致使他们疲于应对日常教学工作，难以顾及自身能力及素质的提高，极少有机会到生产第一线去锻炼和提升，导致能力发展跟不上教育教学发展的需要。实习指导教师的短缺还影响到教师教学团队建设，影响整体教师能力优化和发挥。

4. 教师聘用

沿用惯性思维，很少从行业企业聘用专业技术人才和高技能人才。单渠道的来源是导致教师实践能力、动手操作水平不高的直接原因。一小部分兼职教师来自企业或其他单位，但受当前用人制度制约，企业与职业学校之间人事调动受指标限制，调动审批手续烦冗，企业高级技术人才向职业学校流动困难，大多数职业学校把聘用兼职教师仅作为专职教师数量不足的一种外在形式上的补充。

5. 教师评价

能力评价作为促进教师能力发展的重要手段运用不够，教师评价侧重业绩评价和成果考核，缺少发展性评价及过程性评价。目前职业学校的评价指标体系所描述的教师教学行为与大、中、小学教师相差无几，没有体现出职业学校人才培养的特点。在教师评价的具体实践中，片面强调对教师工作业绩的评价，忽视了教师教育教学中不易捕捉与不能量化的有价值的客观信息，如对学习领域课程开发、工作过程导向教学改革、实践操作能力提高等的评价。

6. 教师顶岗训练

缺失鼓励教师入企业顶岗实践、项目开发和技能提高的优惠政策，比如带薪制，计课时及实质性提供便利，等等。破解教师下企业难题的关键在学校，尤其是学校的优惠政策。目前，教师脱产实践期间，由于不计教学工作量，因此就失去了该部分津贴。而企业讲求效益，而且还要考虑到生产安全的因素，所以对额外的成本支出往往权衡再三。因此，只有完善教师企业实践的便利政策，才能进一步调动教师及企业参与的积极性。

（三）政策层面的因素

1. 教师资格

在职业教育比较发达的国家，比如德国，要成为职业学校教师，除了对教育学、心理学的知识能力要求之外，必须有三年以上的企业工作经历，要有在职业学校的一年实习并通过考核和口试，而我国对不同类型教师资格的规定是基本等同的，比如对中等职业学校教师的资格标准和普通高中没有差别。总体来说，我国教师资格制度缺乏针对不同类型教师的特殊规定性，在职业教育领域，没有建立独立的、反映职业教育特色的教师资格体系和资格准入制度，等于没有把住教师的入口关，导致很多的职教教师从一入职就不能胜任职业教育教学需要。

2. 专业职务评聘

职教教师职称评聘参考普通教育做法，评聘标准和要求不强调实际的专业实践能力和专业教学水平，而以论文、外语为重，对职教教师能力成长不利。职称评定上重论文、轻教学，重理论、轻应用，不利于教师专业技能的提升。在现行职教教师专业技术职务评审的"指挥棒"下，"双师型"教师们在承担繁重的教学任务的同时，将大量精力放在完成论文、课题、著作等硬指标上，没有更多时间顾及专业实践的提升和参与课程开发及教学改革。

3. 教师培训

有普教化倾向，没有更多依托行业企业，未能更充分发挥示范职业院校的作用和积极性，培训体系和培训实效亟待改进。企业实践理应成为职业教育教师培训的重点方向，但在现实中教师进入企业的机会少而又少，行业企业对教师培训的介入十分不够。中职教师培训同普通高中必须有明显的不同,依靠教育学院、大学并不能真正取得满意的效果。事实上,职业教育教师培训需要建立自己独有的培训体系,在这个体系中一定要发挥好企业的作用和示范性职业院校的作用。另外,由于教育管理体制的行政化导致教师培训方式与内容的教条化和程序化,对职教教师的培训更多地体现为行政行为而非教师自愿的行为,也使培训收效大打折扣。

4. 教师企业实践

尚未出台真正行之有效的促进政策和保障措施。教师企业实践的障碍,一是职业学校受到编制与经费等的限制,很难安排教师到企业锻炼;二是企业的核心价值是实现经济效益最大化,要求其履行太高的社会责任并不可行,即使个别成熟度较高的企业,有与职业学校合作的意愿和行动,也会因技术保密和岗位任务需要保持连续性等原因导致教师入企业很难顺畅,需要寻求合理的制度安排。另外,教师到企业实践绝不仅仅是教育部门的事,还涉及人事、劳动和社会保障、财政、税收、法律等众多领域和部门,诸如人事方面是否预留到企业实践的机动教师编制、劳动和社会保障方面有关企业能否密切配合、财政方面能否提供相应的经费,等等。

(四) 社会层面的因素

1. 职教教师地位

职业教育教师的社会地位和经济待遇不高,必须予以正视。由于中职教育起步晚、底子薄,教育经费投入不足,与其他类型教育的教师相比,中职教师的福利待遇差。有的中职教师通过校内外工资福利待遇和工作量的对比,产生厌教情绪;有的凭着自己有一技之长而另谋高就,还有的教师到外单位兼课、兼职,搞"第二职业"而影响教学任务的完成。

2. 行业企业的介入

企业作用发挥不足,行业企业参与教师培训的积极性不高,产学结合的社会氛围远未形成。只有在充分调动行业企业积极性的基础上,才能确保产学结合的顺利实施。但目前企业对产学结合认识不足,把接纳教师参与实践视为额外负担;很多企业缺乏成熟的合作教育的思想,大多数企业只是选择人才,很少参与人才的培养。在国外,行业协会在职业教育教师培训中发挥了不小作用,而在我国,行业协会几乎从没介入教师培训。

3. 教师流动机制

尚未形成能够让优秀人才真正进入职业学校，教师能进能出，且优秀人才不流失的合理机制。职业学校教师整体待遇不高，对优秀人才缺乏吸引力，而事业人员编制的约束和企业人员进入事业单位的烦冗程序都对职业学校引进人才造成障碍。同时，职业学校自身没有辞退不合格教师的自主权。如此，职业学校面临优秀人才难引进，劣质教师推不掉，已有优秀教师还可能留不住的尴尬境地。

四、西方国家职教教师能力建设的主要经验

（一）职教师资的培养由大学、技术教育学院或专门的职教教师培训学院承担，申请人员必须符合一定专业水平和实践经验的要求

发达国家的职教教师培养机构呈现多样化特点，日本和澳大利亚的职教师资由大学培养，英国、挪威由技术教育学院培养，德国、芬兰则先由大学培养，再由专门的职教教师培训学院培养。在欧洲，向职教教师培养培训机构提出申请的人员必须符合一定的专业水平并具有一定的实践经验，以保证职教师资的入门质量，比如瑞典职教师资培养机构对入学者的要求是在企业做过技术员并有 4 年工作经验，冰岛要求具有师傅资格和至少 2 年工作经验，丹麦则要求接受过学徒培训和至少 5 年的工作经验。

（二）实行严格的职教教师资格制度，强调职教教师的教育理论水平及专业技能要求

德国规定在初级或中级职业学校从事专业课或实践课教学的教师，必须是大学本科毕业并取得教师职业资格，还要求具有 2 年的专业实习经历，而从事高等职业教育的教师任职资格要求是博士毕业并在企业工作满 5 年。在日本，要想成为一名职业学校的教师，首先要获得职业教育任职许可证，其次要具有技术专业和教育专业双学士学位。澳大利亚对职业教育专任教师除要求必须具有丰富的专业知识外，还要求具有从事跨学科的教学能力、特殊教育能力和指导学生实践的能力，还必须具有专业文凭、职教教师资格证书以及 3 年以上的行业工作经历。

（三）职业教育师资队伍以兼职教师为主，注重引进有丰富实践经验的企业优秀技术人员

德国高职院校兼职教师的比例平均为 62%，部分学院高达 80%。美国社区学院普遍聘请社区内外有实际工作经验的各类专业技术人员为兼职教师，兼

职教师占到教师总数的 60%。日本职业院校的兼职教师比例也保持在 60% 左右。为了弥补职业教育师资的不足，澳大利亚获取职业教育师资的一个重要途径是从有丰富实践经验的专业技术人员中依照标准大量选聘、培养兼职教师，被招聘录用的专业技术人员，需到大学教育学院接受为期 1~2 年的师范教育，以获取教师职业资格证书。

（四）政府高度重视职教教师的培训，采取多样化的培训方式，强调教师的企业实践，注重激发教师的参训动力

澳大利亚政府重视职业教育师资培训工作，并根据职业教育师资队伍的构成特点，采取灵活多样的培训方式，既有新教师上岗培训，也有面向在职教师的学历学位提升培训和职业技能培训，同时要求职教教师必须经常或定期到企业进行技术实践，参加企业培训。新加坡职业学校教师要保持永久雇员的身份，需要不断参加培训来充实自己，政府规定每位在编教师每 5 年必须回到企业接受三个月连续性的新技术培训，在校内，职业学校必须始终保持 20% 的教师在实验室或实习工厂搞工业或技术项目开发。

（五）重视职业教育的师资管理，对职教教师实行优厚的待遇，注意运用竞争机制、激励机制和约束机制来调动教师工作的积极性

在日本，职教教师社会地位高，工资待遇高，是最具吸引力的职业之一。除基本工资外，职教教师还有各种奖金和津贴，奖金制度和政府机关的公务员基本相同。教师按规定还有抚养补贴、住房补贴和交通补贴等。澳大利亚政府通过定期教学工作评估的形式加强对职教教师的激励与约束。

五、职业院校教师能力可持续发展的政策性建议

（一）建立具有职业教育特色的职教教师资格制度，逐步推行职业学校教师准入

现行的职业教育教师资格制度参照了普教模式，使得大部分新入职的教师缺乏相关的专业实践经验以及职业教育教学技术与方法。职业教育师资队伍建设必须从源头抓起，切实建立具有职教特色的教师资格制度，并逐步推行职业学校教师准入。

1. 建立具有职业教育特色的、独立的职教教师资格制度

目前职业教育教师的引进是参照《教师资格条例》执行的，而这个条例主

要是针对普通教育的。虽然国家鼓励职业学校聘用具有行业企业背景的能工巧匠为职教教师，但没有将这一鼓励性措施作为引进职教教师的法定要求。直接来自普通高校和职业技术师范学院的职教师资，缺乏与职业有关的实际工作经验，极大地制约了我国职教教师队伍质量的提高。由于现行做法不能从根本上保证我国职教教师队伍对职业实际的了解，也不利于将世界最新发展成果及其要求反映到职业教育教学中，因此应出台独立的职业教育教师资格制度，要求职教教师除具备《教师资格条例》规定的教师资格标准外，还应具备职业教育教学能力以及与授课专业相关的至少2年以上的企业工作经验。

2. 逐步推行职业教育教师准入制

针对不同类别的职教教师，采用新人新办法、老人老办法的做法逐步推行职业教育教师准入。对已在职业学校任职的教师不再强调准入资格问题，对于将来再进入职业学校的教师则需逐步依据职教教师资格制度实施准入制，严把入口关。

面向社会开放职教教师任职，打破职业学校在聘请教师时对企业单位的限制，社会上任何人员都可以申请获得职教教师资格。对于部分达到职教教师资格要求的人员，可以提供一定的培训渠道，使他们经过培训后达到职教教师资格的全部要求。具有职教教师资格的人员都可以申请职教教师岗位工作，可以兼职，也可以全职。

（二）多渠道充实职业教育师资队伍，保证师资规模，优化师资结构

目前，职业学校师资规模远远跟不上职业教育发展的总体规模，生师比居高不下，必须采取有效措施大力充实符合职业教育需要的师资，同时从培养和来源等角度逐步实现教师队伍的结构优化。

1. 增加职业学校教师编制，实现编制的动态化管理

目前，职教教师规模已远远跟不上职业教育的发展速度，而普通中专、技校的教师编制标准仍停留于20世纪90年代，职业高中则多是参照普通高中来执行，这些编制标准不利于职教师资的补充。因此，首先，要增加职业学校教师编制，尽快降低职业学校的生师比；其次，对编制实行动态化管理，根据学生数量变化适时加以调整。

2. 由大学、高职学院和企业相互联合培养符合职业教育需要的新师资

根据专业相近的原则选择示范高职学院建立职业教育师资训练班，经过审核合格后，招收大学本科及以上毕业生作为本区域职业教育的补充师资加以培

养培训。本科生可面向中职师资进行培养，研究生可面向高职师资进行培养。培训费用由教育行政部门支付，培养时间为 1～2 年，半年到一年在企业进行生产实践，提升专业实践技能，半年到一年学习职业教育教学理论与方法，培训课程由教育行政部门统一规划。培训结束经考核合格后，可取得职业教育教师资格证书。

3. 在普通高校设立专门的职业教育师资班

鉴于目前职业学校专业教师亟须大量补充的现实，职业教育师资的培养除依托技术师范学院外，还应在普通高校设职业教育师资班。中职师资班学制 6 年，4 年在学校进行专业学习，2 年（计入工龄）在企业参加企业实践，拿到本科学历并经考核企业实践合格后，进入中职学校担任专业教师。高职师资培养可举办相关专业的硕士定向班，学制 4 年，2 年在学校，2 年（计入工龄）在企业，具体做法与上类似。

4. 创造条件，破除障碍，加大从行业企业引进专业技术人才和高技能人才的力度，补充教师数量，优化教师结构

制定完善的职称对应政策，比如企业工程师可直接对应职业学校的中级职称，高级工程师可直接对应副高职称；在企业人员获取教师资格证书问题上，学历上应适当降低要求，大专学历可以参加中职教师资格考试，本科学历可以参加高职教师的资格考试，避免部分优秀技能人才由于学历不达标而不能进入职教师资队伍。

5. 建立职业学校教师的合理流动机制

文化课教师在普教与职教之间实现相互流动。普教文化课老师进入职教时，进行职业教育教学理论与方法的相关考核，以确保职业教育教学质量。专业教师、实习指导教师和企业能工巧匠实现相互流动，实现职业学校教师能进能出并能吸引和留住优秀人才的运作机制。

（三）建立统一和相对独立的职业教育教师专业职务评定体系

目前，职教教师职称评聘标准和要求不太强调专业实践能力和职业教育教学水平，而以论文、外语为重。此外，不同类型职业学校的职称体系互不相同，不利于职业教育教师职称评聘标准的统一和相关工作开展。

1. 统一职业学校的教师职务系列，设立正高级职称

目前，中专教师职称系列为教员、讲师及高级讲师，职高教师职称系列为

中教初级、中教中级及中教高级。建议统一职业学校教师的职称系列，设成助讲、讲师、高级讲师及特级讲师四个级别。此外，应改变中职教师目前无正高职称的现实，提升中职教师岗位的吸引力，稳定中职教师队伍。

2. 职称评审要体现职业教育特色，体现职业教育教学需要

职业学校的职称要进行单独评定，独立于普通学校的职称评审，教育管理部门应根据职业学校教育教学特点，制定能够充分反映职业学校教师能力和水平的职称评聘标准。在职称评审中突出职业教育的特点，强调实际的专业教学水平，重视教师专业技能和企业实践，而不是以论文、外语为重。

3. 职称评审体现鼓励教师获取职业资格或技能等级证书的政策导向

专业课教师的职称应与教师的技术技能等级、参加技能大赛的成绩以及企业实践经历相结合，对技术工种等级高、具有技术创新和发明、获得专利及具有在企业挂职实践经历的申报对象要优先予以晋升。比如，专业课教师参加技能大赛成绩突出者，可以缩短职称评审的年限，比如由中级职称升高级职称由5年缩短为3年。

（四）建立大学、高职学院、中职学校和企业"四位一体"的职教师资培训体系

建立大学、高职学院、中职学校和企业"四位一体"的职教师资培训体系，充分发挥行业企业作用，充分发挥示范高职学院和重点中职学校的作用和积极性，这将有利于中高职衔接、中高职互相交流以及建立校际合作交流平台，有利于高职学院对中职学校的带动，也有利于校企合作的进一步开展。

1. 根据各自的优势承担不同的功能

大学主要承担前沿技术与理论、职业教育教学理念、技术方法以及提升学历的培训，高职学院主要承担专业群、专业技能的培训以及培训课程的开发，中职学校主要承担特色专业的培训和校本培训，企业主要承担教师的实践技能、新工艺以及工作流程的培训。

2. 充分发挥示范高职学院在职教师资培训中的作用

首先，在示范性高职学院的带动和扶持下，师资队伍水平相对较差的职业学校可接受示范性高职学院的对口支援，或者由示范性高职学院派出教师到受援学校承担教学任务、指导教研活动及参与教学管理等。其次，各职业学校也可组织选派教师到示范性高职学院学习和进修，通过现场参观与学习加深对职

业教育理念的认识，学习先进的教育教学方法，推进院校自身和专业的教学建设与教学改革。

3. 尝试在企业建立师资培训基地，或者由高职学院和企业联合举办师资培训基地

承担师资培训基地的高职学院应具备的条件为：实力强，规模大，专业建设到位，具有稳定专业群，并且在校企合作方面比较突出；企业应具备的条件为：规模大，声誉好，长期支持参与职业教育的发展，具有校企合作经验与背景。

培训基地应根据本行业技术进步和产业发展状况及时对专业教师实施相应培训，培训内容以技能培训及本专业课程改革方法为主，力求体现先进性和实用性。

（五）推动训、赛、证一体化实施，加强教师能力评价及教师培训效果考核

职教教师培训和教师技能竞赛、教师技能鉴定及资格证书获取相结合，既有利于培训的针对性及实用性，有利于及时检验培训效果，又有利于发挥教师参与培训的热情和积极性。

1. 教师培训与技能竞赛相结合

在进行教师培训之后，举办教师职业技能竞赛，检验教师学习效果的同时，使得教师在参训过程中更具有动力和积极性。

2. 教师培训与教师技能鉴定相结合

培训结束后要紧跟技能鉴定，在教师培训的过程中，可将技能鉴定的相关要求和内容融合，以技能鉴定后教师获取合格证书的比例作为评价培训效果的重要指标。

此外，要注意加强教师能力发展性评价，以评价促进教师综合能力提升，这些在实践中都是行之有效的。

（六）进一步加强专业教师参与企业实践

目前，一方面教师参与企业实践必然缩减其课时，影响其工资水平及职称评定，挫伤其参与企业实践的热情；另一方面，企业由于要追求经济效益，对接受教师参与实践的态度不够积极。因此，必须从学校与企业两个方面进行政策改进，使教师顺利实现企业实践。

1. 鼓励教师参与企业实践

制定办法做到教师企业实践期间的工资福利待遇不变，培训期间带工资、带课时，不影响职称评定。教师企业实践的情况记入业务档案，作为业务考核、岗位聘任、职称评聘和评优奖励的重要依据，同时视为教育行政部门对学校督导评估和办学水平检查的重要内容。

2. 鼓励企业接收职业院校教师参与实践活动

政府有关方面应尽快从政策和税收等方面调动企业接收教师实践的积极性，对接收职教教师实践的企业授予荣誉称号，挂牌奖励，加大宣传。建立教师到企业实践工作专项督察制度，根据国家有关教师到企业实践的法规和文件规定，重点对教师到企业实践工作的开展与经费落实等情况进行督查和指导。

（七）鼓励教师合作教学，打造"双师结构"教师团队

所有职教教师都成为理论教学专家和技术能手并不现实，因此不可能做到全部职教教师都成为"双师"。对于职业学校而言，更重要的是形成一支结构合理的"双师"专业教师团队，即在专业教师队伍中，"理论型"教师与"技能型"教师及"双师型"教师保持一个合理的结构比例。

在"双师型"专业教师团队建设中，教师个体应尽量朝着"双师"的方向发展，但更重要的是团队中教师间的能力互补，专业课教师、实习指导教师及兼职教师之间取长补短、相互交流，大力鼓励教师合作教学及合作开发课程。

"双师"专业教师团队应把握好两个方面的结构：一是专业教师队伍中"理论型"教师、"技能型"教师及"双师型"教师形成合理比例。二是安排好"双师型"教师的类别结构、层次结构。类别结构是指"双师型"教师中兼职教师占"双师型"教师总数的比例；层次结构是指"双师型"教师中不同经历、不同水平者应形成一定的梯队，保证"双师"培养的循序渐进和团队塑造。

八、新时代职业院校教师的可持续发展与展望

（一）从经济发展的角度反思职业院校教师可持续发展

在思考职业院校教师可持续发展问题之前，我们先从反思经济发展开始。从经济发展的角度来看，人与自然的关系经历了"和谐—失衡—再和谐"的过

程。[①] 在古代，由于我们的祖先缺乏战胜自然的能力，他们对自然敬畏有加，那时人与自然的关系主要表现为比较和谐的状态。近代以来，随着科学技术的进步，人们对自身能力产生了巨大的自信，因而认为人类具有了改造自然、战胜自然的能力，因此人定胜天思想慢慢在全社会蔓延。近年来，在经济快速发展之时，环境污染越来越严重，人们逐渐认识到在经济发展的同时需要保护环境，保护生态平衡。与经济发展相契合，近年来，随着职业教育的快速发展，职业院校教师发展也面临一些问题，学校发展影响到教师健康。原来坚持以学校发展为第一要务，所有人、所有事都要为发展让路。为了学校发展，教师长期加班；为了快速提高科研水平，学校"鼓励"没有科研能力的教师搞科研；为了快速提高学校的社会服务能力，学校给每一位教师分配很高指标。发展似乎变成了"大跃进"。在这种情况下，许多教师被迫全身心全时段投入工作之中，以至于个人生活被打乱。这种现状影响了教师身心健康，使其产生了严重的职业病。针对这种问题，我们需要反思当前的发展节奏和发展观念，职业学校发展要像经济发展一样需要有前提，即需要首先保证教师的身心健康，保证教师的可持续发展，职业教育才可能持续发展。总之，职业学校和职业教育的发展，要调整节奏，要从远处着眼，要以教师的健康和可持续发展为前提。

（二）从社会发展角度来看，能力社会的形成促进职业院校教师可持续发展

由于历史和文化原因，一些国家形成了学历社会，把学历作为评价人的主要标准。过去一段时间内这种评价方式在这些国家发展中发挥了很大的作用，但是，随着现代社会的快速发展，这种评价方式逐步成为社会发展的障碍，严重影响了社会的持续发展。在这种情况下，我国政府积极推动社会变革，欲将学历社会转变为能力社会。经过40多年改革开放，大批有能力的人才得到重用，社会逐步从学历社会向能力社会转变。2021年，我国《职业教育法》修订草案两次提请全国人大常委会会议审议[②]，值得肯定的是，这部法律修正草案首次提出，职业教育与普通教育享有同等重要的法律地位，职业学校学生享有与同层次的普通学校学生相同的就业机会。如果修订草案获得通过，这些突破将成为我国能力社会确立的重要标志。实际上，作为职业教育的从业者，近年来我们深深感觉到各个单位越来越不再强调学历的重要性，而是开始逐步真

[①] 李小云，杨宇，刘毅. 中国人地关系的历史演变过程及影响机制 [J]. 地理研究，2018（8）：1495-1514.

[②] 新华社. 职业教育法修订草案再次提请审议：优化职教学生升学就业社会环境 [EB/OL]. (2021-12-06) [2022-02-07]. http://www.npc.gov.cn/npc/c30834/202112/8bb8e51bfeef456e8ad539234f3e73a4.shtml.

正重视起职工的实际工作能力,这是我国政府多年推动取得的实际效果。如果如此发展下去,随着高等教育的深度普及化发展,相信不长时间以后我国将会完全转变为能力社会。从这种发展趋势来看,作为青年学生能力培养的主要机构——职业学校,必将更加受到国家和全社会重视,资金和政策投入也会逐步增加。在这种情况下,职业学校必将很快越过当前的硬件建设阶段,而真正进入内涵发展阶段。在内涵发展阶段,教师发展必将成为职业学校改革与建设的重点,到那时教师发展的各种外部条件都会得到较大改善。而且,随着整个社会对职业能力重视程度的提高,大批教师必将形成主动学习、持续发展的习惯和生活方式。在内外发展条件成熟的条件下,职业学校教师可持续发展必将进入良性发展的快车道。

(三) 从学校发展角度来看,职业院校为教师可持续发展提供的条件和环境越来越好

未来的职业教育是普通教育与职业教育相结合的教育,也就是说,职业教育首先进行的是人的教育,其次才进行职业教育。在后现代发展阶段,人们对现代化发展进行了反思,认为人不是劳动的机器,他们首先是人,其次才是劳动者,我们暂且将其称为后现代职业教育理念。今天的现代职业教育理念过度强调技术技能培养,忽视作为人的兴趣爱好培养和艺术修养培养。后现代职业教育理念是对现代职业教育理念的修正和补充,在这种理念指导下,职业学校一方面重视职业教育,另一方面也重视普通教育和特长教育,也就是说,这些学校会越来越注重学校条件的提供、学习氛围的营造和导师的引导。就像传统职业教育中的师傅一样,职业教育会更加注重导师的培养,让所有教师成长为学生的职业导师和人生导师。青年教师要成长为合格的导师,需要相当长的时间持续学习和锻炼。首先,随着职业学校的快速发展,青年教师在职业学校提供的优越物质条件下加强教学能力锻炼和培养,成长为一名专业导师,能够把技术知识和专业岗位技能高效地传授给学生。其次,学校的快速发展将为教师提供更多的企业锻炼机会。在培养学生技术技能的过程中,教师通过丰富的企业实践锻炼成为一名职业道德高尚的职业导师,并用这种素质潜移默化地感染学生、熏陶学生。最后,职业学校的快速发展将为教师提供更多的校外交流机会,这些活动促使教师成长为学生的人生导师。成为专业和职业导师仅仅是职业学校教师成长的第一步,更重要的一步需要教师用一生来自我培养,培养自己成为一个善良、积极、乐观的人,这要通过终身学习来完成。教师在作为一个人的学习过程中,培养和熏陶学生,为学生树立学习和模仿的典范。

职业院校领导需要加强学习,加强调研,多听取基层教师的意见,在关注学校硬件建设和学生发展的同时,更多重视教师的可持续发展,为他们的发展

创造必要的物质条件。教师可持续发展被忽视的另一个重要原因是，多年来，职业学校硬件条件基础薄弱，一些地区对职业教育投入不足，使得当前职业学校大多仍处于发展的初级阶段，在这个阶段，学校的发展资金全部都用于校园建设或实训条件建设还不够充足，即使领导重视教师可持续发展，也是有心而无财力投入，需要政府和学校领导重视起来，研究如何在有限的资金条件下提高职业学校建设资金利用效率，提高职业学校发展效果。

另一个建议是转变当前的职业教育发展观念。当前，大多数职业学校都把学校的大部分资金投入到校园建设和实训设备购置方面。这种建设理念认为，只要硬件条件足够优越，教育质量便可以显著提高。实际上，职业学校的教育教学效果既取决于硬件，也取决于教师队伍的整体综合素质。据研究显示，后者比前者对教学效果影响更加重要[1]，优先培养教师比优先建设硬件设备重要。因此，职业学校需要转变当前的硬件建设观念，提高资金利用效率，把有限的资金放到对学生学习更加重要的地方，提高资金利用效率，为教师的可持续发展创造条件。

（四）从个体发展角度来看，社会地位的提高使得职业院校教师对终身学习的态度越来越积极

在新时代，随着职业教育与普通教育社会地位日益接近，职业院校教师社会地位将越来越高。历史上，我国职业教育社会地位很低，职业教育教师地位也很低。近代以来，虽然情况有所改变，但职业教育仍不被人们重视，职业学校教师地位仍然很低。[2] 新中国成立后，职业教育地位明显提高，职业学校教师地位也获得很大提高。改革开放以来，尤其是20世纪末21世纪初，我国开始大力发展职业教育，财政大幅增加投入，职业教育规模快速扩大，职业学校教师地位再次提高。2021年《职业教育法》修正草案将职业教育提升到与普通教育同等重要的地位，在可以预见的未来，职业院校教师地位无疑将继续提高。随着社会地位的提高，职业院校教师的终身学习与可持续发展将成为新常态。

互联网技术的发展几乎大幅提高了所有领域的生产效率，但唯独对教育效率提高并不明显。在人才成长过程中，学习者对知识和技能的加工过程是一个个性化的生产过程，而且这一过程是学习的核心和主要部分，学校教育作为学生学习的次要和辅助部分，即使其效率大幅提高，对学生学习整体效率的提高作用也不大。但是，在职业学校中，教师作为学生学习和成长的主要模仿对象，只要其不断地虚心学习，并在全校形成认真学习的环境，对学生学习效率

---

[1] 赵中建. 全球教育发展的研究热点 [M]. 北京：教育科学出版社，1999：430.
[2] 谢长法. 中国职业教育史 [M]. 太原：山西教育出版社，2011：418.

的提高具有重要的促进作用。因此，在当前教育技术快速更新的大环境下，职业学校为教师提供终身学习的良好条件，并建立适合教师发展的制度环境，所有教师就有可能积极学习、积极研究，从而形成良好的学习氛围，提高学生学习效率，创造良好的校园文化环境。那么，职业学校应该如何做才能真正促进全体教师持续学习呢？首先，减弱行政权力对教师发展的强大吸引力。在我国的公立职业院校中，由于受社会影响，掌握行政权力对大多数教师具有巨大的吸引力，这一状况是影响教师持续学习的主要因素。这种吸引力不削弱，全校形成良好的学习研究氛围便难以实现。其次，为教师成长提供多种路径。目前，在大多数职业院校中，教师普遍认为，除进入行政管理岗位之外，教学、科研和社会服务等技术工作做得再好也不能算作成功。其中重要原因就是，行政管理岗位权力过大，技术岗位权力太小，即使在这些岗位上取得良好发展也很难与行政岗位相比，因此许多教师在技术岗位上往往积极性不高，对自身发展不抱太大希望。所以，职业院校需要努力改变这一状况，为技术岗位教师提供多种发展路径，让每一个持续学习者充分利用最新教育技术改进教学效果、提高教学效率，让他们感受到教学和成长的快乐。

第六章
技能型社会的职业教育人才培养

党的十八大以来，国家高度重视职业教育发展，系统规划推动职业教育高质量发展。职业教育战线深入贯彻党和国家决策部署，以改革增强活力、提高质量、推动发展，一些标志性、引领性改革举措取得显著成效，培养质量稳步提高，专业布局持续优化，改革试点深入推进，政策保障更加有力，国际影响不断提升，职业教育的面貌焕然一新。2021年4月，在中国共产党成立100周年和"十四五"开局之年，全国职业教育大会成功召开，创造性提出了建设技能型社会的理念和战略。这一战略是适应新时代经济社会发展要求，实现教育现代化、建成教育强国战略的必然选择，也为我国职业教育改革发展赋予了新的时代使命[1]。技能型社会与全民终身学习紧密关联，它建立在全民终身学习的基础之上，丰富了全民终身学习的指向与内涵。

一、关于技能型社会

（一）技能型社会建设的时代背景

随着经济社会的发展与变革，以及"创新驱动发展战略""工业4.0"等战略计划的提出，我国进入新的发展阶段，经济总体规模整体竞争力稳步提升，产业升级和经济结构调整不断加快。但就业结构性矛盾显现，仍具有"大而不强"的特点，各行各业对技术技能人才的需求越来越紧迫，对技能人才培

---

[1] 朱少义. 技能型社会：职业教育重在参与，贵在共享[J]. 中国大学生就业，2021 (21)：15-17.

养质量也提出更高的要求。在人才强国、科教兴国的现代化发展背景下,与建设现代化经济体系、建设教育强国的要求相比,我国职业教育还存在着体系建设不够完善、职业技能实训基地建设有待加强、制度标准不够健全、企业参与办学的动力不足、有利于技术技能人才成长的配套政策尚待完善、办学和人才培养质量水平参差不齐等问题。根据人力资源和社会保障部统计数据显示,"十三五"期间,我国高技能人才仅占技能人才总量的不到 30%。2019 年 3 月,教育部、财政部发布的《关于实施中国特色高水平高职学校和专业建设计划的意见》,明确提出要"在全面提高质量的基础上,着力培养一批产业急需、技艺高超的高素质技术技能人才",同时提出要"推动高职学校和行业企业形成命运共同体,为加快建设现代产业体系,增强产业核心竞争力提供有力支撑"。这些政策也表明现在对于深化产教融合、培养高素质技能人才的迫切需要[1]。所以,技能型社会的建设是我国从"资源优势"走向"创新优势",从"中国速度"走向"中国质量",从"制造大国"走向"制造强国"的战略举措。

(二) 技能型社会的内涵与特征

我国对技能型社会的解读与研究处于起步阶段,学界目前对技能型社会的定义尚无统一的认识。王星从与文凭社会对比的角度来解释技能型社会,他认为文凭社会注重的是文凭证书的覆盖状况,技能型社会则更强调技能形成的过程,技能型社会涉及技能供给的主体是谁、谁控制(主导)了技能形成过程、技能形成的成本分担与社会保护机制、技能形成的社会后果等问题,技能型社会不是一个理想的社会类型的想象,而更多是基于现实的反思[2]。石伟平认为从技能形成理论的角度看,技能型社会就是增加技能形成的多元化路径,提升技能形成的效率;从劳动经济学的角度看,技能型社会就是推动劳动者从初级劳动市场进入次级劳动市场,帮助劳动者更牢固地把握好自己的生涯发展;从职业教育学的角度看,技能型社会就是创造人人接受职业教育与培训、人人接受劳动精神和工匠精神熏陶的社会氛围与教育机会[3]。李梦卿等认为"技能型社会建设以培养高素质技能人才为前提,以打造能力建设体系为抓手,以推动经济社会发展为目标,其旨在实现新常态、新标准、新发展的愿景与我国经济

---

[1] 李梦卿,余静. 我国技能型社会建设的时代背景、价值追求与实施路径 [J]. 中国职业技术教育,2021 (24): 5-11.

[2] 王星. 走向技能型社会:国家技能形成体系与产业工人技能形成 [M]. 北京:中国工人出版社,2021: 377-390.

[3] 石伟平. 发展高质量职业教育 建设技能型社会 [J]. 职教通讯,2021 (5): 1-2.

社会发展相耦合,彰显了新时代我国技能型社会建设的价值追求和时代风尚"[1]。李玉静等提出技能型社会是一种社会形态,不仅仅涉及教育领域的改革,而且要实现相关社会组织与要素的全面革新[2]。李玉珠等认为技能型社会是国家尊重技能、社会崇尚技能、人人享有技能的社会,是激励更多劳动者特别是青年人走技能成才、技能报国之路的社会[3]。张元宝提出技能型社会是对现代社会价值理念与发展特征的一种理论描述,是一种以相应的机制和手段促进和保障技能教育和技能学习的社会[4]。朱少义认为技能是人类的特有属性,技能型社会是由人组成的以掌握并熟练运用技术为特征的集合体[5]。张学英等认为技能型社会是在吉登斯社会投资型国家模式下的一种促进技能知识积累和技能习得的社会发展理念[6]。

技能型社会是我国提出的一种教育和社会革新理念。全国职业教育大会提出,加快构建面向全体人民、贯穿全生命周期、服务全产业链的职业教育体系,加快建设国家重视技能、社会崇尚技能、人人学习技能、人人拥有技能的技能型社会。这一阐述表明技能型社会是一种促进技能学习的发展理念,以国家重视技能为指引、以社会崇尚技能为导向、以人人学习技能为路径、以人人拥有技能为目标。同时也体现了技能型社会的"三全"特征,即在技能开发对象上要覆盖全体劳动力、在开发项目上要贯穿劳动力的全生命周期、在开发内容上要囊括社会的全部产业链[7]。

(三)技能型社会建设的实施路径

1. 政府引领,夯实重视技能的牢固基础

2014年,在全国职业教育工作会议上习近平总书记强调,职业教育是国民教育体系和人力资源开发的重要组成部分,是广大青年打开通往成功成才大门的重要途径,肩负着培养多样化人才、传承技术技能、促进就业创业的重要职责,必须高度重视、加快发展;6月,教育部等部门颁布了《现代职业教育体系建设规划(2014—2020年)》,明确了现代职业教育体系的基本构架和重点任务;国务院印发了《关于加快发展现代职业教育的决定》,全面部署加快

---

[1] 李梦卿,余静. 我国技能型社会建设的时代背景、价值追求与实施路径[J]. 中国职业技术教育,2021(24):5-11.
[2] 李玉静. 技能型社会:价值意涵与推进策略[J]. 职业技术教育,2021(42):1.
[3] 李玉珠,弓秀云,张秋月. 技能社会的核心、载体与共同体逻辑[J]. 职教论坛,2022(38):42-50.
[4] 张元宝. 技能型社会建设的教育支持研究[J]. 职业技术教育,2021(42):54-60.
[5] 朱少义. 技能型社会:职业教育重在参与,贵在共享[J]. 中国大学生就业,2021(21):15-17.
[6][7] 张学英,张东. 技能社会的内涵、功能与核心制度[J]. 职教论坛,2022(38):35-41.

发展现代职业教育，明确目标任务和政策措施。2017—2018年，国务院相继出台《关于深化产教融合的若干意见》《职业学校校企合作促进办法》，深化产教融合、校企合作，助力现代职业教育体系建设。2019年，国务院印发《国家职业教育改革实施方案》，指出职业教育与普通教育是两种不同教育类型，具有同等重要地位；国务院办公厅印发《职业技能提升行动方案（2019—2021年）》，提出"全面提升劳动者职业技能水平和就业创业能力"。2021年，国务院常务会议通过《中华人民共和国职业教育法（修订草案）》，将草案提请全国人大常委会审议，这是该法自1996年颁布以来的首次修订，明确了职业教育的重要地位。2021年4月，全国职业教育大会提出建设技能型社会；6月，人力资源和社会保障部印发《"技能中国行动"实施方案》，提出技能是强国之基、立业之本，技能人才是支撑中国制造、中国创造的重要力量；10月，中共中央办公厅、国务院办公厅印发《关于推动现代职业教育高质量发展的意见》，提出于2035年基本建成技能型社会。

在新的时代背景之下，"技能"一词被赋予了新的时代内涵。无论从中央到地方，还是从学者到民间，对技能的重要性、必要性的认识，达到前所未有的高度统一。在加快现代职业教育发展、职业技能提升、产教融合校企合作体制机制建设等政策的引领下，我国已建成世界规模最大的职业教育体系。当下，职业教育被赋予助力建设技能型社会的光荣使命，相关配套政策要推陈出新、与时俱进。各省、自治区、直辖市也应依据自身发展特色，制定出台建设战略，推动技能型社会建设。

2. 多方参与，营造崇尚技能的社会氛围

长期以来，受"崇尚学历，轻视技能""劳心者治人，劳力者治于人"等社会偏见的影响，轻视技能教育的观念根深蒂固，并由此导致技能型人才"习得性无助感"的无限泛化[①]。如何在思想上根本破除"重知识轻技能"的观念，转变"重学轻术"的"学历主义"传统社会认知，形成"社会崇尚技能"的时代风尚，需要政府、院校、企业、行业等职业教育参与者积极响应，锚定自身定位，发挥角色优势，汇聚合力营造社会崇尚技能、尊重技能、发展技能的良好氛围。比如，在基础教育阶段加强学生的职业启蒙教育；技工院校、职业院校大力开展技能教育，引导广大劳动者特别是青年一代关注技能、学习技能、投身技能；创新方式方法，采取群众喜闻乐见的形式，传播技能文化，大力弘扬劳模精神、劳动精神、工匠精神；及时清理对技能型人才歧视的相关政策，推动职业教育发展的利好政策；制定技能人才荣誉机制和激励机制；等等。

---

① 张元宝. 技能型社会建设的教育支持研究[J]. 职业技术教育，2021（42）：54-60.

3. 保障供给，健全教育支持服务体系

为满足各阶层各年龄段学习者接受学历教育和技能培训的多样化需求，实现人人学习技能，一方面要保障优质职业教育资源供给，优化职业教育资源配置，促进职业教育供给侧与需求端的衔接契合；另一方面要探索"上下贯通"的职业教育层次衔接机制、"左右融通"的普职衔接机制、"前后一体"的终身教育衔接机制和"内外协同"的校企合作育人衔接机制。加快推进应用型教育、职业教育和继续教育发展，既是教育支持技能型社会建设的重要体现，也是技能型社会实践主体对教育的内在诉求①。

4. 深化改革，提高技能人才的培养质量

技能型社会的建设不仅仅是人才类型的多样化与人才培养体系的立体化，更重要的是在于技术技能人才质量水平的优化②。职业院校作为学历教育和技能培训的主力军，要深耕教育质量内核，以求真务实的精神探索和践行技能人才、能工巧匠、大国工匠培养之路。持续改善办学条件，逐步提升内涵水平，同时主动对接产业、服务企业，以经济发展所需人才种类动态调整专业设置、课程标准、育人方案，完善培训内容、提高培训质量，在校企深度融合中打造职业教育能就业、好就业、就好业的靓丽名片③。

二、技能型社会职业教育人才培养的方向

在技能型社会建设进程中，各行各业的新进展、新形态、新模式对人才的数量和规格、素质和能力不断提出新标准、新要求。构建技能型社会为职业教育的人才培养带来新的发展机遇和挑战，也为职业教育人才培养模式变革注入新的活力。

（一）职业教育人才培养主体凸显多元开放

职业教育作为推动技能型社会建设的一个重要路径，人才培养主体的多元化与开放性是满足"人人学习技能"需求与实现"人人拥有技能"目标的基础。党的十九大报告指出，中国特色社会主义进入新时代，我国社会主要矛盾已经转化为人民日益增长的美好生活需要和不平衡不充分的发展之间的矛盾。在这种形势下，人民对高质量职业教育的需求也日益增长，广大群众的教育和

---

① 张元宝. 技能型社会建设的教育支持研究［J］. 职业技术教育，2021（42）：54-60.
② 石伟平. 稳步发展职业本科教育助推技能社会建设［J］. 国家教育行政学院学报，2021（5）：42-44.
③ 朱少义. 技能型社会：职业教育重在参与，贵在共享［J］. 中国大学生就业，2021（21）：15-17.

学习需求越来越呈现出多层次、多样化的态势。2019 年的《政府工作报告》提出高职扩招 100 万,鼓励更多应届高中毕业生和退役军人、下岗职工、农民工等报考高职院校,社会招生需求骤增、生源多元。职业教育是横跨三大产业的类型教育,培养主体囊括老中青少年群体,面向不同的产业、专业和不同层次的对象,以及不同的需求。职业教育需较好地实现培养主体的全纳性及专业的市场匹配性[1],在转移农村剩余劳动力,形成合理的人才结构,促进就业、再就业和培养人才的创业能力等方面发挥巨大作用[2]。

(二) 职业教育人才培养目标重视德技并修

在技能型社会建设的时代背景下,职业教育承担着培养复合型技术技能人才的重要任务。在培养目标上,不仅注重职业岗位能力的培养,更要注重职业精神及创造力的培养,强调职业精神培养、职业素养养成与专业技术积累在育人过程中协调统一。主动矫正长期以来职业教育中功利主义、实用主义人才教育观,以立德树人为根本,以德技并修为目标[3],将课程思政渗透到人才培养过程的各环节,将专业精神、职业精神和工匠精神融入人才培养全过程。同时,学校、企业、行业等职业教育育人参与者,围绕人才培养目标发挥积极的主导作用,以学校文化、企业文化和行业文化感染学生,使其养成符合专业特点的职业素养与工匠精神[4]。职业教育人才培养目标重视践行的德技并修,不仅符合新时代人才要求,也有助于营造社会崇尚技能的良好氛围。

(三) 职业教育人才培养内容要求精准对接

职业教育人才培养目标的实现最终需要通过课程与教学落实到具体的育人环节中。职业教育与产业发展密切相关,构建适应地方产业需求的专业课程体系是实现人才培养目标的重要支撑。树立为产业服务的课程观,围绕新兴的高端产业方向发展与企业合作共同开发课程、编写教材,充分体现系统性、过程性、职业性、发展性要求,充分反映企业生产岗位的新知识、新技术、新要求。同时,职业教育要保持对外部市场的敏感性,及时调整培养内容,保证培养内容与产业结构发展的衔接度和匹配度[5]。

---

    ① 谢德新,庄家宜. 从学科本位到综合职业能力:新中国职业教育人才培养的历史回眸与未来展望 [J]. 职业技术教育,2020 (41):33 - 39.
    ② 刘颖,杨艳. 论职业教育在人力资源开发中的社会功能 [J]. 教育与职业,2007 (9):25 - 26.
    ③ 王靖. 德技并修:新时代工匠精神与高职学生职业素养融通路径 [J]. 职教论坛,2019 (11):149 - 152.
    ④ 刘惠芹,王晓红. 德技并修、工学结合育人机制构建 [J]. 中国高等教育,2018 (21):58 - 59.
    ⑤ 李梦卿,邢晓. "双高计划"背景下高等职业教育人才培养方案重构研究 [J]. 现代教育管理,2020 (1):107 - 114.

(四) 职业教育人才培养方式强调学练并重

我国职业教育人才培养也经历了从强调实践课时的占比规定，到注重浅层互动的实训基地建设，再到重视深度互动的顶岗实习、学徒制等过程，逐渐实现了职业教育人才培养与岗位工作生产的有效衔接，从而适应不同生产技术岗位的能力需求[1]。职业教育为社会经济服务的宗旨以及就业为导向的职业特性决定了"实践性"在人才培养中的重要地位，根据职业教育人才培养内容的变化，人才培养过程更加凸显"实践性"，实践性教学是实现人才培养目标的重要环节。职业教育在人才培养过程中，必须为学生科学选择实践性的教学内容，创造真实的教学实践情景，提供参与企业实践的机会，以培养和提升学生的实际操作能力、岗位适应能力以及综合职业素养[2]，实现培养过程与工作过程的精准对接。我国职业教育人才培养方式，日益适应我国社会经济发展与工业技术多元化、个性化对技术技能人才的要求，为高素质技术技能人才的供给提供了坚实保障。

(五) 职业教育人才培养模式着力改革创新

"1＋X"证书制度是《国家职业教育改革实施方案》中的重要内容，是职业教育重大制度创新，是智能化时代复合型技术技能人才培养对职业教育人才培养模式改革的内在要求。"1＋X"是学历证书与职业技能等级证书相结合的证书制度，在完成学历教育内容的基础上进一步延伸出对特定技能的学习要求。"1＋X"证书制度蕴含着人才培养模式改革，即通过作为基础的核心内容与可选择的单项技能相结合的学习模式。通过"1＋X"证书制度的实现，可以促进完善技能等级证书体系，把产业的最新技术体现到技能等级证书中，最终传导到职业院校人才培养；重构学历职业教育内容，减少重复教学的内容，并把实践教学中单项技能的训练内容整合到"X"的教学中，重新定位学历职业教育的培养目标，优先选择在行业中具有普遍意义、对学生具有长远生涯发展意义的内容进行教学；创新职业教育办学形态；等等[3]。"1＋X"证书制度虽然还在实践探索中，但是无疑是优化类型教育特色、推动现代职业教育高质量发展的重要抓手，也是建设技能型社会的助推器。

---

[1] 谢德新，庄家宜. 从学科本位到综合职业能力：新中国职业教育人才培养的历史回眸与未来展望 [J]. 职业技术教育，2020（41）：33-39.

[2] 李梦卿，邢晓. "双高计划"背景下高等职业教育人才培养方案重构研究 [J]. 现代教育管理，2020（1）：107-114.

[3] 徐国庆，伏梦瑶. "1＋X"是智能化时代职业教育人才培养模式的重要创新 [J]. 教育发展研究，2019（39）：21-26.

三、技能型人才需求规格调查与结果

技能型人才又称技能人才,是指具有一定熟练技能,在生产、建设或服务一线从事操作性工作的应用型、实用型人才,尤其指具有一定技能水平的技术工人。技能型人才目前分初级工、中级工、高级工、技师、高级技师五个等级。其中,高级工以上又被称为高技能人才,一般指熟练掌握专门知识和技术,具备精湛的操作技能,并在工作实践中能够解决关键技术和工艺操作性难题的人员。

(一)技能型人才的类型与突出特征

根据技术含量的不同和对熟练程度要求的高低,技能型人才可以分为操作型人才和技艺型人才;从用手、用脑的角度区分,技能型人才可以分为用手为主的技能型人才、用脑为主的技能型人才和手脑并重的技能型人才。此外,高技能人才可以分为知识技能型人才、技术技能型人才和复合技能型人才。

技能型人才的特征主要有以下几个方面:一线性——工作岗位在生产、建设、服务的一线;熟练性——技能熟练程度高;实用性——所具备的技能属于实用技能;职业性——必须具备良好的职业素养和职业习惯。高技能人才的职业特征还表现在高超的技艺性、岗位的针对性、素质的全面性以及突出的创造性。

(二)企业对技能型人才的使用与评价

1. 技能型人才在企业发挥着重要作用,愈发受到企业重视

在企业经营和生产一线中,技能型人才的作用不可替代,尤其是高技能人才还发挥着技能带头、技能公关、"师带徒"的教育培训作用。企业为体现对高技能人才的重视,通过设立首席技师和特殊贡献奖对高技能人才予以激励。比如,北京亦庄开发区设立了"博大贡献奖",给予高技能人才与科技创新人才、管理创新人才同样待遇。首钢总公司、北京公交集团等推行首席技师制度,成为打造高技能人才队伍的典型。

2. 企业一般从职业道德、工作业绩、技能公关、技术推广等方面加强对技能型人才的评价

具体而言,对技能型人才的评价包括职业态度、敬业精神;在技术革新、技术改造和预防排除重大事故隐患中的贡献及取得的重大经济效益、社会效

益；是否掌握先进的操作技术方法，从而大幅度提高劳动生产效率；在推广、应用先进技术和培养后备技能人才上的成绩；等等。同时，采取评分表、专家考评、部门评估等多种评价形式。

3．企业急需新型技能人才

在现代制造业中，大量高科技产品不断出现，高技术含量的设备不断应用，企业对技术工人的技术能力及综合素质提出了更高的要求，传统的知识技能结构已难以满足工作的要求。众多企业表示，急需具有新观念、掌握新工艺、了解新材料、熟悉新设备的新型技能人才。

4．关键岗位、重点岗位上的技能型人才短缺，十分影响企业正常的生产经营

关键岗位、重点岗位上的技能型人才关系到企业的正常生产经营。这类技能人才很难通过劳动力市场获得，往往需要企业进行多年培育，一旦流失通常让企业损失惨重。

（三）企业对技能型人才的需求规格与分析

我们在调查与研究中，将技能型人才分为一般技能型人才和高技能人才，这种区分隐含着一般技能型人才在技能等级上以中级为主，主要由中等职业学校培养；高技能人才在技能等级上位于高级工以上，主要由高等职业院校培养。

1．一般技能型人才的需求规格

（1）企业聘用一般技能型人才考虑的因素主要有：工作态度、岗位技能、职业道德、专业知识等，见表 6-1。

表 6-1　企业聘用一般技能型人才考虑的因素

选项	频次（人）	个案百分比（%）	排序
工作态度	157	25.4	1
岗位技能	127	20.5	2
职业道德	71	11.5	3
专业知识	64	10.3	4
团队意识	61	9.9	5
沟通能力	35	5.7	6

续表

选项	频次（人）	个案百分比（%）	排序
适应能力	35	5.7	6
创新能力	31	5.0	8
学习能力	25	4.0	9
文化素质	13	2.1	10
总计	619	100	

资料来源："北京市职业院校教师素质提高工程"2009年企业调研和访谈，调查企业232家。

调查显示，企业聘用一般技能型人才优先考虑的因素排前三位的依次为"工作态度""岗位技能""职业道德"。良好的工作态度和职业素养往往是企业对技能人才的首要要求。此外，在交互分析中还发现，对于一般技能型人才，国有企业相对注重团队意识和工作态度，民营企业相对注重沟通能力和岗位技能，外资企业则相对注重适应能力和学习能力。

（2）企业对一般技能型人才在学历和文化基础、职业道德、职业态度与素养、专业技能、社会能力、学习能力和发展潜力等6个维度的规格要求。1）学历和文化基础：要求以中等文化水平为主。企业对一般技能型人才的学历要求总体不高，中等文化水平即可。可以是中职学校毕业，也可以是普通高中毕业，甚至初中毕业也可，有些情况下小学文化程度也行，比如建筑工人。但是，随着产业升级、新技术发展以及教育的快速发展，企业对一般技能型人才的学历和文化基础要求在逐步提高。2）职业道德：要求诚实、信守承诺，具备一定组织忠诚度和社会公德。企业对一般技能型人才的职业道德比较看重，认为作为一线员工必须诚实，做到自己承诺做到的任务，不损害企业的利益，立足本职工作保证产品或服务质量，并具有一定的社会公德。3）职业态度与素养：十分看重。企业非常关注一般技能型人才的职业态度和职业素养。对于职业态度，强调职业认同、质量意识和积极向上；对于职业素养，强调吃苦精神、勤奋作风、遵守规范和追求完美。4）专业技能：要求技能熟练。企业认为作为技能型人才，至少要达到专业技能可以应用的程度，最好能够达到熟练掌握和娴熟运用。当然，岗位技术含量不同，对专业技能熟练程度的要求也不一样。5）社会能力：要求具备基本的社会交往能力。主要包括沟通能力、团队合作能力、自我管理能力和协调能力，企业对沟通能力更为看重。现代制造业强调在劳动中促进员工个性的发展，强调以人为本，通过内在和外在的因素来激发员工的积极性。这样，就需要其具有协同能力、沟通交际能力和自我管理能力等。6）学习能力和发展潜力：基本的再学习能力。企业对一般技能型人才的学习能力和发展潜力要求不如技术人员和管理人员高，但随着学习化社会的纵深发展和新技术、新设备不断出现，技能人才的学习力将被现代企业看重。

2. 企业对高技能人才的需求规格

高技能人才分为技术技能型人才、复合技能型人才和知识技能型人才，企业对他们的需求规格分别是：

（1）技术技能型人才：要求在生产加工或服务一线中从事娴熟的技术操作，具有较高技能水平，能够解决操作难题。主要分布在加工、制造、服务等职业领域，如高级钳工、高级厨师等。

（2）复合技能型人才：要求在生产加工或服务一线中掌握至少两门以上操作技能，能够在生产中从事多工种、多岗位的复杂劳动，解决生产操作难题。例如数控加工中心技术师。

（3）知识技能型人才：要求具备较高专业理论知识水平，同时具备较高操作技能水平的人员，能够将所掌握的理论知识用于指导生产实践，创造性开展工作。主要分布在高新技术产业和新兴职业领域，如网络管理员、信息安全员等。

3. 企业对一般技能型人才和高技能人才需求规格的显著区分

一般来说，初、中级技能人才主要是掌握熟练技术，从事的是熟练劳动，主要是对操作流程的高度熟悉，是动作技能的多次重复。而高技能人才则较多地掌握了精密技术，从事的是较复杂的劳动。高技能人才"高"在既能动手又能动脑，是"手脑并用"的知识技能型人才或技术技能型创新人才。技术、技艺、创造、创新是知识经济社会高技能人才的时代特征，也是与其他人才的区别所在。

4. 不同专业类别的技能型人才需求规格变化分析

企业对不同专业类别技能型人才的需求规格存在显著差异。中职及高职的专业总体可以区分为一产类、二产类和三产类。

（1）在二产类专业，企业关注技能人才的专业技能和操作能力，这部分人属于我们通常认为的典型技能人才，如焊接工、模具工。

（2）在三产类专业，企业关注技能人才的综合素质、社会能力和职业素养，如文秘、饭店服务等。

（3）无论三产类还是二产类专业，除专业技能之外，企业都十分关注技能人才的职业意识和职业道德，尤其是敬业精神、责任意识等。

（4）专业性、岗位性越强的技能人才越是强调技能熟练程度，如供排水、数控技术、会计等。

（5）职业教育特色不够突出的专业技能人才，企业的需求不迫切，并且倾向于追求高学历，比如电子商务、金融事务、人力资源管理等专业在中职、高职都有分布，但在中职层次难以培养，在高职阶段不知如何同本科区分。

四、基于技能型人才需求的职业教育人才培养定位及考量

教育部原部长周济同志曾经指出，中等职业教育的定位，就是在九年义务教育的基础上培养数以亿计的高素质劳动者；高等职业教育的定位，就是在高中阶段教育的基础上培养数以千万计的高技能人才。这一表述对于不同层次职业教育的人才培养定位依然具有重要指导意义，同时，基于对技能型人才需求规格与方向的调查结果，可以进一步确立中等和高等职业学校人才培养定位的基本内容。

（一）统一三类中等职业学校的人才培养定位：定位于初级和中级技能型人才

中等职业学校包含中等专业学校、职业高中和技工学校，其主要定位于培养技术工人、一线操作人员、"蓝领"或技能人才的层面，可以统一定位于培养初级和中级技能型人才。以初级和中级技能型人才作为中等职业教育的内涵，是由其职业教育的性质和在职业教育系统中的地位来决定的。需要注意以下几点：新时期中等职业教育培养目标的落脚点应为"在一线工作的高素质劳动者和中、初级专门技能人才"；新时期中等职业教育必须侧重综合职业能力的培养；新时期中等职业教育必须侧重综合素质的培养。

（二）高等职业院校的人才培养定位：定位于高技能专门人才

1. 高职教育定位于高技能人才培养既可行也必要

任何一类教育的培养定位都要适当拔高，因为任何人才的成长都需要一个较长的过程，很难达到一出校门就成为不折不扣的人才。高职院校很难在短短两三年的时间培养出高技能人才，但这并不意味着高职院校不能定位于培养高技能人才。当然，在高技能人才中，高职院校培养知识技能型人才更具优势，其次是技术技能型人才。明确高技能人才的培养定位，对高职院校具有重要价值。

（1）人才培养类型的确立为高职院校人才培养奠定基础。高等职业教育是就业导向的教育，"高技能人才"培养定位的确立，可以引导高职院校切实办出职业教育特色，真正遵循基于职业属性的教育规律：融职业性的社会需求与教育性的个性需求于一体。

（2）人才培养层次的确立有利于高等职业教育拓展发展空间。就业导向的职业教育培养定位，以其鲜明的职业属性，诠释了职业教育的教育功能层次与劳动分工层次之间的紧密联系。高等职业教育培养高技能人才，教育功能比中等职业教育"高"，高就高在高等职业教育的毕业生所从事的工作岗位的综合、全面和技术复杂程度及其所具备的责任、能力、素质要求，高于中等职业教育毕业生所从事的工作岗位，实质上反映了工作过程复杂程度的高低。

2. 高职教育定位于高技能人才培养的着力点

（1）厘清技能定位。高职教育作为高等教育的一个类型，以培养面向生产、建设、管理、服务一线需要的高素质技能型专门人才为使命，综合涵盖岗位技能、工种技能与职业技能，知识、技术含量明显高于中职教育，职业资格取得等级达到国家职业标准四级，成绩优秀者能达到三级乃至更高。

（2）加强职业素养塑造。企业需求调查显示，企业引进高技能人才除了有熟练掌握技术、娴熟运用技能的要求之外，对包括职业态度、职业习惯、职业道德等在内的职业素养十分看重。高职院校在人才培养过程中，应注重把技能和素养相融合，具体落实到课程和教学。同时，加强职业指导，并且在学生入学之初就开展职业指导直至进入就业，并切实达到良好针对性目标。

（3）瞄向新型技能人才。新型工业化时代的技能人才应该是既能掌握和运用理论技术又具备一定的经验技术，既掌握熟练的操作技能又善于运用心智技能。具备较强动手能力和实践能力是这类人才的标志。高技能的能力素质结构和规格要求呈现出不断的动态变化，职业院校应善于捕捉劳动力市场信息和企业实际需求，培养与时俱进、具备时代气息和富有创新精神的高技能人才。

（三）创新技能型人才培养模式

技能型人才培养模式即根据社会、经济和技术发展的需要，在一定的教育思想指导下，为实现职业教育技能型人才的培养目标和规格而采取的教育教学组织形式和运行方式、制度、过程等要素的多样化组合。技能型人才培养模式具有十分丰富的内涵，以下从培养目标、课程体系、实践教学、师资队伍四个关键环节加以勾勒。

（1）准确进行培养定位。在人才培养上强调应用性、针对性、实践操作能力的培养。基础理论方面以较为扎实、够用为度；技能方面达到熟练强化，紧贴企业需求，以岗位需要为原则。

（2）建立和完善由通识教育课、必修专业基础课、必修专业课和专业技能训练课构成的全新课程体系。通过对课程的调整，将学生更大比例的时间用于实践和实习。

（3）加强实践教学。采取共建、改建、扩建的方式完善校内实验、实训基地建设，建设的实习实训基地尽可能与生产、管理、服务一致，加强实践训练；逐步加大实习经费的投入力度，强化实践考核；健全实践教学的质量监控体系，确立实践教学的激励机制，调动优秀的教师从事实践教学工作。

（4）加强"双师型"教师队伍建设。选送一些中青年教师到企业部门进行技能培训，到企业进行实践锻炼，使他们按"双师型"道路发展，同时注重从企业和产业部门引进一些有实践经验的教师。另外，在工资、职称评聘、进修等方面，制定相应的保护政策，引导教师逐步向"双师型"或"一体化"教师方向转变。

（四）充分发挥企业积极性，校企合作培养技能型人才

职业学校和企业作为职业教育不同培养主体，在人才培养上各具优势，需要既有合作又有分工。单纯在职业院校的3年时间，很难真正培养出合格的技能人才，尤其难以真正培养出高技能人才。因此，必须利用各种手段对企业参与职业教育和培训进行引导。

1. 建设技能人才培养基地

应充分发挥企业和职业院校在技能人才培养工作中的作用，加快培养速度，扩大培养规模，逐步建立一支与区域产业发展相适应的技能人才队伍，建立一批示范性技能人才培养基地。

2. 培养预备技师

充分发挥职业院校培养技能人才的基础地位与作用，广泛动员企业支持，通过促进校企结合、联合培养，共同评价技能人才。职业院校难以一步到位培养高技能人才，可以先培养预备技师，使其经过在企业真实岗位的磨炼之后成长为技师。

3. 改革技能人才评价制度

企业参与技能人才的评价，将企业纳入职业技能评审委员会，在考题设计和考官组成上都给予企业参与权。

（五）加强双证书教育，促进技能人才培养与企业要求相契合

职业院校双证书教育模式是把企业对新员工职业道德与职业素质评测、业绩评价、操作技能考核和理论知识考试的要求，通过教学过程和考试环节来实现，促进职业院校培养与企业实际生产要求相结合，并且实现教学成本较低、教学效果较好、教学质量较高，其核心实质是以科学发展观为指导，以服务为宗旨，以就业为导向，以能力为本位，以岗位的需要为依据，按照实际工作任务、工作过程和工作情景来组织课程，规范职业院校专业课程开发、课程结构、教学师资、教学指导以及教学活动分析过程，形成一个以任务履行为主体的职业技能课程体系。

（六）注重学生基本素养的塑造与职业核心能力的培养

首先要充分认识到企业对职业学校毕业生非专业技能素质的要求，引导学生树立热爱本专业的思想，达成职业承诺，培养学生良好的个性品质和人格魅力，使其成为具有成长潜力和发展后劲的技能型人才。

其次要构建学生的核心能力观，培养他们的学习能力、应用能力和创新能力等，满足竞争性职场的要求。职业核心能力可以概括为：一个人在该专业长期的学习和实践过程中所形成的独特能力，这种能力是他在执行岗位任务时所发挥出的别人无法模拟的、具有持续优势和较强知识特征的能力。

（七）加强职业意识与职业道德教育，培养全面发展的技能型人才

所谓职业意识，主要是指学生的就业意识，包括自信意识、责任意识、协作意识和创新意识等方面的内容。在老师的积极引导和帮助下，职业院校学生在实践过程中可以切身体会到职业意识的重要性并形成良好的职业习惯，学生职业意识的养成反过来可以促进学生专业实践能力的进一步提高。

职业院校还必须加强学生职业道德教育，人才培养中决不可"见物不见人"，保了"技能"丢了"根本"，应引导学生树立正确的职业观念、培养学生具备良好的职业道德素质，以便更好地为社会发展与经济建设服务。

（八）加强中高职衔接，一体化培养高技能人才

加强中高职的衔接，更有利于培养高技能人才，尤其是培养新型高技能人才。从现有情况看，中高职衔接主要有以下几种形式：一是分段贯通式。即将一所或几所中职学校与专业对口的高职院校联合办学，采取"3+3"方式，前3年在中职学习，后3年在高职学习，按阶段完成各自的教学任务，但中高职院校要共同制定培养目标，整合、重组中高职的课程和教学计划。二是提升

式。即选择部分国家级重点中等职业学校,按照《高等教育法》的有关规定,举办5年一贯制的高等职业教育。三是下延式。即高职院校招收初中毕业生进行5年制高等职业教育。在一定区域内,三种形式可以结合运用,可以中高职教育一体化发展。

五、高技能人才的内涵特征与高职人才培养模式革新

(一) 高技能人才的内涵与职业特征

1. 内涵

在我国现阶段,人们常把决策管理层劳动者称为"白领",把操作执行层劳动者称为"蓝领",高技术技能人才则是介于决策管理层和操作执行层之间的技能水平较高的人才,俗称"灰领"(Grey Collar)。这一感性与形象的描述为大众熟知,但是学术界对"高技术技能人才"作为一个概念的界定却不尽相同。丁大建(2004)认为,所谓高技术技能人才,通常是指生产和服务企业中,在一线从事那些技术含量大、劳动复杂程度高的工作的高级技术工人和技师,他们在工作中既要动脑又要动手,既要具有较高的知识层次和创新能力,又要掌握熟练的操作技能[1]。刘春生、马振华(2006)提出,高技术技能人才是一个相对、广义、综合的概念,除了具有较高学识之外,还应具备精深的专业技能;不仅依赖技能进行工作,而且需要必要的专业理论知识,综合运用专业知识解决具体问题,更需要解决现场突发性问题的应变能力;是身怀绝技的一线操作能手,"手脑并用"的知识技能型人才,具有综合素质的创造技能型人才[2]。楼红平(2007)认为,高技术技能人才是指在生产、运输、服务等领域岗位一线,经过专门培养和训练以及实践经验的积累,熟练掌握某一门专门知识和技术,具备精湛的操作技能并在工作实践中能够解决关键技术和操作性难题的人员[3]。

与此同时,更多的研究者认为,高技术技能人才不仅有娴熟高超的操作技能,还掌握宽广深厚的理论知识,需要获得国家职业资格的认可。但是,对于获得何种等级以上的职业资格才属于高技术技能人才,学术界还没有达成一致。一种观点认为,高级工、技师、高级技师三种层次的职业资格可以算作高技术技能人才。另一种观点则认为,只有技师和高级技师才能达到高技术技能

---

[1] 丁大建. 高技能人才的短缺与价值评价错位 [J]. 中国高教研究,2004 (5):57.
[2] 刘春生,马振华. 高技能人才界说 [J]. 职教通讯,2006 (3):16-18.
[3] 楼红平. 高技能人才短缺问题与对策探讨 [J]. 经济论坛,2007 (7):34.

人才所要求的职业素养。国外与我国高技术技能人才概念相应的称谓技术师、工艺师（Technologist）的知识、技能方面的素质结构要求与我国的高级技师和技师更为接近。

2. 职业特征

如上所述，因行业与工作内容的不一样，使得高技术技能人才在类型上分为三种形态，但是综合而言，高技术技能人才的职业特征主要表现为：

第一，具有丰富的工作经验。高技术技能人才通过常年的学习，掌握了很多的操作经验和工作技巧，包括生产精度较高的产品，操作和控制精密复杂的设备，安装、调试、维修精密复杂的仪器，在突发事故中能够防止和排除生产中的重大事故和隐患等。

第二，掌握高、精、尖的操作技能。高技术技能人才操作技能结构中的心智技能比重较大，这是高技术技能人才特点的核心，也是其掌握高、精、尖操作技术的根本原因。心智技能是在动作技能和感觉技能基础上进一步发展而来的。它是融知识、技能、经验、智力因素，甚至非智力因素等于一体，在分析、判断、处理生产操作中的技术问题，尤其是遇到不正常的情况和突发事故中，具有很强应变能力的技能；对非常规性的新产品试制，新材料、新设备、新工艺等新技术的应用具有很强适应性的技能。

第三，掌握大量核心理论知识。在高技术技能人才的劳动中，有相当部分已经不是直接操作加工的体力劳动，而是进行分析、判断、处理生产操作过程中产生的技术问题，监控设备、仪器、仪表，参加制定工艺规程，进行技术攻关、技术革新、技术工艺试验，指导初、中级技能人才和进行班组管理等工作。高技术技能人才掌握理论、知识、技术的领域较初、中级技能人才更宽、更深、更综合，这一特点实际上就是高技术技能人才的技术基础。

第四，具有较高的创造能力。创造性是所有人才的共同特征。人都具有创造能力，但不同的人其创造能力高低不一样。初、中级技能人才主要是掌握熟练劳动，而熟练劳动是动作技能的重复。高技术技能人才较多地掌握了精密技术，从事的是较复杂的劳动，其心智技能化的程度较高，所以其创造能力也较高。高技术技能人才的创造性主要表现在相关领域的创造能力，如工艺革新、技术改造、流程改革及发明创造等方面。

第五，高技术技能人才还应具有较强的岗位适应能力。这种适应能力不仅表现在对同专业（工种）劳动岗位的流动方面，也表现在对邻近专业（工种）劳动岗位的流动方面。相比之下，初、中级技能人才的岗位适应性远不及高技术技能人才。一般来说，初、中级技能人才只能固定在某一专业（工种）的岗位上工作，而高技术技能人才具有从技能操作岗位向一线生产管理岗位转岗的能力。高技术技能人才较强的岗位适应能力来源于他们扎实的技术技能功底、较强的实践能力和创造能力。

第六，职业要求具有时代特征并动态发展。高技术技能人才是在相对比较中产生的，不同的时代、不同的产业背景，对高技术技能人才有不同的标准要求，即高技术技能人才不太会有绝对的标准。更为重要的是，对高技术技能人才的要求是动态提升的，随着产业结构的调整、科学技术的发展，高技术技能人才的外延会不断发展、内涵会逐步提升，对高技术技能人才的要求会越来越高，如工业化初期制造业的高技术技能人才多是技艺精湛、工种及操作技能单一的能工巧匠，而工业化后期或信息化时期制造业的高技术技能人才，必须是熟练掌握计算机应用知识、会使用复杂数控程序、会开数控机床或加工中心的复合型人才。

（二）高职人才培养模式革新

1. 专业设置应重视以职业分析为导向

职业教育是面向职业的教育，要求专业设置对应于职业，而不应按学科设置专业，以体现较强的职业针对性和鲜明的职业特色。考虑到职业发展和转岗换岗的要求，以及造就复合型人才的需要，高等职业学校的专业设置不能过窄，专业界限可以适当模糊。每一个专业对应于某一职业岗位群，而不应是单一职业岗位。

高等职业教育在人才培养上应与产业结构及经济发展变化相适应，满足行业内大多数企业的普遍要求，并在较长时间里适应职业的发展，为此专业设置要以职业分析为导向。职业分析作为一种工具，在专业设置、课程开发等方面可以发挥重要作用，但我们对此研究和利用得还很不够。职业分析是确认、描述社会职业所含任务及作业项目的科学分析过程，也是利用行为科学方法掌握相应从业人员的现场行为及其行为方式的素材搜集过程。通过职业分析，通常将一个或若干个社会职业归结为一个职业群，一个职业群对应一个"专业"。这样，可以清楚地了解到一种职业的主要活动内容和特点，明确分辨出支撑该职业的知识及技能，从而为高等职业教育的专业设置提供依据。

在全球经济一体化、现代信息技术对传统社会生产方式的冲击下，需要对工作世界进行再认识，职业分析也要在内容方法上不断更新。在内容上，要根据知识经济和信息化社会对人才职业能力和个人素质的新需求，扩大职业分析的范围，不仅分析专业能力还要分析非专业能力（方法能力与社会能力），不仅分析职业能力还要分析个人素质。在方法上，职业分析要从侧重工艺技术角度，向同时注重劳动组织角度转变；从金字塔加简单流水线的单一职能分析，向扁平网络加小组工作下的劳动过程分析转变；从单一职业的分析、单一专业的分析，向职业群的分析和一组相关专业的分析转化。

2. 课程模式建设注重课程综合化

课程模式是一定课程观指导下的课程设计、课程内容、课程实施以及课程评价等方面的基本特色与样式。由于人才培养最终要落实于课程上，因此课程模式是人才培养模式的核心内容，国外著名的职教培养模式，像 CBE 模式、MES 模式又经常被看作一种课程模式。长期以来我们习惯于先文化基础课、后专业基础课、再专业课的僵化三段式，课程模式上很少有突破和创新。

高等职业教育要办出特色，课程有特色是一个重要体现。但就目前看，我国高等职业教育在课程开设上的特色尚在形成之中。高等职业教育的课程可分为理论课程与实践课程两部分。由于高等职业教育是面向职业、注重能力培养的教育，实践课程必须占较大比重，而高等职业教育又是超越中等职业教育的高层次教育，为实现具备较为扎实理论基础的目标，理论课程的开设也需要达到一定层次和水平。同样是理论课程，在课程目标与内容上高等职业教育也要与普通高等教育有所不同，不应追求理论的系统化或按学科形成体系，要以"必需、够用"为度，并服务于基本素质的形成，为成功实践打下基础。

科学领域的分支不断带动新学科的诞生，导致学科门类及其内容日益增加与总课时有限的矛盾。另外，在高科技时代，劳动中的经验因素下降，对劳动者综合运用知识和技能的要求增高，靠自成体系的单一学科难以满足培养复合能力的需要。因此，课程综合化是一个发展方向。高等职业学校可以将文化课、专业基础课和专业技术课的理论课程适当合并，设置成综合理论课程，这些综合理论课程又根据课程编制需要将内容划分为若干级模块，分布在若干个学期中连续开设。课程综合化打破了以单科分段为主的"三段式"课程结构，一改"学科中心"模式中各学科课程的严密体系，促进了学科之间知识的联系与沟通，并使学生提前接触专业技能知识。实践性课程也可以综合化，形成实践性综合化课程，并可划分若干级模块。

通常的做法是，理论课程与实践课程是必须分开的，在实施上理论课程在先，实践课程在后，非常分明。事实上，先实践后理论，先学使用操作，再学结构与维修，最后再学工作原理的逆向思路对于职业学校也是可取的。高等职业学校还可以根据实际情况同时进行理论与实践课教学，甚至可以把二者融合在一起。德国双元制使用的核心阶梯形课程模式摆脱了学科体系的束缚，以专业实践活动为中心将专业理论、专业计算、专业制图组成的三门主干科目加以综合化，从而促进学生综合实践能力的培养。CBE 模式、MES 模式所使用的能力本位模块课程、技能模块组合课程，事实上是对每个模块分别以能力或工作步骤为中心进行了理论、技能乃至职业道德的综合化,并取得了很大成功。

我国中等职业教育课程改革中研究创立的"宽基础、活模块"课程模式,依据培养重点的不同,把职业学校的全部课程分为两个阶段:在"宽基础"阶段,面向一个职业群开设课程,重视学生全面素质的提高和综合职业能力的培养;在"活模块"阶段则根据某一个或某几个职业需要,强化培养目标的职业针对性,使学生具有符合用人单位需要的技能和相应知识。该模式强调课程的综合化、模块化,既冲破了传统学科本位模式的束缚,又避免了把职业学校教育混同于短期职业培训,从而具有很大的创新性、共适性和实践价值。我国高等职业院校在课程模式建设中可加以借鉴。

3. 教学过程优化及管理创新

任何课程内容只有通过一定的教学活动才能转化为学生的知识与技能,以综合职业能力为本位的高职培养目标必然要求以学生为主体组织教学活动,同时增强教学过程的实践性。要改变传统教学中教师与学生的地位,在教学过程中教师不再主要是知识的传授者、讲解者,而是指导者与咨询者;学生不再是被动的接受者,而是主动的获取者,其主动性和积极性得到了充分的发挥。增强教学过程的实践性,将理论课与实践课教学交叉进行,理论课程的教学也要跟生产、技术和管理的实际紧密联系。

教学组织与方法是教学过程设计的主要内容,能否采用科学先进的教学组织与方法手段直接关系到学生自主学习能力、独立工作能力和创新能力的培养,关系到培养目标的实现。知识、技能的获取需要教学过程的支持,不同类型的知识、能力体系需要不同的教学过程,而以职业活动和劳动过程为导向的教学过程,是高职教学的特征,也是合理选择教学组织与方法的依据。行为导向的教学,创造实际工作环境,将课题以需要解决问题或完成任务的形式交给学生,由学生自己按照实际工作的完整程序进行,能很好地调动学生的主动性,发挥学生创造性解决问题的能力。而且,在这种近似真实的社会职业交往活动中,师生互动,学生积极主动实践,从而形成符合现实经济活动要求的行为方式、智力活动方式和职业行为能力。因此这是一种非常值得倡导的教学方法。

高等职业教育的职业性和应用性,决定其需要理论联系实际的高质量教学。模拟教学是一种不可替代的手段。我国高等职业院校在开展模拟教学方面,已经取得一些成果,比如电力、化工行业的自动化控制仿真机、邮电、金融行业的模拟邮局、模拟银行等,但这种模拟教学还应朝广度发展,尤其是经济类专业的实践教学应较多地采取模拟公司的组织形式。模拟公司可以使学生经历全部业务操作过程，了解公司业务各环节的联系，这种业务模拟是非常有效的知识创造工具。完整系统或企业运行的模拟能够帮助揭示原型系统的行为，它有利于建立理论知识学习中的重要假设和概念模型。

长期以来，我国中等职业学校实行的都是学年制的教学管理制度，目前有许多学校在进行弹性学制和学分制试点，前景看好。高等职业学校应该改革教学管理制度，尝试实行弹性学制和学分制。相对于学年制而言，学分制更加灵活，更加有利于复合型人才的培养和因材施教，因此更为适合于信息化社会的需要。现在，西方国家在高等教育领域普遍实行的是学分制而不是学年制，中学实行学分制的也很多。高等职业学校实行学分制不求一步到位，可以先实行学年学分制，等条件成熟后再过渡到完全学分制。

4. 通过"双师型"师资队伍建设改进教师职责结构

高等职业教育是职业教育的高层次，是高等教育的新类型，对教师的知识结构、能力水平自然有其自身的要求。教师是教育教学的实施者，高等职业教育办出特色的关键之一在于教师队伍建设。根据高职教育的特点，要建设一支既能从事理论教学又能从事实践教学，既是"讲师"又是"工程师"的"双师型"师资队伍。在国外，高等职业院校教师都要求有若干年企业工作经历，有的甚至要求有两个职称——教学职称和工程技术职称。我国现有高职教师多数是由普通高等学校培养出来的，一般没有企业第一线的岗位任职经验，为适应高等职业教育培养第一线实用性人才的需要，必须对现有教师队伍进行提高与改造。一方面要对教师特别是青年教师进行工程实践、技能方面的培训，采取措施，形成制度，要求他们到所教专业领域进行挂职锻炼，取得相应岗位实际经验和任职资格；另一方面，要从生产一线聘请相当数量懂理论、有实践经验的兼职教师，专兼结合，以专为主。许多国家发展高职教育都建立专兼结合的师资队伍，尤其"合作教育"的形式得到广泛推广后，兼职队伍愈是成为职教师资中一支不可忽视的力量，大量聘用兼职教师就是美国社区学院办学的基点。

目前我国职业学校的教师往往教学任务单一，业务范围狭窄。教师职责单一反映工业经济时代的分工模式，教师没有机会全面和全过程地了解课程的实施和人才培养的全貌。正如美国学者萨维奇描述的："在工业时代，加工流程的分裂阻碍了对其包含的知识与想象力的认识。人与工作的对话被阻断了。——它对组织的安排使得我们很难认识到我们工作中的全部意义。我们被纳入某个岗位中并且只有部分的剧本，却必须为没有按照完整的剧本来表演而承担责任。"因此，重新设计高等职业教育教师的职责结构，把全部"剧本"交给教师，建立教师培养、实用、进修的新模式，才是提高职教师资质量的根本性改革措施。

第七章
综合维度的高职教育评价

一、高技能人才培养与高职教育评价设计

(一) 高职教育评价的理论基础

1. 高技能人才成长与培养的理论基础

(1) 职业成长规律。

以哈维格斯特（R. J. Havighurst）、德雷福斯兄弟（H. Dreyfus & S. E. Dreyfus）、劳耐尔（F. Rauner）等学者为代表的职业成长规律研究认为，人的职业成长遵循"从初学者到专家"（初学者/新手、生手、熟手、能手、专家/高手）共五个发展阶段的逻辑规律，每个阶段都有对应的知识形态；职业成长不是"从不知道到知道"的知识学习过程，而是"从完成简单工作任务到完成复杂工作任务"的能力发展过程；只有符合这一发展逻辑规律的系列学习任务，才能把学生从较低发展阶段有序、有效地带入更高的发展阶段（赵志群，2008）。这一理论启发了我们在研究高技能人才培养过程中学习和培养规律所需把握的思路。

(2) 综合集成理论。

钱学森先生于 20 世纪后期在系统论中提出了"综合集成"的思想体系。其内涵为：集成是将两个或者两个以上的系统集合成为一个有机整体的行为和过程，所形成的集合体（集成系统）不是系统之间的简单叠加，而是按照一定

的方式或模式重新进行构造和组合，其目的在于最大限度地提高集成体的整体功能，以实现其整体功能的倍增目标。总体来说，综合各方面的优势，形成整体的突破能力，达到解决巨系统问题的目标。钱学森形象地把这套方法称为"大智慧工程"（Meta Syntheic Engineering）。

高技能人才的培养是一项跨界的系统工程，它着眼全面提高未来高质量工人的能力素质，遵循技能型人才成长规律，使企业培训资源与地方院校教育资源有机结合，优化整合培训资源，形成高技能人才职业技术教育。在这个过程中对某些要素进行变革，各要素的改革不是单一的、独立的，任何一个局部的显性变革都牵动到整体模式的变革。综合集成理论用以指导高等职业技术教育优化整合为高技能人才培养模式。

(3) 职场学习理论。

美国宾州大学教授威廉姆·J.罗斯维尔在职场学习的一系列研究中系统地研究了学习者如何在实践中进行学习。这项研究成果被罗斯维尔归结为培训的"第七代理论"。该理论所关注的是学习者本人及所在组织应如何使自己更善于学习。在罗斯维尔关于"职场学习者"（Workplace Learner）的研究报告中，提出了一个职场学习者的学习过程，即触发—认识—好奇—信息—加工—转换—应用—反射—评价共9个学习环节。哈罗德·加芬克尔（Harold Garfinkel，1986）指出，职业能力是职业教育的培养目标，如果学生掌握了一个职业所需要的职业行动能力，那么职业教育也就达到了目标。学校学习是实现这一目标的重要步骤，但是每一个职业都必须最终通过实践行动才能真正掌握[1]。

2. 基于协商与构建的第四代的评价理论

教育评价从诞生到现在主要经历了四个时代，每个时代都形成了各自的教育评价理论并且有重要标志，也是教育评价的主要价值取向。在19世纪末至20世纪30年代期间，评估把学校看成"工厂"，学生看作"原料"与"产品"，评价目标是用统一的标准测量"产品"的合格程度，因此测量技术手段在教育中的大量应用，形成了以"测量"为标志的第一代评价理论。它追求的是用数学方法对事物或现象进行描述，而不论其价值如何，客观性是测量质量的首要指标，美国心理学家桑代克是第一代评价理论的代表人物。在20世纪30年代，以泰勒为代表的评价委员会为"八年研究"悉心设计了一套教育评价法，后被称作"泰勒模式"。泰勒认为评价是一个过程，应该描述教育目标与教育结果的一致程度，从而发现问题以利于改进问题，继而形成了以"描

---

[1] 费利克斯·劳耐尔，赵志群，吉利. 职业能力与职业能力测评：KOMET 理论基础与方案[M]. 北京：清华大学出版社，2010：47.

述"为主要标志的第二代评价理论。第三代评价发端于 1957 年苏联卫星上天后美国发动的教育改革，盛行于 1950 年末到 1970 年末，很多评价者开始对确定的教育目标是否需要做出判断、判断是否需要标准等一系列问题产生了追问，于是"判断"成为这个时期理论的特色。第四代评价理论是指在 1980 年代美国兴起的一种教育评价理论，由评价专家库巴和林肯提出和创立，在其专著《第四代教育评价》系统地阐述了该理论的基本观点和理论架构，并且提出"评价就是对被评事物赋予价值，它本质上是一种心理建构，是一种通过'协商'而形成的'共同的'心理建构"。评价不是评价者对被评价者客观状态的描述，只是参与评价的人或团体关于被评价者的一种主观性认识。这个时期的评价理论以"回应"和"协商"为重要标志，同时还提出了共同建构、全面参与和价值多元化等评价思想和方法，其评价的目标更侧重于平等对话、共同建构、过程甚于结果，即评估不是对"产品"合格程序的测量，也不是对"产品"生产效率的衡量，而是试图找到最适合学生发展需要的教育教学方法和条件。也就是说，教育评估具有多种功能，但根本功能在于它的"发展性"，以评促建、以评促改，最终使被评价对象得到发展[①]。四代教育评价理论总结如表 7-1 所示。

表 7-1 四代教育评价理论

阶段	时间	标志性特征	主要观点	代表人物
第一代评价理论	1900—1930 年	以"测量"为标志，即量技术手段在教育中的大量应用	把学校看成"工厂"，学生看作"原料"与"产品"，评价目标是用统一的标准测量"产品"的合格程度	桑代克
第二代评价理论	1930—1940 年	"描述"为主要标志，"八年研究"——泰勒模式	泰勒认为评价是一个过程，应该描述教育目标与教育结果的一致程度，从而发现问题以利于改进问题	泰勒
第三代评价理论	1950—1970 年	以"判断"为标志	很多评价者开始对确定的教育目标是否需要做出判断、判断是否需要标准等一系列问题产生了追问	顾巴

---

① 张民选. 回应、协商与共同建构 [J]. 外国教育资料, 1995 (3): 53-59; 埃贡·G古贝, 等. 第四代评估 [M]. 北京: 中国人民大学出版社, 2008: 24, 165; 卢立涛. 回应-协商-共同建构: 第四代评价理论述评 [J]. 内蒙古师范大学学报（教育科学版）, 2008 (8): 1-6.

续表

阶段	时间	标志性特征	主要观点	代表人物
第四代评价理论	20世纪80年代起	以"回应"和"协商"为重要标志,还提出共同建构、全面参与和价值多元化等评价思想和方法	评价就是对被评事物赋予价值,它本质上是一种心理建构,是一种通过"协商"而形成的"共同的"心理建构。评价不是评价者对被评价者客观状态的描述,只是参与评价的人或团体关于被评价者的一种主观性认识	库巴和林肯

3. KOMET 职业能力测评理论

事实上,任何一种职业所要求的职业能力归根结底都只能在实践中才能学会,即让学习者通过自己的行动(实践)来获得职业行动能力。因此,职业院校的教学活动应该围绕实际职业活动或典型工作任务展开,即在教学过程中学习者必须将真实工作任务或典型工作任务转化而来的教学任务作为某一现实写照亲身经历,从而发展其对职业的认识,并掌握胜任其职业的相关能力;而教师必须将这一现实有意义地、真实地传递给学习者,并为学习者解决现实任务提供必要的帮助与支持。与此同时,判断"某人是否具有职业能力",必须观察他在特定职业情境下处理职业工作的情况后才能做出决定,有的职业行动能力甚至需要内行师傅才能鉴定。因此严格意义上讲,只能在工作情境中通过实践获得的职业能力,其考核也必须在真实的工作环境中通过实践进行。

KOMET 测评程序实现了职业能力与职业能力发展测评的新质量。而这种新质量的获得是建立在一种能力模型与测评模型上的,它们是开发测试题和评价测评结果的基础。同时这一能力模型为"职业教育的指导思想与培养目标""开发测试题""构建工作过程与业务流程导向职业教育(以学习领域为结构)"这三者建立了关联(见图 7-1)。

图 7-1 介于职业教育指导思想与培养目标、设计与
评价教育教学过程之间的 KOMET 能力模型

KOMET 能力模型包括能力建模中常见的三个维度，即要求维度（职业能力级别）、内容维度与行动维度（见图 7-2）。必须以职业学习的基本原则与基本理论为指导操作上述三个维度，因为这三个维度所属的 KOMET 能力模型不仅是学习领域方案的基础，还能与国际接轨。同时这一模型与在此基础上提出来的工作过程知识、职业行动能力及设计能力的方案已经在国际职业教育的讨论与发展中赢得了广泛的关注与兴趣。

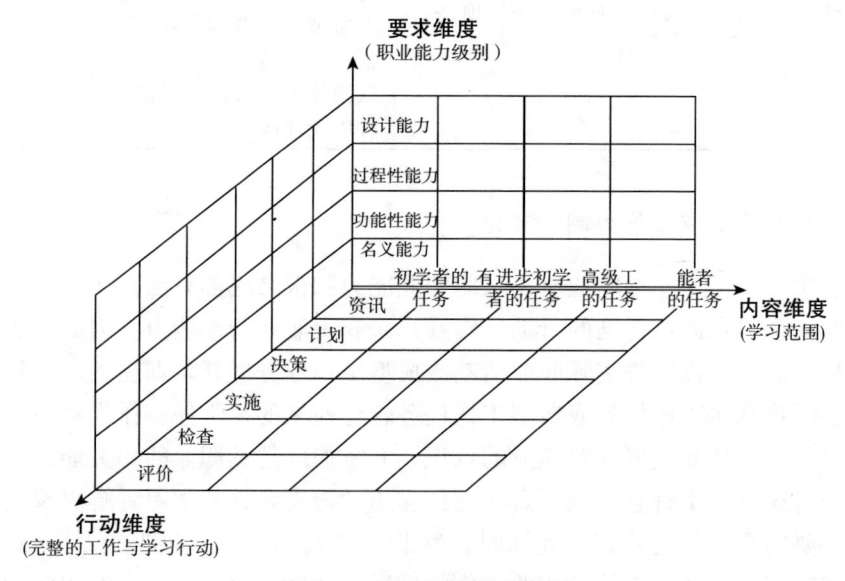

图 7-2 KOMET 能力模型

选取和设计测试题时，必须审核测试题是否对职业能力水平及其特征的测量具有代表性。KOMET 模型开发的测试题在内容上可划分为四大学习范围。这四大学习范围及其行动领域和学习领域是以职业特征所定义的职业能力为依据。同时 KOMET 模型还旨在实现一种测评程序，这种测评程序可以用少量对各自职业具有典型性和有代表性的复杂测试题来测量职业能力的特征。

（二）基于高技能人才培养的高职教育评价体系整体设计

在学校教育中，学生学业质量是学校教育教学质量的重要标志，而决定学校教育教学质量以及学生学业质量的关键性因素是教师质量。因此，本书选取了三个被评价对象来综合评价高等职业教育人才培养质量，即高职供给方——院校，高职一线、实施方——专业教师和高职教育的"产品"——学生。这些被评价对象与内容虽然不及教育部发布的《高职高专院校人才培养工作水平评估方案（试行）》中涵盖的多与全，但是评价结果也能很有效度地证明高职院校在人才培养质量上的水平。当然，本书构建的评价体系与标准，更大意义是为了促进三个被评价主体的发展。

在职业教育领域，当前国际流行的评价毕业生质量的重要标志是学生是否具有综合职业能力。我国高等职业教育虽然将高技能人才作为人才培养目标，事实上其内涵并不局限于一技之长的工人培养，它也包含沟通能力、学习能力、创新能力等要素。本书将以文献研究和企业调查调查后得到的高技能人才需求标准作为出发点推导高等职业教育的结果——学生的综合职业能力标准，并以此为出发点构建教师综合职业能力标准以及院校人才培养质量标准，如图7-3所示。

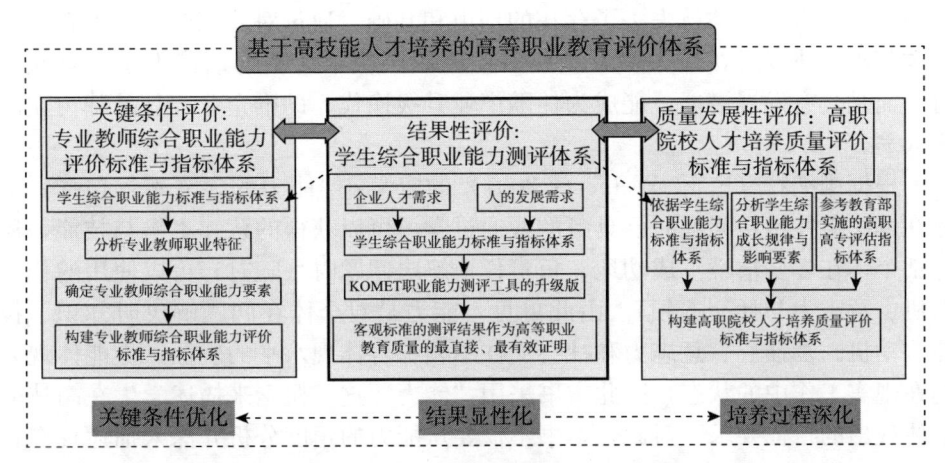

图7-3　基于高技能人才培养的高等职业教育评价体系结构图

在这种结果导向的高等职业教育评价标准构建过程中，三个被评价主体均要回到企业人才需求这个原点上。对于学生综合职业能力评价标准而言，应该回答"企业所需求的高技能人才到底有何特征？这些特征可以总结为哪些能力？如何判断学生具备或在多大程度上具备了这些能力？用什么样的工具或方式才能判断学生具备了某些能力，并且在多大程度上具备？"等问题。对于院校而言，必须回答"要让我的毕业生具备企业所要求的这些能力特征，学校在专业建设上应该调整哪些方面？这些方面应该赋予哪些特征？如何评价各个方面与要素是否具备了这些特征或标准？应该有什么方式与工具检验各方面的建设改革符合了培养高技能人才培养目标的特征或标准？"等问题。对于专业教师而言，必须回答"要使我的学生成为企业所需求的高技能人才，我应该在哪些方面做出改变或调整？这些方面应该做什么样的改变或调整？如何判定我在多大程度上实现了正确方向上的调整"等问题。

（三）基于高技能人才培养的高职教育评价标准与指标设计原则

1. 基于企业人才需求兼顾人的发展开发学生综合职业能力评价体系

孙翠香、庞学光（2014）[①] 指出，高等职业院校人才培养工作评估的重心放在了促进院校自身的发展及其社会价值这两个维度上，尽管这种价值取向无可厚非，但笔者认为，我国高等职业教育评估对职业教育中的"人"的维度重视程度不够，对"人"这一价值取向维度的忽视，极易导致评估中的"本末倒置"，也就是说，评估的最终落脚点还要以最终促进职教中的"人"的发展为最终旨归，否则评估就失去了存在的理由和基础。通过对北京200多家企业的人才需求调研发现，绝大多数企业对于高职层次毕业生的期待不是一颗螺丝钉，而是具有发展潜能、能成为伴随产业升级换代、助推企业产品品牌树立的主人翁。

根据维纳特（F. E. Weinert, 2001）的定义，"能力的含义不仅包括：个体在解决某些特定问题时已具备的或通过学习可以获得的认知本领与技能，还包括个体在多变情境下成功地、负责任地解决问题时（随时）可以使用的相关动机、意志力与社交本领"。由此可见，能力是对个体在问题解决时知识、技能、动机、责任心、意志力和社会交往本领综合体现水平的表征，更能体现人们在现实工作中的状态，因此本书采用"能力"这一概念来描述学生在高技能上体现出的特征要求。对此，本书不仅要从能力的角度分析并深入描述现有企业高技能人才需求规格，还将参考德国KMK对于综合职业能力的定义与标准描述，结合学生个体可持续性发展的视角，构建高职学生综合职业能力评价标准与指标体系。

2. 基于诊断、发展、合作构建高职院校专业教师综合职业能力评价标准与指标体系

如前所述，学生综合职业能力的发展水平取决于很多要素，但是最直接、最关键的还是在于教师，学生职业实践能力在很大程度上就是教师专业实践能力的映射。因此，这一部分将分析以培养高技能人才为目标的专业教师，其职业具有哪些特征与内在要求、教师具备这些特征应该拥有哪些能力。这一部分不仅要按照这些问题的引导，由教师本人、学校管理人员、科研人员、企业技术管理人员共同根据学生综合职业能力培养目标、培养路径、培养条件等方面的要求，推导出专业教师综合职业能力评价标准和指标体系，还将提出相应的

[①] 孙翠香，庞学光. 我国高等职业教育评估：现状、问题及改进策略［J］. 河北师范大学学报，2014（6）.

评价原则，为院校、教师本人全面诊断其综合职业能力提供尺子，更为教师的职业生涯发展提供方向，进而保障高等职业教育人才培养质量的可持续性发展。

3. 驱动内生动力的，基于建构、协商、发展构建高职院校人才培养质量评价标准与指标体系

通过组织评价来促进组织发展，将引导高职院校人才培养质量相关人员，即学校管理人员、一线教师、企业人力资源人员、专业技术人员等，在平等、民主、和谐的氛围下，通过"要让毕业生具备企业所要求的综合职业能力特征，学校在专业建设上应该调整哪些方面？这些方面应该赋予哪些特征？如何评价各个方面与要素是否具备了这些特征或标准？应该用什么方式与工具检验各方面的建设改革符合培养高技能人才培养目标的特征或标准？"等问题的引导，共同构建实现学生综合职业能力培养的院校人才培养质量评价标准与指标体系。

二、高职学生综合职业能力评价标准与指标构建

(一) 学生综合职业能力评价标准与指标设计思路

1. 基于调研的北京企业高技能人才需求标准

对于技能型人才需求调查的结果显示，企业对一般性技能人才更加关注工作态度、岗位技能、职业道德、专业知识与团队精神这五方面，仅这五方面所占比重高达 77%。相对而言，企业对于高技能人才的需求却没有呈现如此明显的取向，也就是说，企业不仅期待高技能人才在有积极的工作态度、熟练的岗位技能、良好的职业道德、扎实的专业知识和积极的团队精神，同样也期待高技能工人能有较强的沟通能力、适应能力、创新能力、学习能力。同时，由于很多高技能人才还承担着一线管理工作，因此他们也期待高职毕业生能具备一定的管理能力。

在大规模技能人才需求问卷调查基础上，为了明确定义企业对于高技能人才在每一种人才需求规格上的具体要求指标，邀请多家典型企业进行了人才需求标准的定义、总结与细化，最终得到表 7-2 所示的企业对高技能型人才需求的标准。

表 7-2 企业对高技能型人才需求的标准

一级指标	基本特征	二级指标
1. 专业知识	掌握工作岗位必备的知识	1.1 阅读与理解专业文档的能力 1.2 解释基本工作原理的能力 1.3 制作专业文档的能力
2. 专业技能	在岗位上操作技术设备进行生产与服务工作	2.1 专业设备操作能力 2.2 遵守安全操作规程
3. 职业道德	做到自己承诺做到的任务，不损害企业的利益，立足本职工作保证产品或服务质量，并具有一定的社会公德	3.1 诚实守信 3.2 维护企业利益 3.3 质量意识 3.4 社会公德
4. 职业态度与素养	强调职业认同、质量意识和积极向上；对于职业素养，强调吃苦精神、勤奋作风、遵守规范和追求完美	4.1 爱岗敬业 4.2 质量意识 4.3 积极向上 4.4 吃苦耐劳 4.5 遵守规范 4.6 追求完美
5. 社会交往能力	融合到各种群体中，积极与他人交流、合作、共事	5.1 沟通能力 5.2 团队合作能力 5.3 应对冲突能力 5.4 移情能力 5.5 妥协能力（宽容别人不同的观点与立场） 5.6 群体意识（个人利益让位于小组约定的目标） 5.7 社会责任感（乐于助人）
6. 学习力与发展潜能	具有学习的热情，选择适当的方法获取、整理信息，在实践中不断总结经验，以求更大收获	6.1 学习热情与能力 6.2 自我管理能力 6.3 精益求精 6.4 获取信息与分析信息的能力 6.5 富有好奇心与挑战精神

资料来源："北京市职业院校教师素质提高工程"2008年企业调研和访谈，调查企业232家。

2. 德国各州文化部长联席会议（KMK）职业行动能力的定义、能力模型与指标体系

(1) KMK 定义。

近年来，"能力导向"已成为世界各国、各级、各类教育的普遍定位与趋势。而"培养职业能力"已然成为世界各国职业教育的主流思想。尽管如此，各国及不同组织机构对"职业能力"的理解却千差万别。德国职业教育经过一系列讨论与实践改革后，形成了当前独具特色的"职业行动能力导向"职业教育思想。

德国职业教育最高法《联邦职业教育法》将其定位为"帮助学生获得职业行动能力"的教育。KMK 对"职业行动能力"的定义是：从事一门或若干相近职业所必备的本领，是个体在职业工作、社会和私人情境中科学的思维、对个人和社会负责任行事的热情和能力，它是科学的工作和学习方法的基础。职业行动能力由下列三个能力维度来具体表征：

1）专业能力是指在专业知识和技能的基础上，有目的的、符合专业要求的、按照一定方法独立完成任务、解决问题和评价结果的热情和能力。

2）社会能力是处理社会关系，理解奉献与矛盾，与他人理性地、负责任地相处和相互理解的能力。在此特别强调社会责任感与社会凝聚力的发展。

3）个性能力是个人对在家庭、职业和公共生活中的发展机遇、要求和限制做出解释，思考和评判并开发自己的智力，设计发展道路的能力和愿望。它包括个体的性格特征，比如说独立性、批判性、自信、值得信赖、富有责任感，还包括价值观的发展与个人所认同与推崇的事物。

根据 KMK 的定义，方法能力、沟通能力和学习能力是上述专业能力、个性能力和社会能力的组成部分。

方法能力是处理工作任务和问题时有目的、有计划行动的愿望和能力，例如在设计工作步骤的过程中。

沟通能力是理解与应对交流沟通情境的愿望和能力，例如感知、理解与描述自己的或交谈伙伴的意图与需求。

学习能力是自己独立地或与他人共同理解和评价有关客观事实及其相互关系的信息，并使这些信息形成逻辑结构的愿望和能力。在此特别强调发展职业领域内部与外部的学习技术和策略，并将它们用于终身学习的愿望和能力。

（2）能力模型。

KMK 定义的职业行动能力及其所包含六个能力维度之间的相互关系可由德国巴德（Bader）教授构建的能力模型描述与诠释，如图 7-4 所示。

上述能力模型表明，职业教育的人才培养总目标"职业行动能力"通过专业能力、社会能力与个性能力三个维度具体表征，同时三个能力维度不是孤立存在，而是首尾相接、相互交叉与叠加。这体现了德国专业技术人才培养中"能力一体化培养"的教学思想及其重要的两个"反对"与两个"主张"：第一，反对职业学校在传统的"学科式课程"中注重理论知识的传授，尤其是传授哪些脱离职业实践、"去背景"的理论知识，而主张职业学校从"知识中心"转变为"能力中心"；第二，反对单项技能的传授，例如英国早期的技能点训练，主张让学生在复杂工作情境中根据职业要求与规范处理工作任务，并在此过程中培养与物（器具）、与他人（社会）、与个人（自身）和谐相处的能力。同时能力模型中三个相互交叉与叠加的能力维度的发展取决于其内部三个呈同

图 7-4 职业行动能力的维度及其相互关系

心圆状的方法能力、学习能力和沟通能力的发展,即当学习者懂得与他人沟通,并掌握学习能力与方法能力时,专业能力、社会能力与个性能力也能得到相应提高,所以这三种能力又被称为"工具性能力"。反之,专业能力、社会能力与个性能力得到发展后,可为三种工具性能力的发展提供更大的空间与基础。

(3) 追求"全"与"合"的本质[①]。

如上所述,KMK 用三个能力维度及其三个工具性能力对职业行动能力进行具体表征。这种"划分"不是提示人们对上述"子"能力进行分项训练,而是提醒人们职业教育的育人范畴不是仅限于专业技能,它还包含着更为广泛的内容。这反映了德国对于"职业行动能力"理解的全面性。同时这样的划分是为了寻求能力培养上的"合",即全面综合运用自身已有专业能力、社会能力、个性能力、沟通能力、学习能力与方法能力解决职业工作任务,并在这个过程中进一步发展与丰富这些能力,进而实现职业行动能力的全面提升。这充分体现了德国对"职业能力"整体性与综合性的诠释。

(4) 职业行动能力的指标体系。

在 KMK 对职业行动能力及其所包含专业能力、社会能力与个性能力三个维度能力与三个工具性能力,即学习能力、沟通能力与方法能力定义基础上,

---

① 易艳明,吉利. 德国能力导向职教思想的理论、实践与价值研究[J]. 中国职业技术教育,2014 (24):55-60.

将"北京教师素质提供工程"运行期间所邀请德国职教专家与专业教师对这六个能力具体特征的描述，总结归纳为如表7-3所示德国职业行动能力评价标准与指标体系。

表7-3 德国职业行动能力评价标准与指标体系

一级指标	基本特征	二级指标
1. 专业能力	专业能力是符合专业要求的、按照一定方法独立完成任务、解决问题和评价结果的热情和能力	1.1 了解企业及其生产经营系统与过程之间的相互关系 1.2 根据上级或客户要求，分析确定工作内容 1.3 根据产品与服务的要求，独立自主地设计解决方案，并对比各种解决方案的优缺点 1.4 正确地选择工具，并论证选择的理由（从质量、经济、安全、环保的角度） 1.5 运用规则与专业程序实施工作，并保障工作质量与产品负责 1.6 保持工作位置的干净整洁 1.7 清晰地展示汇报工作结果 1.8 正确运用专业语言
2. 社会能力	社会能力是把握与理解各种社会关系、各方利益以及奉献与矛盾，对他人负责，并理性地与他人相处的能力与热情	2.1 团队合作能力 2.2 应对冲突能力 2.3 移情能力 2.4 妥协能力（宽容别人不同的观点与立场） 2.5 群体意识（个人利益让位于小组约定的目标） 2.6 社会责任感（乐于助人）
3. 个性能力	个性能力是个人对在家庭、职业和公共生活中的发展机遇、要求和限制做出解释、思考和评判的能力与热情	3.1 自我批评与反思能力 3.2 自我管理能力（时间管理、压力管理） 3.3 意志力、承受力与耐力 3.4 适应新环境的能力 3.5 学习热情与追求效率 3.6 灵活性与创造力
4. 方法能力	个人对在家庭、职业和公共生活中的发展机遇、要求和限制做出解释、思考和评判并开发自己的智力、设计发展道路的能力和愿望，它特别指独立学习、获取新知识的能力	4.1 察觉到出现的问题或工作目标 4.2 对系统或现状进行调查，界定问题，说明任务的目标 4.3 寻找工作或问题彼此隶属关系，建立相互关联性 4.4 建立评价标准 4.5 制订计划，评估各种解决方案的可行性，若有可能进行修订 4.6 选择工作程序、开发解决决策 4.7 确定工作实施需要的时间，有目标地工作，如有可能，灵活地改变

续表

一级指标	基本特征	二级指标
		4.8 总结结果，推导结论 4.9 运用富有创造性的技术 4.10 结果与方法的转化与传播
5. 沟通能力	沟通能力指的是个体与他人有效进行沟通信息的能力，包括外在技巧和内置动因	5.1 理解并尊重他人的观点、情感与立场 5.2 用语言与文字客观、清晰论述自己的意见 5.3 恰如其分地利用媒体实现自己观点或信息的可视化与结构化（例如 PPT 技术或 Brainstorming 技术等） 5.4 根据标准处理与描述信息 5.5 善于寻找信息源
6. 学习能力	学习能力指的是个体学习的动力、毅力与能力的综合体现	6.1 愿意了解新信息，热爱学习 6.2 了解自己的学习方式与风格 6.3 全神贯注地学习与工作 6.4 善于获取信息，从经济的角度评价信息，并独立自主地处理信息 6.5 运用学习技术，选择学习步骤，发展学习策略 6.6 将知识与方法进行转换 6.7 将所学的东西运用到解决新问题中 6.8 善于思考与提问

（二）基于国际先进标准体系与现实调研结果的比较分析

表7-4是将德国职业行动能力评价标准与指标体系与北京企业对高技能型人才需求标准与指标体系进行对比。在对比中我们发现，北京体系的一级指标包括专业知识、专业技能、职业道德、职业态度与素养、社会交往能力、学习力与发展潜力，这些一级指标之间存在明显的重叠，例如职业道德与职业态度与素养。另外，所谓知识是指"指在实践中认识客观世界的成果"，一级指标"专业知识"应该罗列某一专业领域学生要掌握的一些关键概念、技术名称等，而它的三个二级指标"阅读与理解专业文档的能力""解释基本工作原理的能力""制作专业文档的能力"却指向了能力，因此它们的上位概念（即一级指标）不能用"专业知识"来概括，它们在本质上也属于专业能力的部分体现。

表 7-4　德国职业行动能力评价标准与指标体系和北京企业对高技能型人才需求标准与指标体系的对比

德国职业行动能力评价标准与指标体系			北京企业对高技能型人才需求标准与指标体系		
一级指标	基本特征	二级指标	一级指标	基本特征	二级指标
1. 专业能力	专业能力是符合专业要求的，按照一定方法独立完成任务，解决问题和评价结果同的能力和热情	1.1 了解企业及其生产经营系统与过程之间的相互关系 1.2 根据上级或客户服务的要求，分析确定工作内容 1.3 根据产品与服务的要求，独立自主地设计解决方案，并对比各种解决方案的优缺点 1.4 正确地选择工具，经济、安全、环保的角度） 1.5 运用规则与专业程实施工作，并保障工作质量与产品负责 1.6 保持工作位置的干净整洁 1.7 清晰地展示汇报工作结果 1.8 正确地运用专业语言	1. 专业知识	掌握工作岗位必备的知识	1.1 阅读与理解专业文档的能力 1.2 解释基本工作原理的能力 1.3 制作专业文档的能力
2. 社会能力	社会能力是把握各种社会关系，以及奉献与矛盾对他人负责，并理性地与他人相处的能力与热情	2.1 团队合作能力 2.2 应对冲突能力 2.3 移情能力 2.4 妥协能力（宽容别人不同的观点与立场） 2.5 群体意识（个人利益让位于小组约定的目标） 2.6 社会责任感（乐于助人）	2. 专业技能	在岗位上操作技术设备进行生产与服务工作	2.1 专业设备操作能力 2.2 遵守安全操作规程
3. 个性能力	个性能力是个人对在家庭、职业和公共生活中的发	3.1 自我批评与反思能力 3.2 自我管理能力（时间管理、压力管理） 3.3 意志力、承受力与耐力 3.4 适应新环境的能力	3. 职业道德	做到自己承诺的任务，不损害企业利益、立足本职	3.1 诚实守信 3.2 维护企业利益 3.3 质量意识

续表

德国职业行动能力评价标准与指标体系		北京企业对高技能型人才需求标准与指标体系	
	3.5 学习热情与追求效率 3.6 灵活性与创造力		3.4 社会公德 工作保证产品或服务质量，并具有一定的社会公德
4. 方法能力 个人对在家庭、职业和公共生活中的发展机遇、要求和限制做出解释，思考和评判自己的能力并开发自己的智力，设计发展道路的能力和愿望，它特别指独立学习、获取新知识的能力	4.1 察觉到出现的问题或工作目标 4.2 对系统或现状进行调查、界定问题 4.3 寻找工作或问题彼此隶属关系、建立相互关联性 4.4 建立评价标准 4.5 制订计划、评估各种解决方案的可行性，若有可能进行修订 4.6 选择工作程序，开发解决决策 4.7 确定工作实施需要的时间，有目标地工作，如有可能，灵活地改变 4.8 总结结果，推导结论 4.9 运用富有创造性的技术 4.10 结果与方法的转化与传播	4. 职业态度与素养	4.1 爱岗敬业 4.2 质量意识 4.3 积极向上 4.4 吃苦耐劳 4.5 遵守规范 4.6 追求完美 强调职业认同，质量意识和积极向上；对于职业素养，强调吃苦精神、勤奋合作风、遵守规范和追求完美
5. 沟通能力 沟通能力指的是个体有效进行沟通的能力，包括外在技巧和内置动因	5.1 理解并尊重他人的观点、情感与立场 5.2 用语言与文字答辩、清晰论述自己的意见 5.3 恰如其分地利用媒体实现自己观点或信息的可视化与结构化（例如PPT技术或Brainstorming技术等） 5.4 根据标准处理与描述信息	5. 社会交往能力	5.1 沟通能力 5.2 团队合作能力 5.3 应对冲突能力 5.4 移情能力 5.5 妥协能力（宽容别人不同的观点与立场） 融合到各种群体中，积极与他人交流、合作、共事

第七章 综合维度的高职教育评价

续表

	德国职业行动能力评价标准与指标体系	北京企业对高技能型人才需求标准与指标体系
	5.5 善于寻找信息源	5.6 群体意识（个人利益让位于小组约定的目标） 5.7 社会责任感（乐于助人）
6. 学习能力 学习能力指的是个体学习的动力、毅力与能力的综合体现	6.1 愿意了解新信息，热爱学习 6.2 了解自己的学习方式与风格 6.3 全神贯注地学习与工作 6.4 善于获取信息，从经济的角度评价信息，并独立自主地处理信息 6.5 运用学习技术，选择学习步骤，发展学习策略 6.6 将知识与方法进行转换 6.7 将所学的东西运用到解决新问题中 6.8 善于思考与提问	6. 学习力与发展潜能 具有学习的热情，选择适当的方法获取、整理信息，在实践中不断总结经验，以求更大收获 6.1 学习热情与能力 6.2 自我管理能力 6.3 精益求精 6.4 获取信息与分析信息的能力 6.5 富有好奇心与挑战精神

在德国的标准指标体系中,均有能力来表征。如前面总结到的,能力是对个体在问题解决时知识、技能、动机、责任心、意志力和社会交往本领综合体现水平的表征,更能体现人们在现实工作中的状态。在德国体系中,一级指标为专业能力、社会能力、个性能力、方法能力、沟通能力、学习能力。它们都是从能力角度划分的,里面找不到"知识"维度上。事实上,个人表现出来的任何上述能力,均建立在一定理性认识上,或建立在一定知识积累上,也就是说,当我们观察到个体具有某些行为表现,尤其是某些能力时,可以推断他们具有相关知识背景或理论认知。

以上全面论述了德国之所以用这六个一级能力指标描述职业教育人才培养目标的理由。事实上,德国这六个一级指标也存在重叠现象,或者说这几个能力其实也是具有交叉结合点的。它们的二级指标描述得比前面调研得到的需求标准和北京企业对高技能型人才需求标准与指标体系整体而言,更侧重于可观察、可感知、测量。从数量上来说,德国的体系包含43个二级指标,北京体系包含27个二级指标,其中意思重合或相近的指标有14个。北京体系中其他的指标均需要进一步描述,例如社会公德、爱岗敬业、质量意识等指标均难以成为直接的观测点。

(三)高职学生综合职业能力评价标准与指标体系

在对比上述两个评价标准与指标体系后,本书也将采用"能力"这一概念来描述学生在高技能上体现出的职业特征要求。在一级标题上,设定专业能力、社会能力与发展能力三个维度,其中专业能力指的是个体符合专业规范与标准要求的、运行合适的工具,按照一定方法独立完成任务或问题分析、方案制定、任务执行、结果检查与评价的热情和能力;社会能力指的是个体在职业活动与个人生活中,能够把握与理解各种社会关系、各方利益以及奉献与矛盾,本着对他人、环境负责的态度,理性与他人相处的能力与热情;发展能力指的是个体对敏锐捕捉、积极挖掘自身在家庭、职业和公共生活中的发展机遇,并理性有效实现个人提升与发展的热情与能力。在此理解上,本书为每个一级指标定义了若干个二级指标,并借鉴德国在二级指标描述上易感知、易观察、以测评的特点,还为每个二级指标定义了更加具体的三级指标,具体如表7-5所示。表中"***"之处,需要根据所属专业进行具体描述。以下评价与指标体系可以作为各专业高职院校学生综合职业能力诊断、评价与组织教学的一个参照。

表7-5　高职院校学生综合职业能力评价标准与指标体系

一级指标	基本特征	二级指标	三级指标
专业能力	个体符合专业规范与标准要求的、运行合适的工具，按照一定方法独立完成任务或问题分析、方案制定、任务执行、结果检查与评价的热情和能力	1. 任务分析能力	1.1 充分考虑客户或任务交付方的要求
			1.2 根据客户要求以及提供的素材特征确定自身的工作任务
			1.3 利用网络或工具书等收集任务解决的相关素材
			1.4 寻找工作或问题彼此隶属关系，建立相互关联性
			1.5 将自身或团体的思考结果可视化、结构化地描述出来
		2. 方案制定与决策能力	2.1 根据任务分析结果制定＊＊＊（产品/方案/服务等）的工艺流程或工作流程
			2.2 制定＊＊＊工艺流程或工作流程时，能考虑到对后续生产流程的影响
			2.3 所用材料考虑到了环境保护的要求
			2.4 考虑到企业成本与利润之间的关系
			2.5 考虑到节约材料费用和人员费用的要求，以使制定的解决方案成本是最低的
			2.6 考虑到后续成本节约的要求
			2.7 列出了保证＊＊＊制作＊＊＊（产品/方案/服务等）质量的过程控制参数
			2.8 描述的任务解决方案让客户也能看得懂
			2.9 能全面、有说服力地论述方案与工作计划的合理性
		3. 任务实施能力	3.1 按行业规范绘制相应图纸或施工图等
			3.2 正确选择合适的材料，并详细说明理由
			3.3 确定工作实施需要的时间，有目标地根据客户要求与设计方案进行现场生产或服务工作，如有可能，灵活地改变
			3.4 熟练操作相关专业软件和设备
		4. 质量控制能力	4.1 爱护仪器设备，工具使用完后能按要求放回原位
			4.2 按设备操作规范安全操作设备
			4.3 在规定时间内保质保量完成工作
			4.4 正确核算完成任务的成本

续表

一级指标	基本特征	二级指标	三级指标
			4.5 根据行业或企业规定把握各环节的质量控制关键点与评价标准
		5. 工作结果展示能力	5.1 清晰、形象直观地向客户或任务交付方展示工作成果
			5.2 从专业、经济、使用、环保等角度展示工作结果的优势
社会能力	个体在职业活动与个人生活中，能够把握与理解各种社会关系、各方利益以及奉献与矛盾，本着对他人、环境负责的态度，理性与他人相处的能力与热情	6. 沟通表达能力	6.1 理解并尊重他人的观点、情感与立场
			6.2 用语言与文字客观、清晰论述自己的意见
			6.3 恰如其分地利用媒体实现自己观点或信息的可视化与结构化（例如 PPT 技术或头脑风暴技术等）
			6.4 根据标准处理与描述信息
			6.5 善于寻找信息源
		7. 合作能力	7.1 与团队成员协作完成解决方案的制定
			7.2 与团队成员协商处理任务解决方案制定过程中遇到的技术问题
			7.3 能积极参加小组讨论，主动与他人交流
			7.4 向团队成员表达出对解决方案的设想
			7.5 移情能力与妥协能力（宽容别人不同的观点与立场）
			7.6 群体意识（个人利益让位于小组约定的目标）
			7.7 应对冲突能力
发展能力	个体对敏锐捕捉、积极挖掘自身在家庭、职业和公共生活中的发展机遇，并理性有效实现个人提升与发展的热情与能力	8. 学习能力	8.1 愿意了解新信息，热爱学习
			8.2 了解自己的学习方式与风格
			8.3 全神贯注地学习与工作
			8.4 善于获取信息，从经济的角度评价信息，并独立自主地处理信息
			8.5 运用学习技术，选择学习步骤，发展学习策略
		9. 自我管理能力	9.1 自我批评与反思能力
			9.2 时间管理与控制压力
			9.3 意志力、承受力与耐力
			9.4 适应新环境的能力

续表

一级指标	基本特征	二级指标	三级指标
		10. 创新能力	10.1 喜欢将所学的东西运用到解决新问题中
			10.2 愿意尝试多角度思考问题
			10.3 善于思考与提问

三、以综合能力评价促进职业院校教师可持续发展

人才培养的质量水平关键取决于教师队伍的水平状况。在职业教育快速发展的进程中，职业院校教师队伍建设成为一项长期而艰巨的任务，而能力建设与发展又是师资队伍建设的核心。由于评价具有导向、激励和促进等功能，通过能力评价，全面把握职业院校教师综合能力的现实状况，发现和诊断存在的问题与不足，寻求改进和提升的手段策略，对于职业院校教师队伍建设和管理具有显著价值，有利于教师的成长和职业院校的发展。

（一）职业院校教师综合能力评价的指向

"评什么"是任何评价的基础性问题，职业院校教师综合能力评价也不例外。这一评价针对的是教师应当具备哪些能力和具备到什么水平、合理能力的结构由什么决定，而综合能力应具体包括哪些方面、各自的内涵如何界定需要首先加以明确。

1. 职业院校教师的职业性质与要求

职业教育培养面向生产、服务、建设和管理一线的具有较强应用能力的高层次技能型人才，在本质上要求职业院校教师具有"双师"素质，具有一定行业背景，注重工学结合，在同企业的密切联系中不断提高自身能力素质。职业教育既是高等教育，具有高等性；又是职业教育，具有职业性，从而职业院校教师除在一般意义上具有教师特质外，也有其独到的内在要求。概括起来，职业院校教师的职业性质与要求有如下几点：

（1）技能传授者。职业院校培养知识技能型、技术技能型或复合技能型人才，职业院校教师首先扮演的是技能传授者的角色。作为技能传授者，职业院校教师自身必须掌握有关专业或职业岗位的技能，还要具有传授这些技能的能力、技巧和方法。

（2）职业实践者。职业院校教师作为培养学生职业技能的具体实施者，扮演着"教师""组织者""咨询者""师傅"等多重角色，如果没有职业背景，

不具备相应职业（专业）岗位的实践经历，不可能完成培养学生职业技能的教学任务。难以想象，一个教烹调的专业课教师，自己从未"烹调"过，教出的学生却能烹调出美味佳肴。因此，职业院校教师需要在相关职业亲身经历过，真正实践过一定职业岗位。

（3）行业联系者。校企合作、工学结合是高职人才培养的根本途径，职业院校教师作为人才培养的直接实施者，必须同行业企业保持常态性的密切联系。作为行业联系者，职业院校教师要深入行业企业，积极关注相关产业发展态势、产品升级、技术更新、人员结构发展和人才需求变化等，并把从企业带回的信息及时运用于课程开发和教学改革。

（4）应用性研究者。在教学和科研二者的关系上，职业院校教师无疑要偏重于教学，但并不意味着可以忽略科研。相对于中职教师，承担科研任务不断提高科研素养是高职教师的一个重要特点。职业院校教师如果缺少科研意识，不进行科研实践，从长远看教学工作也不可能做好，因此高职教师要努力做一个研究型的个人。基于职业教育的定位和发展阶段，职业院校教师开展科研工作应侧重于应用性研究，注重将科研成果较快转化为生产力，集科研、教学和生产于一体，将生产、管理、服务知识和能力吸收内化，并能有效地再现、传授给学生。

（5）自主学习者。学习型社会要求每个人都是终身学习者，职业院校教师必须做一个学习型个人。现代科学技术不断发展，新知识、新工艺、新方法不断涌现，学生获得知识的渠道也越来越多，教师作为知识的唯一传播者的地位已经动摇。因此，基于职业生涯规划和教师专业化发展的需要，职业院校教师必须在教育理论与技术、教学方法、专业理论、专业技能等方面持续提升，自主学习和发展。

2. 职业院校教师综合能力的构成和内涵

基于职业院校教师的职业性质和其内在要求，高职教师必须发展为一个综合能力的"载体"，否则在根本上无法胜任职业教育的人才培养和具体教学任务。通过全面分析和归纳，职业院校教师最为突出的是必须具备五个方面的能力，即教学传授能力、专业实践能力、方法与工具能力、科研与发展能力以及社会行为能力。对它们各自的内涵界定如下：

（1）教学传授能力——实施一定教学任务，达到既定教学目标，实现预期教学效果的能力，主要包括教学设计、教学实施、教学评价等方面的能力。

（2）专业实践能力——在一定专业范围内，从事相关工作领域或职业岗位的能力水平，尤其包括实际操作能力、动手能力、具体工作情境下的应变能力。

（3）方法与工具能力——有效分析问题、把握问题解决路径和方案的能力，运用信息技术、网络技术、计算机工具的能力，应用教学器具等的能力。

（4）科研与发展能力——在一定专业内同企业生产经营密切结合的应用性研究的能力、教学研究和课程开发的能力、终身学习力、专业发展和可持续发展能力。

（5）社会行为能力——基于教师职业需要的同学生、同行、领导、企业界人士等的社会交往能力，包括沟通能力、协调能力、冲突处理能力、团队合作能力等。

上述五个方面的能力，构成职业院校教师综合能力的主体方面，其中教学传授能力和专业实践能力是核心，是职业院校教师言传身教培养学生，发挥和实现自身岗位职能的直接仰赖；方法与工具能力和社会行为能力是依托，是其他能力得以发挥的重要基础；科研与发展能力是后盾，是教师整体能力素质不断提升，围绕一定专业化发展方向持续前进的不竭源泉。

（二）职业院校教师综合能力评价的内涵与特征

所谓评价实际上是一个价值判断、发现与系统挖掘的过程，教师综合能力评价是教师评价的一种形态。而教师评价，则是在一定教育价值观的指导下，根据教师面向的教育对象和所应承担的任务，结合其专业特点，对教师在教育教学活动中的表现和效果、教师胜任力及其专业发展能力做出的价值判断过程，其目的在于提高人才培养效能和促进教师的专业发展。除能力评价，教师评价还包括教学评价、绩效评价等，还可分为奖惩性评价和发展性评价。科学把握职业院校教师综合能力评价的内涵与特征，是真正实施这一评价的重要前提。

1. 职业院校教师综合能力评价的内涵

职业院校教师综合能力评价以教师能力提高和教学质量改进为目标，通过对职业院校教师教学传授能力、专业实践能力、社会行为能力等的状况进行客观考察，发现和诊断在综合能力方面存在的优势和不足，在评价过程和反馈中给予指导和建议，并采取提高教师综合能力的针对性策略与方案，促进教师教育教学理念、教学设计和授课能力、专业实践技能的提高和改进，在达到教师专业化发展的同时，实现学校人才培养质量水平的持续提升。这一评价以教师能力为核心，以教师专业发展为理念，是发展性而非奖惩性、形成性而非终结性、交互式而非单向式，努力突出教师（被评价者）的主体地位。同时，评价立足现在，面向未来，不仅注重教师的现实能力表现，还重视教师的未来能力发展，积极促进教师的专业成长。

2. 职业院校教师综合能力评价的特征

职业院校教师综合能力评价除了具有教师评价通常具有的导向性、可行性、反馈性、教育性的特点以外,作为一项形成性、诊断性评价,还具有若干突出特征。

(1) 发展性。这是从评价目标而言的。高职教师综合能力评价的出发点是教师能力提高与发展。这一评价十分注重过程和细节,受评教师在评价过程中就能厘清认识、更新观念和发现不足,从而有所提高。而评价后实施的能力提升策略和针对性培训更能全面促进教师成长。

(2) 非奖惩性。高职教师综合能力评价作为一项形成性评价,评价的结果不用于奖励或惩罚。一定意义上,这种评价也是非竞争性的,它注重纵向比较胜于横向比较。

(3) 主体多元性。高职教师综合能力评价是一项立体式多层面评价,既有教师自评、学生评价、同行评价,还有管理人员评价、企业人士评价和外部专家评价,从而评价的主体表现为多元化。

(4) 民主性、参与性。在综合能力评价中,评价对象与评价主体是平等的,有时甚至是合而为一的,受评对象受到充分尊重,可充分表达个人意见、看法,并受到重视。作为评价对象,受评教师不是被动而是主动地参与到评价的全过程,其参与深度和全面性如何决定着评价的最终收效。另外,评价目标和评价过程是公开的,便于教师以一种不设防的轻松心态参与。

(5) 合作性。评价主体和评价对象之间是一种合作关系,而评价的非奖惩性是双方合作的重要基础。合作性在评价中表现为彼此之间良好沟通和积极反馈等。

四、职业院校教师综合能力评价指标与方式

评价指标是实施评价的参照,是进行科学评价的关键要素,是评价体系的核心构成。作为一项多层面、复合式评价,职业院校教师综合能力评价在整体设计上突出了对评价指标的确立和全面把握。

(一) 确立评价指标的原则

(1) 科学性原则。职业院校教师综合能力评价指标要符合职业教育的发展规律、特点及教师工作本质因素的构成和内在联系,每项评价指标都应具有准确、科学的含义和相对独立的内容,且易于评价者把握。

(2) 客观性原则。评价指标应真实地反映职业院校教师的现实发展水平与

状况，指标的制定一定要参考高职教师群体的意见，或者吸纳一定数量高职教师直接参与指标研讨。

（3）多方参与原则。教师综合能力评价是一个多元主体的评价，评价指标制定上应由职教专家、教学研究人员、企业专家、资深教学管理人员、高职教师等共同研讨商定，可以采取先头脑风暴，再由专家组核心成员汇总取舍，最后确立指标体系的方式。

（4）可操作性原则。评价指标的可操作性是实施评价的必备条件，如果操作性差，评价内容就难以实施。因此，评价指标应尽可能完备、具体、易于理解和简便易行，具有良好的可操作性。

（5）实效性原则。作为一项发展性、诊断性评价，对高职教师综合能力评价的最终目的是深化职业教育教学改革，提高教学水平和人才培养质量，因此，评价指标不仅要成为检验职业院校教师综合能力素质，达成预期教学工作质量的客观标准，而且还要体现教学工作改革的方向，成为教师为之努力的目标。

（二）评价指标的构成与内容

以教学传授能力、专业实践能力、方法与工具能力、科研与发展能力、社会行为能力等五个能力作为一级指标，遵循上述指标制定原则，在每个一级指标之下分别设立4至6个二级指标，并对二级指标的内容加以阐释；然后对一级和二级指标分别赋予相应的权重，形成关于职业院校教师综合能力评价的指标体系（专业实践能力以汽车维修专业为例），见表7-6。

表7-6　职业院校教师综合能力评价指标体系

一级指标	权重	二级指标	权重	指标内容或示例	评价等级			
					A	B	C	D
教学传授能力	0.3	教学内容设计与课件开发能力	0.2	课程标准的把握；学习情景设计；容量大小合适度；内容的易接受性；PPT制作和媒体形式选择				
		组织教学的能力	0.2	引入、提问、讲授、演示、训练和互动设计；理论和实践教学的转换与衔接；小组学习的组织				
		教学手段与教学方法运用的能力	0.2	口头与书面表达、板书和绘图、多媒体运用的情况；启发、交流、案例导入、情景教学、电子化辅助教学、模拟仿真等教学方法选用的合理性，运用的娴熟度；手段与方法的多样性运用				

续表

一级指标	权重	二级指标	权重	指标内容或示例	评价等级 A	B	C	D
		教学过程控制能力	0.2	学生参与度；节奏把握；活动安排与秩序；应对学生反应的敏感度和灵活性				
		有效示范的能力	0.1	准确讲解和示范动作或行为要领；有效训练学生模仿与实施				
		激励、理解、互动	0.1	善于激发学生；目光交流充分；耐心倾听问题；有效提问；师生互动度				
方法与工具能力	0.15	问题解决能力	0.3	善于发现问题；以有效的途径和思路分析问题；解决问题手段多样				
		网络技术能力	0.2	利用网络实现沟通、资料文献搜索、构建网络平台等的能力；网络使用的深度和娴熟度				
		办公软件和教学软件运用能力	0.2	计算机基本操作能力；Office、Flash等常用软件的熟练程度；常见问题和故障的处理能力				
		方法技术多样化运用能力	0.1	关于方法和工具的认识；方法技术综合运用；方法运用因地制宜				
		教学器具运用能力	0.2	常用教学器具的操作和运用				
科研与发展能力	0.15	基本科研方法掌握与运用能力	0.2	掌握课题研究的常识与规范；文献资料收集整理能力；研究报告与论文撰写方法的运用				
		立足本专业的科学研究与开发能力	0.2	科学研究意识；科研合作；课题申请与立项；成果社会化				
		教学研究能力	0.2	教学改革理念；课程开发参与度；教研项目立项与探索				
		专业拓展能力	0.2	专业知识面横向及纵向拓展，形成专业化发展的合理结构；可持续发展能力				
		学习与创新能力	0.2	终身学习理念；多路径学习和学习力；创新意识和发散思维				
社会行为能力	0.1	沟通与合作能力	0.2	能与同事无障碍交流和理解对方；善于角色换位和团队合作；能融入一个团队并把其他成员看作平等的合作伙伴；能以忍耐和尊重对方的态度对待不同意见；具有冲突化解能力				

续表

一级指标	权重	二级指标	权重	指标内容或示例	评价等级 A	B	C	D
		组织协调能力	0.2	组织活动或场面的有序性、周密性；学生管理能力；灵活性和协调性				
		自信力	0.2	在教学工作过程，与学生和同事交往，与行业企业交往表现出自信				
		自我管理与控制能力	0.2	能认识并合理调节个人需求和欲望；情绪控制能力和时间管理能力；具有职业场所行为规范				
		预防及应变能力	0.2	面对意想不到的环境、任务或问题能迅速、主动、正确地做出反应；具有预案制定能力和突发事件处理能力				
专业实践能力（以汽车维修专业为例）	0.3	基础性维修、护理能力	0.2	二级维护（40 000KM 维护）能力；总成拆装；汽车检测与故障诊断				
		工具、量具、器具和设备使用	0.2	恰当使用工具、量具；正确使用检测手段；结果分析能力				
		遵守流程和规范操作	0.2	根据作业流程设计训练过程并规范操作；遵守安全操作规程；遵照 5S（整理、整顿、清扫、清洁、素养）要求；环保意识				
		维修信息和资料数据获取	0.2	维修手册使用；通过互联网获取专业信息				
		行业实践和行业标准掌握	0.1	行业工厂的实际体验；维修实践和案例积累；掌握国家对本行业的专业领域规定和有关标准				
		调研能力	0.1	行业调查、企业走访、数据现象分析等				

（三）关于评价指标的说明

（1）在指标体系中，指标内容即为评分点，评分点的有无和程度高低乃是打分的关键依据。

（2）四个评价等级中，A 表示"优"（86～100 分），B 表示"良"（71～85 分），C 表示"中"（60～70 分），D 表示"差"（0～59 分）。

（3）针对专业实践能力的评价主要采用实操测试的方式进行，因此专业实践能力的二级指标及内容因专业而不同，而且应由教研人员、教师、企业专家研讨制定。上述指标体系中专业实践能力的评价以汽车维修专业为例。

（4）教师综合能力评价是一个多元主体评价，评价主体中包括学生，但上述指标主要适合于专家使用。

（四）职业院校教师综合能力评价的方式

1. 多元化评价主体密切结合

采取360°评价，评价的主体不仅包括专家和教学管理人员（管理者），还包括教师自身（自评）、教师同行和学生，而评价专家不仅有职教专家还有企业专家，并把企业专家作为多元评价主体的关键性一员。如此，把职业院校教师综合能力评价设计成一项以教师自评为基础，以教师同行、管理者和学生评价为参考，突出发挥专家作用，多层面专家密切配合最后形成评价结论的发展性评价。多元化评价主体的作用与关系如图7-5所示。

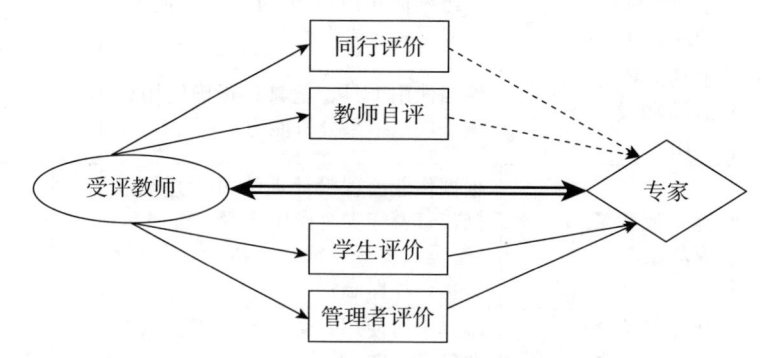

图7-5 多元化评价主体的作用与关系

注：箭头代表信息流动方向；"专家"指向"受评教师"的箭头表示评价反馈。

2. 以定性为主，多样化评价方式配合使用

评价方式包括课堂观摩、教师访谈、教师和学生问卷、实操测试等。其中，课堂观摩主要用来评价教学传授能力，实操测试主要用来评价专业实践能力，笔试主要用来评价方法与工具能力，而科研与发展能力、社会行为能力则通过教师访谈、教师和学生问卷等评价方式综合体现。

图7-6诠释了高职教师综合能力评价中各种评价方式的运用指向和结合，这是一项立体式综合性评价。其中，课堂观摩环节的评价者是职教专家、企业培训专家、教师同行和教学管理人员；教师问卷（针对受评教师）和学生问卷由职教专家设计和实施；教师笔试由企业技术专家和职教专家设计；教师访谈由职教专家和企业人力资源专家实施；实操测试则由企业培训专家进行。

图 7-6 评价方式及其主要指向

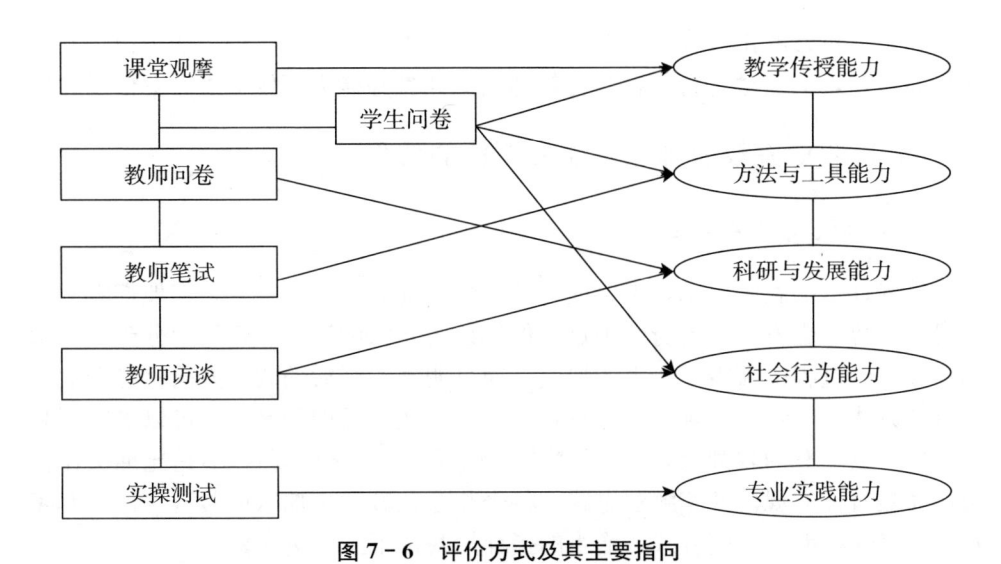

3. 以能力发展为中心，注重过程与反馈，构架闭环评价系统

高职教师综合能力评价在运行上包括评价准备、评价实施、评价总结和评价反馈等几个环节，它们共同构成一个以能力发展为中心的闭环评价系统（见图 7-7）。在这个系统中，评价准备阶段设计评价标准和整体评价方案，评价总结阶段讨论和形成评价结果，最后把评价结论和指导性建议反馈给受评教师。

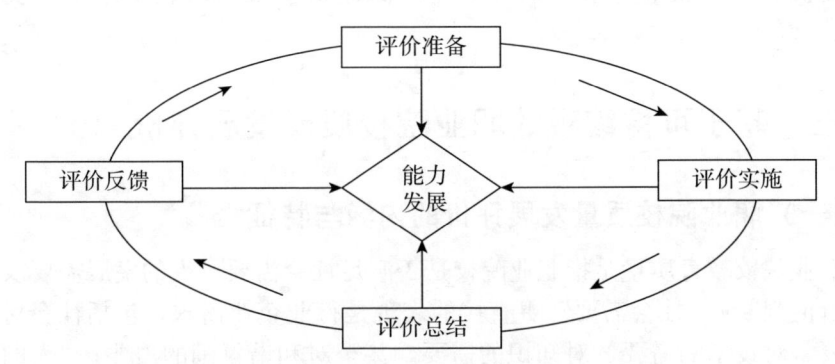

图 7-7 以能力发展为中心的闭环评价系统

为了区别于教师技能大赛或教师评比，真正达到着眼发展和过程中提高的目标，此项评价十分强调对细节的把握，重视对评价反馈的设计，注重评价全程中的专家指导。同时，充分保护好受评教师的成长积极性，评价得分不排名、不公布，而是把评分背后的依据和内容作充分反馈。

通过评价诊断出教师在综合能力发展上的强项和不足，提出能力改进和素质提高策略，为后继进行的针对性教师培训和教师能力开发提供方案依据。

（五）职业院校教师综合能力评价的效果

1. 教师提高实实在在

接受评价的教师表示，综合能力评价带给他们的收获很大，使他们看到了自身的优势，也发现了自身的不足；他们认为专家的诊断和建议十分到位，他们在被评价过程中获得了较大的提高，而且明确了今后的改进方向；综合能力评价的方式方法十分新颖，注重过程和细节，注重反馈和参与，可以借鉴到教学工作中去。有的教师反映，"实操测试的设计思路很新颖，不是比谁操作得快，而是看你的规范性和解题思路，将来我会在教学中加以借鉴"，"评价专家熟练的操作技能、提问方式、恰当的指导给我留下了深刻印象"。

2. 学校收获方方面面

参与评价的学校领导和管理层普遍表示教师综合能力评价有很高价值，收获之大超乎预期，认为评价活动让人耳目一新，注重团队建设，注重战略发展和组织文化；而且综合能力评价注重过程，其价值远大于结果，在评价中指导，对学校很有帮助；评价活动促进了学校专业建设和课程改革工作的开展；认为评价给学校提供了一个深刻理解先进职业教育教学理念、教师评价、课堂评价的机会，更加坚定了实施行动导向课程与学习领域教学改革的决心和信心。

五、基于可持续观的职业院校质量发展评价

（一）职业院校质量发展评价的内涵与特征

职业院校教育质量是指职业院校是否满足社会需要、人的发展需要及其程度的价值判断。"社会需要"更直接的表现是行业企业需求，包括社会对人才的需要、对技术的需要、对知识的需要，甚至对和谐氛围的需要；"人的发展需要"包括对人的发展有促进作用的各项要素和能力的需要，如职业素质、专业素质、道德素质、心理素质、竞争能力、适应能力、学习能力、抗压能力等；这里的"人"包括受教育者，也包括教育者，即教师本身[①]。这里所说的"需要"是一种摄取状态，是主体有目的的活动动力；是与不足或缺乏联系在

---

① 杜庆. 高职教育质量评价引入增值评价研究 [J]. 天津商务职业学院学报, 2015 (4).

一起的，没有不足就没有需要；是在主体生存与发展过程中产生的，具有动态性特征。由于职业院校的办学目标在满足上述两种需要的同时，还要适应这两种需要的动态变化，因此，职业院校教育质量要不断提高，内涵不断发展变化。正是源于职业教育这一基本规律，职业院校质量发展评价的内容和指标应具有不断完善和发展的特性。

教育评价是对教育活动满足社会与个体需要程度做出价值判断的活动，是对教育活动实现的或潜在的价值做出判断，以期达到教育价值增值的过程[①]。作为与经济社会发展联系最直接、最紧密的职业教育，其教育质量的评价不但来自职业教育内部或者说是职业院校自身的评价，更要接受来自行业企业等社会用人单位的评价。这种评价就是满足行业企业对职业人才的需求程度，这种评价更直接、更快速。因为职业人才的满足程度，直接决定了企业产品在市场经济的竞争中的竞争力和经济效益。这表明职业院校教学质量评价与普通教育的教育质量评价相比更具有评价的多元主体特征。

行业企业对职业人才的需求面临着：随着世界经济全球化，技术进步和经济社会发展，行业企业对职业人才需求向高层次推移明显；职业人才需求具有多层次性；各层次职业人才的结构（数量、层级）比例日趋清晰。人的职业需求研究证明：当今世界人自身价值被认可的需求更加细化和多样化；职业教育的多层次性，适用的终身教育思想需要；从自身发展的角度职业人具有不断提升自身所受职业层次发展、提升的诉求。因此职业院校教学质量评价必须坚持评价工作的发展性和开放性。

职业教育定位，决定了其发展与改革必须以满足行业企业人才需求和人的职业需求为根本目标；职业教育的教育属性、与经济活动联系最直接的特征，决定了职业教育是承载这两种需求的最佳载体；行业企业人才需求层次的明显上移，社会职业体系中人对职业发展的多层级追求，其职业性和差别化特性明显。高职教育在现代职业教育体系中具有引领作用，所以职业院校的质量发展评价具有导向和示范效应。

（二）职业院校质量发展评价应遵循的基本原则

泰勒在"八年研究"（1934—1942年）中证明对高级智慧技能的测量与对知识的测量不是一回事。定位于高技能人才培养的职业院校，其质量发展评价就要围绕高技能人才培养这一目标的有效实现展开，遵循以下基本原则。

1. 职业性原则

高职教育定位于高技能人才培养，质量评价应兼顾高等教育属性和职业教

---

① 陈玉琨. 教育评价学 [M]. 北京：人民教育出版社，1999：2-7.

育特征。客观现实是对具有发展历史悠久、相对成熟完善的高等教育属性方面的评价较系统、全面；而对体现职业教育特征的技术技能、工程应用性职业性方面的评价不足，甚至有知识评价取代技术技能评价的情况。因此，职业院校质量评价要根据办学定位注重技术技能评价，有时甚至有必要矫枉过正，重点突出技术技能评价，保证评价具有职业性原则。如在师资队伍建设、办学条件保证、分配制度改革等资源保障方面向技术技能评价倾斜。

2. 多元主体原则

高职教育不同于普通教育，突出以服务为宗旨、以就业为导向，这就要求职业院校质量评价吸收行业企业的广泛、深度参与，甚至可能成为评价活动的主导者。因为行业企业最了解生产一线对技术技能的需求，了解整个产业链中各个环节对技术技能体系的分配与运用。行业企业不但参与人才培养目标的制定、培养方案设计、培养过程的实施，更应参与人才培养质量的评价。同时，由于培养对象职业潜质、兴趣爱好、职业取向等均存在不同，必要时学生也要参与对职业院校的教学质量进行评价。总之，高技能人才培养的定位决定了职业院校质量评价必须坚持多元主体原则，避免按学科分类、以掌握知识为核心的学科性评价，保证以技能为核心评价工作的真实、有效。

3. 发展性原则

随着科学技术的快速发展，社会产业分工不断细化，职业人才需求呈现多样化。特别是网络化和信息化促进了新技术的便捷、快速推广，经济全球化促进了产业快速升级和劳动生产率的有效提升。社会对职业院校教育质量的要求不断提高，内容不断丰富，这促使行业企业从满足技能人才需求出发，对职业院校教学质量评价不断发展变化。同时，从受教育者的自身发展出发，也需要职业院校能够提供更先进、层次更高的技术技能，使自己在激烈的人才竞争市场呈现更好的价值，其本质就是学生对职业院校教学质量评价具有发展性。因此，只有保持发展性才能使评价具有长久的、可持续的生命力。

4. 开放性原则

经济属性是职业教育区别于其他类教育的本质特征，以就业为导向的定位，决定了它要瞄住市场，盯住行业企业的客观需求，这要求职业院校质量评价的对象要具有开放性。质量评价内容具有可替代性，可替代并不意味着降低要求，而是根据需求主体的不同而变更，使评价质量更加开放、灵活。职业院校质量评价具有开放性能避免评价标准和指标僵化，保持院校或者专业的特色。

5. 协商改进原则

高职院校的质量评价具有动态发展性和多元主体等多种特点，要保证质量评价公正客观，就必须在开放的基础上，对评价内容、指标、权重等进行协商，在评价过程中也要由评价者和被评价者进行必要的交流沟通，反复协商，再进行评价，形成评价结论和评价意见。同时，也只有沟通协商，才能使评价双方了解彼此的目标、内涵和评价指向，从而促进质量改进。高职院校的特点决定了其质量发展评价的复杂性、评价标准的不确定性，所以必须经过协商才能促进质量的持续改进。

6. 差别化原则

高职院校服务的行业企业不同，所处的区域经济发展水平不同，导致开设专业所对应的职业群、生源录取方式、招生批次、地域职业观念等不同，同时，学生的学习经历、学习基础、学习能力等也不相同。这些决定了各高职院校质量内涵、质量评价标准，同一学校不同专业质量内涵也会存在诸多差异。因此，高职院校质量发展评价在注重协商改进原则的基础上，应保持地域之间、不同行业不同专业之间的差别化原则。

（三）高职院校质量发展评价的指标体系

高职院校质量发展评价的目的是依据高职院校培养高技能人才的办学定位，以保证高技能人才质量、不断改进高技能人才培养质量为核心，根据质量体系中的质量策划、控制、保证和改进等质量管理环节，对高职院校质量进行评价。其关注点在于诊断高职院校的质量状况和如何保证持续改进。

1. 一级评价指标的确定

按照质量管理环节，评价指标的形成思路是目标—资源—实施—反馈—效果，即由质量目标和质量计划，到实施质量管理必需的经费、人员、软件、硬件、政策措施、考核评价等方面的资源保障与支撑，再到质量工作的实施、运行和管理，校企合作运行及机制建设，再到质量评估、检查、沟通和反馈，最后到质量工作的收效与成果。由于评价是促进质量改进的关键性手段，因此把评价与反馈单独作为一个一级指标予以突出。

2. 二级评价指标的确定

根据质量发展评价应遵循的原则，特别是协商改进、差别化以及发展性等原则，二级评价指标可在一级指标的总体框架内，根据各校实际情况进行调整。同时，一、二级指标的权重可由评价人员本着民主协商精神，经过交流沟通确定，以支持被评价院校的特色发展。具体指标可以表7-7为基础进行修订、补充和完善。

表7-7 高职院校质量发展评价指标（基础表）

一级指标	特征	二级指标	权重	评价赋分
质量理念与目标		1.1 质量理念与时俱进		
		1.2 形成全员质量意识		
		1.3 质量目标明确可测		
		1.4 质量计划与规划完备可行		
		1.5 行业企业参与质量目标制定与保障机制		
资源与保障		2.1 组织机构健全，质量推动有效		
		2.2 质量文本全面、可操作		
		2.3 质量管理技术与工具先进		
		2.4 硬件和资金支撑满足需要		
		2.5 高技能培养的分配与考核的政策措施		
		2.6 校企深度融合的政策机制		
质量管理与运行		3.1 质量工作流程清晰，运行顺畅		
		3.2 部门及人员分工明确，配合默契		
		3.3 质量培训全面到位		
		3.4 形成一定质量文化		
		3.5 校企共育的运行与考核		
		3.6 技能认定与学分替代		
质量评价与反馈		4.1 质量评价多元化，常态化		
		4.2 多层面沟通有效畅通		
		4.3 评价反馈落实到工作流程		
		4.4 全员参与程度高		
质量成果与效益		5.1 教学质量提高		
		5.2 教师素质提高		
		5.3 管理水平提高		
		5.4 持续改进，前景可期		

3. 评价应注意的问题

第一，高职院校教学质量发展评价与教育部开展的高职院校办学水平评估（最初评估）、高职院校人才培养工作评估的定位和目标不同。评估关注的重点是办学条件、总体成效、横向比较优势等情况，是从管理教育部门的视角对高职院校实力的判断。质量发展评价关注的核心在于高职院校满足两个需要的程度，对质量的现实表现及保障质量的必要条件进行评判。

第二，质量发展评价的指标具有可协商性，坚持差别化原则。这既是尊重各校、各专业的特色发展，也是针对各地区、各行业高职教育需求和发展存在不均衡的客观现实。质量发展评价不是为了进行大范围的优势比较，而是引入高技能人才培养的增值评价，保证高职教育效益、效能的最大化。

第三，质量发展评价与人才培养工作评估相辅相成、互相促进。质量发展评价可在人才培养工作评估同步或之后进行，其出发点和立足点在于质量的持续改进、提高及特色发展。评价权重可结合各校自身实际进行引导性调整、变化。

第四，为保证评价工作顺利、有效，建议评价开始前应对参与评价人员进行必要培训和相互交流。评价主体的参与人员应保持一定时期、一定比例的稳定性，有利于发展性评价的形成和自身纵向比较结果的真实性。

六、高职教育综合评价的基本构建

（一）必须从不同角度与侧面科学审视和把握高技能人才

高技能人才是一个众说纷纭和颇有争议的概念，按照字面理解，高技能人才是具有高超技能，特别擅长动手操作的应用性人才，那么社会对高技能人才的宣传报道，多是基于这样一种定位来进行的。显然，从课题研究或理论分析的角度，从职业教育人才培养的角度，不能把高技能人才如此简单化，其内涵具有复杂性、综合性和动态发展性的特征。

狭义的高技能人才可以把着眼点只放在技能上，广义的高技能人才还要看到技能之外的知识、综合能力、综合素养，要看到技能赖以依存的广厚基础。广义的高技能人才不是"电线杆形"人才，至少是"倒T形"人才，甚至是"金字塔形"人才。必须区分在用人和培养上对高技能人才的不同侧重，用人的时候倾向于看重高技能人才的技能，培养人的时候则是把高技能人才作为全面发展的人对待，而且正规性、系统性学校教育对人才的培养也有别于专门培训或训练对人才的塑造。

必须关注高技能人才的不同类型、不同专业培养的高技能人才的差异性以及高技能人才的动态发展和与时俱进。高技能人才的类型至少可以分为知识技能型、技术技能型和复合技能型；而由于职业院校专业是多种多样的，同样是培养高技能人才，焊接不同于机电技术，机电技术不同于会计电算化。随着科技和工艺的发展，对高技能的要求也是变化的，基于知识和技术要求的高技能越来越多，要求创新成分的越来越多，而信息化时代技术更新之快则要求高技能人才的持续成长与发展，因此必须坚持高技能人才的发展观。

通过对高技能人才的文献研究和综合分析，可以得出结论：有必要把高技能人才定位在高素质、高规格、有综合能力素养的高水平技能人才，而非仅仅拥有高超技能的人才。唯有如此定位，对高技能人才的研究、对高技能人才培养的研究才更具价值。

（二）高技能人才应当作为高等职业教育人才培养的一个重要定位

一直以来，高职教育的培养定位都是一个有争议的话题，比如，是侧重技能还是侧重技术？是技术应用型、高技能型，还是技术技能型？目前一个时期，总体而言倾向于将高职教育的人才培养定位在技术技能型人才，说明随着科学技术、产业发展和社会需求的变化，认识的变化和不断深入，人们对高职教育的理解和把握不断趋于合理，也说明高职教育的培养定位本身也是不断变化的。

高职教育的培养定位不仅是发展变化的，而且不是单一的，应是多样化、多元化的，因为高职教育的涵盖十分丰富，囊括了那么多专业，要适应企业的多样化的需求。基于这样一个判断，可以认为高技能人才不一定适合作为高职教育的人才培养定位，但可以作为一部分高职教育或者一部分高职院校的人才培养定位。因此，高职教育的人才培养应该兼顾技术和技能两大方面。

高职教育培养高技能人才是有挑战的，甚至受到短短三年时间又没有足够的实践训练怎能培养出高技能人才的质疑。高职院校定位于培养高技能人才实际上是培养高技能人才坯子，是为成长为高技能人才做知识、素养和技能的必要铺垫。

高技能人才是要分类的，因此部分高职教育定位在培养高技能人才，要明确培养哪一种类型的高技能人才，要结合专业特点和人才需求，进行技能点的分析，如此才能增强人才培养的针对性和效益效果。定位于高技能人才培养的高职教育，要切实把握三个着力点，就是前文所述的厘清技能定位、加强职业素养塑造和瞄向新型技能人才培养。

（三）学生综合职业能力评价应上升为高等职业教育评价的核心方面

理论上，高等职业教育评价包括很多评价，比如学生评价、教师评价、教学质量评价、办学条件评价、就业评价等，有的属于结果性评价，有的则属于过程性评价；实践层面，近些年我国进行的高等职业教育评价，包括人才培养水平工作评估、办学条件评估、示范校建设验收评估等，基本上都是过程性评价，或者说以过程性评价为主。高职学生相当于高等职业教育的"产品"，因此针对高职学生的评价是一种结果性评价，如果这一评价能够成功实施可以起到牵"牛鼻子"的作用，因为它能直接衡量高等职业教育的人才培养质量，直接验证高职院校人才培养目标的实现程度。这与质量监督部门进行产品质量检查的道理是一样的，产品质量抽检合格了，表明生产过程是没有问题的，对生产过程的检查可以不再实施。

高职学生综合职业能力评价应上升为高等职业教育评价的核心还在于高等教育进入大众化乃至普及化阶段后，高职教育的进入门槛越来越低，甚至出现只要是普通高中毕业并参加了高考基本都可以获得高职教育的入门证，高职教育的这种"宽进"形势下理应实行"严出"。同时，真正的完全学分制在高职院校没有实施，高职院校的人才培养质量主要靠学校的自觉去实现，而事实上在没有外在监控压力的情况下几乎所有的高职院校都倾向于给自己的学生"开绿灯"或者"放水"。所以，应在总体上设计针对高职学生综合职业能力的评价，作为保证高职教育质量的重要手段。

相对于过程性评价，针对学生进行的结果性评价的实施难度是很高的，因为评价的对象是"人"，而一切对人的评价都是最不易操作的。但是，这并不意味着高职学生评价不能进行，关键在于评价主体、评价标准和评价方式等的设计是否具有良好操作性。基于高技能人才培养的高职学生评价是一种能力评价：一是考察知识的掌握和运用；二是考察对具体任务的完成程度，并以对任务的完成作为主要方面，即任务驱动和结果导向。

虽然就业能力可以作为针对高职学生能力评价的一部分，但高职学生与毕业生评价不同。前者是事前评价，后者属于事后评价；前者是直接评价，后者是间接评价。所以，无法以毕业生评价取代高职学生评价。建议高职学生评价在国家层面或者至少在省级层面实施，可以设计成按照专业大类研制评价标准和考核任务，并由政府官员、院校代表、行业代表、企业专家和社会人士多元化主体参与评价。

（四）高职教师综合能力评价的主要指向是专业教学能力和专业实践能力

首先，高职教师综合能力评价既是结果性评价也是因素性评价。高职教师综合能力评价是直接针对专业教师的，就其自身而言是一种结果性评价，但对于高职院校的人才培养而言，它则是一种因素性评价。因为，教师是决定高职人才培养质量的要素，并且是第一要素，针对要素的评价就是因素性评价。这是基于投入-产出的因果关系的推理，教师是高职院校人才培养过程的首要投入，产出的品质在很大程度上取决于投入的质量，因此教师的质量水平至关重要。

其次，专业教学能力和专业实践能力是高职院校教师的核心能力。如前所述，高职院校教师的综合能力包括专业教学能力、专业实践能力、科研能力、社会能力和方法能力，但跟人才培养最为直接相关的是专业教学能力和专业实践能力。因为，要把学生培养成高技能人才，教师的专业实践能力必须过硬，但只有专业实践能力没有专业教学能力作配合，教学过程无法实施，也是不成的。专业教学又可以分为理论教学和实践教学，当前高职院校重视实践教学，提倡理实一体化相互结合，而实践教学是必须有教师专业实践能力做后盾的，所以两个核心能力完全是相辅相成的。

再次，两种核心能力皆具可测性。例如在汽车维修与应用、机电一体化、数控技术三个专业共涉及8所高职学院进行教师综合能力评价，对于专业教学能力通过专家听课、教师访谈和说课展示进行了测评，对于专业实践能力则通过教师实操测试和完成既定工作任务的方式进行了测评。测评实践表明，两种核心能力都是可评价的，评价过程和结果得到参评教师和学校领导的认可。

最后，专业实践能力是高职院校教师能力的软肋。评价结果表明，参评教师总体表现出了较高的综合能力，尤其教师的专业知识水平、多样化教学方法的运用、教育教学技术以及教师发展潜力等都是十分突出的。但是，教师的专业实践能力明显薄弱。虽然很多参评教师认为由于学校重视，自己的实践能力较以往有所提高，但通过综合能力评价，不难发现专业教师的实践操作能力、动手能力仍然不高，跟先进企业同类专业培训师的水平标准相比存在显著差距。比如，在实操测试中，不少教师使用工具、操作机器的熟练程度明显较低。这一点与职业院校普遍缺乏企业实践和对操作技能眼高手低相关，技能水平重在训练，职业院校教师需要在注重细节和勤于练手上多下功夫。

（五）院校质量评价重在过程参与、沟通与反馈，意在培养质量的持续改进

首先，这一质量评价的性质是发展性评价，组织开展的高职院校质量发展评价是一种内部评价，不是外力强加的，评价的目标是为了改进，而且是持续的改进。与终结性评价不同，这个评价不是进行一次即结束，而是延续性活动，随着项目的发展要进行数轮的评价。另外，这一评价不强调结果，更不会根据评价结果实施奖惩。

其次，这一质量评价的核心是"满意"，特别突出"人"在质量发展中的关键性地位。高职院校的质量聚焦于人才培养的质量，而人才培养的质量如果

能够达到学生满意、家长满意、教师满意、学校管理层满意的话，那么质量就是可以接受的。同时，质量不是追求完美或者最优，而是追求"适合"，并且不存在不计成本的质量。质量如何由人说了算，质量由人创造，质量为人服务，说到底质量是由"人"决定的。基于上述质量观的高职院校质量发展评价成为学校柔性管理的一种方式。

最后，这一评价基于"目标—资源—实施—反馈—效果"的模型而设计，对质量过程的所有主要环节加以评价，这一点集中体现在评价指标上。人才培养是高职院校质量发展的核心，质量评价聚焦于高技能人才培养目标的达成、培养过程的保证和培养结果的社会认可。

参考文献

[1] 史枫. 努力开拓学习型社会建设的新格局 [J]. 北京宣武红旗业余大学学报, 2021 (4).

[2] 史枫. 以大学习观拥抱终身学习时代 [J]. 北京宣武红旗业余大学学报, 2020 (1).

[3] 罗伯特·赫钦斯. 学习型社会 [M]. 北京: 社会科学文献出版社, 2017.

[4] 易艳明, 吉利. 德国能力导向职教思想的理论、实践与价值研究 [J]. 中国职业技术教育, 2014 (24).

[5] 胡思宇, 苗双. 企业师傅参与现代学徒制人才培养的激励机制探析 [J]. 职业教育研究, 2020 (11).

[6] 孙久文, 李坚未. 京津冀协同发展的影响因素与未来展望 [J]. 河北学刊, 2015, 35 (4).

[7] 史枫. 授权评价在北京职业院校质量发展评价中的运用与影响 [J]. 北京工业职业技术学院学报, 2013, 12 (1).

[8] 张婧, 史枫, 赵志磊. 面向可持续发展目标的生态学习型社区: 范式特征与实践路径 [J]. 北京宣武红旗业余大学学报, 2021 (1).

[9] 钟秉林. 构建服务全民终身学习的教育体系 [N]. 中国教育报, 2020-05-14 (6).

[10] 郭俊朝, 陈晗. 高职人才培养目标的演进与重构 [J]. 职教通讯, 2014 (7).

[11] 葛道凯. "适合的教育"才是最好的教育 [J]. 教育研究, 2021, 42 (3).

[12] 李小云, 杨宇, 刘毅. 中国人地关系的历史演变过程及影响机制 [J]. 地理研究, 2018, 37 (8).

[13] 赵中建. 全球教育发展的研究热点 [M]. 北京: 教育科学出版社, 1999.

[14] 谢长法. 中国职业教育史 [M]. 太原: 山西教育出版社, 2011.

[15] 朱少义. 技能型社会: 职业教育重在参与, 贵在共享 [J]. 中国大学生就业, 2021 (21).

[16] 李梦卿, 余静. 我国技能型社会建设的时代背景、价值追求与实施路径 [J]. 中国职业技术教育, 2021 (24).

[17] 王星. 走向技能型社会：国家技能形成体系与产业工人技能形成[M]. 北京：中国工人出版社，2021.

[18] 石伟平. 发展高质量职业教育 建设技能型社会[J]. 职教通讯，2021（5）.

[19] 李玉静. 技能型社会：价值意涵与推进策略[J]. 职业技术教育，2021（42）.

[20] 李玉珠，弓秀云，张秋月. 技能社会的核心、载体与共同体逻辑[J]. 职教论坛，2022（38）.

[21] 张元宝. 技能型社会建设的教育支持研究[J]. 职业技术教育，2021（42）.

[22] 张学英，张东. 技能型社会的内涵、功能与核心制度[J]. 职教论坛，2022（38）.

[23] 石伟平. 稳步发展职业本科教育助推技能社会建设[J]. 国家教育行政学院学报，2021（5）.

[24] 谢德新，庄家宜. 从学科本位到综合职业能力：新中国职业教育人才培养的历史回眸与未来展望[J]. 职业技术教育，2020（41）.

[25] 刘颖，杨艳. 论职业教育在人力资源开发中的社会功能[J]. 教育与职业，2007（9）.

[26] 王靖. 德技并修：新时代工匠精神与高职学生职业素养融通路径[J]. 职教论坛，2019（11）.

[27] 刘惠芹，王晓红. 德技并修、工学结合育人机制构建[J]. 中国高等教育，2018（21）.

[28] 李梦卿，邢晓. "双高计划"背景下高等职业教育人才培养方案重构研究[J]. 现代教育管理，2020（1）.

[29] 徐国庆，伏梦瑶. "1＋X"是智能化时代职业教育人才培养模式的重要创新[J]. 教育发展研究，2019（39）.

[30] 丁大建. 高技能人才的短缺与价值评价错位[J]. 中国高教研究，2004（5）.

[31] 刘春生，马振华. 高技能人才界说[J]. 职教通讯，2006（3）.

[32] 楼红平. 高技能人才短缺问题与对策探讨[J]. 经济论坛，2007（7）.

[33] 费利克斯·劳耐尔，赵志群，吉利. 职业能力与职业能力测评：KOMET理论基础与方案[M]. 北京：清华大学出版社，2010.

[34] 张民选. 回应、协商与共同建构[J]. 外国教育资料，1995（3）.

[35] 埃贡·G古贝，等. 第四代评估[M]. 北京：中国人民大学出版社，2008.

[36] 卢立涛. 回应-协商-共同建构：第四代评价理论述评 [J]. 内蒙古师范大学学报（教育科学版），2008（8）.

[37] 孙翠香，庞学光. 我国高等职业教育评估：现状、问题及改进策略 [J]，河北师范大学学报，2014（6）.

[38] 杜庆. 高职教育质量评价引入增值评价研究 [J]. 天津商务职业学院学报，2015（4）.

[39] 陈玉琨，教育评价学 [M]. 北京：人民教育出版社，1999.

[40] 胡伏湘. 职业教育高质量发展：内涵、表征与创新驱动路径 [J]. 职业教育研究，2020（11）.

[41] 钟真宜. 终身学习理念下的芬兰职业教育发展路径及启示 [J]. 职业教育研究，2020（9）.

[42] 何钢，刘海明. 终身教育学分互认的研究实践 [J]. 职业教育研究，2019（12）.

[43] 张艳超. 高等教育普及化背景下我国高等学历继续教育发展观分析 [J]. 职教论坛，2019（9）.

[44] 梁珺淇，石伟平. 2008—2018年欧洲国家和地区终身学习资格框架的运行态势与发展趋势 [J]. 职业教育研究，2019（8）.

[45] 陆素菊. 试行本科层次职业教育是完善我国职业教育制度体系的重要举措 [J]. 教育发展研究，2019（7）.

[46] 张军平. 终身教育理念下现代职业教育体系构建模式与完善路径 [J]. 中国职业技术教育，2019（3）.

[47] 韩民. 我国终身学习体系形成发展的回顾与前瞻 [J]. 终身教育研究，2019（1）.

[48] 陈龙涛，梅春才，李佳. 深化供给侧改革背景下职业教育终身化发展构建研究 [J]. 中国职业技术教育，2018（33）.

[49] 徐元发. 地方高职院校参与构建终身教育体系刍议：以镇江高等专科学校为例 [J]. 现代职业教育，2018（23）.

[50] 刘晓. 新世纪以来我国职业教育发展的国家战略：话语演变与时代特征 [J]. 中国职业技术教育，2018（6）.

[51] 刘文静，王校羽，唐钰滢. 日本终身教育理念对我国职业教育发展的启示 [J]. 河北大学成人教育学院学报，2018（3）.

[52] 匡家庆，沈苏林，刘文君，李志刚，韩学芹，李瑞丽，白凤娥. 根深叶茂木"秀"于林：中高职衔接"优秀"课题的研究经验与建议 [J]. 江苏教育，2017（20）.

［53］石雪萍. 高职院校在构建全民终身教育体系中的作用与价值［J］. 教育与职业，2016（17）.

［54］张阳，张力跃. 职业教育应对产业转型升级的经验借鉴与思考［J］. 职业教育研究，2017（5）.

［55］霍丽娟. 终身教育理念下现代职业教育体系构建的思考［J］. 中国职业技术教育，2015（15）.

［56］陈鹏，庞学光. 大职教观视野下现代职业教育体系的构建［J］. 教育研究，2015（6）.

［57］关晶，李进. 现代职业教育体系研究的边界与维度［J］. 中国高教研究，2014（1）.

［58］严继昌. 对积极发展继续教育、完善终身教育体系、建设学习型社会的几点建议［J］. 当代继续教育，2013（2）.

［59］吴雪萍. 要建立符合终身教育理念的现代职业教育体系［J］. 江苏教育，2012（18）.

［60］温恒福. 学习型组织理论反思与中国当代教育组织的发展方向［J］. 教育理论与实践，2005（23）.

［61］黄彦芳，史枫. 授权评价法在职业院校质量管理中的运用［J］. 教育与职业，2009（31）.

后 记

　　一转眼，我到北京教科院工作已二十多年，真是时光易逝，犹白驹过隙。这二十多年里，我大部分时间做职业教育的研究。从2015年开始，在做职业教育研究的同时兼做终身教育和学习型社会的研究。2018年，转向以终身教育、学习型社会研究为主，同时涉及可持续发展教育，但依然关注和思索职业教育的发展。

　　人大概都是如此，研究哪一块儿时间久，就对哪一块儿更有情结。这些年来，我对职业教育的思考和研究没有停歇，而且随着对终身教育理念把握得愈加深刻，对社区教育、家庭教育、老年教育、继续教育、开放教育和企业教育的广泛接触，对职业教育有了不同视角的领会。比如，社区教育机构开展的技能培训、职业院校面向社区居民的教育服务都发挥了社区教育功能。再比如，说起职业教育，我们马上想到的是近万所职业院校，但企业内的职业教育是整个大职业教育体系中不可忽略的重要一极。这几年还接触了不少中小学校，如2021年5月走进北京市五十七中，这所学校的航空班，培养飞行员，相当于一所普通中学办起了职业教育，并且办得风生水起。

　　研究终身教育让我树立起大教育观。我们往往把教育窄化了，目光就盯在学校教育和学历教育上，有了大教育观，再看职业教育，与之前就很不同。职业教育在整个终身教育体系中处在什么位置？如何理性把握职业教育和普通教育的关系？以终身学习视角看职业教育会有什么启发？学习型社会基于教育超越教育，职业院校在学习型社会中如何提高站位和格局？正是基于对这些问题的思索，加上之前的研究积淀，方才有了这本融合职业教育与终身教育的作品。

　　回想成书的过程和点点滴滴，我首先要特别感谢中国人民大学出版社的编辑，是他们给予我很多鼓励和建议，没有他们的大力支持和帮助就没有本书的出版。北京师范大学教育学部的李兴洲教授研究终身教育和职业教育在全国颇有影响，他在百忙之中欣然为本书做序，对我是莫大的鼓舞，让我十分感动。北京教科院副院长钟祖荣教授是我的主管领导，在研究和撰写成书的过程中给了我很多宝贵建议和指导，他一丝不苟的学术作风让我受益终生。我还要感谢我的同事张婧博士、天津现代职业技术学院易艳明副研究员和北京开放大学王琰助理研究员，正是与她们的多次讨论和互动激发着我的灵感，让我在前行路上并不孤单。

　　古人云：路虽远，行则将至。踔厉风发，笃行致远，自勉向前，更与大家共勉！

史　枫